新版

教師の条件

授業と学校をつくる力

小島　弘道
北神　正行
水本　徳明
平井貴美代
安藤　知子
［著］

学文社

まえがき

『教師の条件－授業と学校をつくる力－』の初版が刊行されたのは2002年だった。本書はこのたび6版を重ねることになった。その間20有余年，社会も大きく変化した。人々のものの見方・考え方・生き方，そして価値観の変化も見逃せない。それに伴い学校教育への思い，期待も大きく変化してきた。私たちは現在こうした状況の中に生きている。

こうした中にあっても学校教育の使命の根本は，社会や時代の変化と課題を踏まえ，現在および未来の社会に生きる子どもたちに必要な諸能力を育成することを視野に，人間がこれまでの社会生活の中で創造し蓄積してきた実践や認識の諸形式（科学・芸術・文化など）を教育的価値（教育内容）として構成，編集し，子どもたちの学びや学校生活を通して人間的，社会的，職業的自立にとって基盤となる資質・能力を育成することにある。社会の担い手・人材をどう育てるか，さらに文化の創造，継承ということも学校の重要な役割である。その際，大切なことは「子どもたちの人生と未来に責任をもつ」という学校の使命の視座，視野，視点である。「学校教育の専門性」はこれに尽きると言ってよい。教師の仕事，専門性はこの「学校教育の専門性」のコアとしてあり，また期待され，そのために必要な資質能力によって担保される。

本書は全10章から構成されている。

第1章～第4章は教職人であるために，また教職人として育成するための知見と制度を明らかにしたもので「教職への道―大学で何を学ぶか」（第1章），「教職の歴史－教師像の変遷と教師論」（第2章），「教員養成と教員採用」（第3章），「教員研修の制度」（第4章）の探究を通して教師像，教師の専門性，それらを担保する教師教育制度について論じている。

第5章～第9章は，教師の職務遂行に立ちはだかる問題や課題の解明と解決の方法を探る内容で，言わば教職をめぐる環境の状況，変化，課題について説いている。近年多種・多様な教職員が学校に配置されてきている状況を踏まえ学校における協働の在り方について解明，展望している「学校における教職員の多様化と協働」(第 5 章)，授業者，学級担任など教師の仕事の多面性と学校組織の中の教師の姿を論じている「教師の職務」(第 6 章)，「新任教員の学び」のメカニズムを学校文化の視点から明らかにしている「教師の日常世界」(第 7 章)，葛藤経験が職能発達や教職アイデンティティ形成の契機になることを明らかにしている「教師にとっての学級担任経験と職能発達」(第 8 章)，教師の仕事の性質と「資質」の意義，教師の専門性の変容と再定義，そして教育実践の構造を明らかにしている「教師の専門性と力量」(第 9 章)。

第10章「社会の変化と学校教育」は，学校づくりを視野に「学校教育の専門性」という視野・感覚とその専門的知見を身につけてほしいという思いから設定した章である。そのために学校の使命の基本的な理解を踏まえ，「社会の変化と学校教育の基調」(社会の変化に伴う学校教育への期待と学校教育の対応)というものが学校づくりの実践，言説，制度の中にどのように組み込まれているかを，①新学習指導要領改訂の問題意識，②学校づくりの実践，言説，政策，③新コミュニティ・スクールの構想，の三つの事例で読み解いている。

教職を目指す人たち，教職に生きる人たち，教職人の育成にかかわっておられる人たちに本書が広くご活用いただければ幸いである。

本書の編集，執筆にあたり学文社編集部の落合絵理さんには貴重なご助言とご支援をいただいた。ここに記して感謝とお礼を申し上げます。

2024 年 2 月

著　者

目　次

第 *1* 章　教職への道——大学で何を学ぶか

1 教師になることの意味

1．教育は教師次第

「教育は教師次第（as is the teacher, so is the school）」(1)という言葉がある。これは近代公教育制度が成立，発展する過程の中で掲げられた言葉であるが，学校教育の成否が教員という教育を担う人間に拠っていることを示すものである。そのため，近代学校の成立とともに，そこでの教育を専門的に担う教員を養成するための機関が創設され，専門的職業人としての教員の育成と確保が目指されてきた。いかに学校制度を整備し，教育内容を充実したものにしようが，学校教育の最終的な成否は教育の実践に当たる教員の手中に大きく委ねられてきたからである。優れた教員の育成と確保は，教育発展のための基本的条件であることは，改めて説くまでもないほど明らかなことである。

このことは，現代社会においても，「学校教育の成否は，幼児・児童・生徒の教育に直接携わる教員の資質能力に負うところが極めて大きく，これからの時代に求められる学校教育を実現するためには，教員の資質能力の向上がその重要な前提となる」（教育職員養成審議会第1次答申「新たな時代に向けた教員養成の改善方策について」1997年）や「我が国が将来に向けて更に発展し，繁栄を維持していくためには，様々な分野で活躍できる質の高い人材育成が不可欠である。こうした人材育成の中核を担うのが学校教育であり，その充実こそが我が国の将来を左右すると言っても過言ではない。そのためには，学校における教育環境を充実させるとともに，学校が組織として力を発揮できる体制を充実させるなど，様々な対応が必要であるが，中でも教育の直接の担い手である教員の資質能力を向上させることが最も重要である」（中央教育審議会答申「これからの学校教育を担う教員の資質能力の向上について」2015年）と，学校教育の成否は教育を担う教員の在り方に拠っていることが確認されている。

このように，教員になるということは，学校教育という国民から信託された公教育制度のもとで，子どもたち一人ひとりの成長発達に直接関わるという職務を担うことを意味する。そこでは，公教育の運営主体である国家の意思に即して国民全体の教育の「質」と「平等」を保障することと同時に，個々の学校や教室の中で接する一人ひとりの子どもの個性・多様性やニーズに応じて，それぞれの個別の「生き方」に直接関与していくことが求められている。

こうした考え方は，「すべて国民は，法律の定めるところにより，その能力に応じて，ひとしく教育を受ける権利を有する」（日本国憲法第 26 条 1 項），「すべて国民は，ひとしく，その能力に応じた教育を受ける機会を与えられなければならず，人種，信条，性別，社会的身分，経済的地位又は門地によって，教育上差別されない」（教育基本法第 4 条 1 項）との教育の根本規定を受けて，その教育を担う教員に対する職務が「法律に定める学校の教員は，自己の崇高な使命を深く自覚し，絶えず研究と修養に励み，その職責の遂行に努めなければならない」（同法第 9 条 1 項）という規定内容に端的に現れている。

ここには，国民の教育を受ける権利に対応して，その権利保障を担う職責が教員にあるということが明記されている。一人ひとりの特性や課題等に応じた教育をいかに提供するか，その判断を教員に委ねているわけである。それゆえ，教員に絶えず研究に励んでその専門性を向上させるとともに，精神を練磨し，優れた人格を自ら形成するよう努める修養を求めているといえる。厳しい要求かもしれないが，それが教職が専門職たるゆえんでもある。

確かに，「教育」という概念をより広く捉えれば，教員のみならず親をはじめとして多くの人々が一人の人間の成長過程に関わっている。いってみれば，子どもを取り巻くすべての人々が「教育」に携わっているといってもよい。しかし，そのことは，すべての人々が教育を職業とする専門的職業人としての教員であるということではない。なぜなら，教員は公的な学校教育制度のもとで，組織的・計画的な教育を担う者として，一定の資格要件に基づく相応の資質・能力が必要とされているからである。そこで，前述のような教員の担う職責を踏まえ，教員に求められる資格や免許制度の観点から，教育職員免許法（以下，免許法）が制定され大学における教師教育の内容が定められているのである。

教員を志望する者は，こうした自覚をもって，まず大学で免許法に定められた所定の単位を修得することから，教員への道の第一歩を歩み始めることになる。

２．教師教育の意味

現在の制度では，教員を志す者は大学において養成教育（pre-service education）を受ける。免許法で定められた所定の授業科目を履修し，単位を修得することによって教員免許状を授与される。このことは，教員になるための基礎資格を取得したことを意味する。そして，教員免許状取得者は，いわゆる教員採用試験を受験し，合格することによって，晴れて教職に就くことができる。しかし，採用試験に合格することは，決して「一人前の教員」あるいは「優れた教員」の証明ではない。実際に教壇に立ち，子どもたちと接してみて改めて自分の力量不足を知り，さまざまな研修を積み重ねながら教員として成長していかなければならない。つまり，大学での養成教育から採用段階を経て，さらに継続的な現職教育・研修（in-service education and training）を通じて，次第に「教員になることができる」ということである。そのことは，先の教育基本法第９条の規定や「教育公務員は，その職責を遂行するために，絶えず研究と修養に努めなければならない」（教育公務員特例法第21条）と，法規のうえでも求められている。

このように，教員に求められる資質・能力を培い，さらに高めていく過程は，単に養成教育にとどまるものではなく，養成教育と現職教育全体にわたる連続的なものであり，両者を統合したものとして捉えていくことが必要である。1970年代以降盛んに用いられるようになった教師教育（teacher education）という考えは，まさにこうした教員としての資質・能力の形成・向上過程を養成段階から現職段階にわたる一連のプロセスとして包括的に捉える概念であり，養成教育と現職教育の連続性の観点に立って，両者を統合して捉えていく必要性，重要性を指摘するものである。

こうした教師教育という考え方は，教員政策のうえでも採用されている。例えば，1971（昭和 46）年の中央教育審議会（以下，中教審）答申「今後における学校教育の総合的な拡充整備のための基本的施策について」で，教員に求められる資質と能力は「その養成，採用，研修，再教育の過程を通じてしだいに形成されるべきものである」との認識が初めて示された。その後，中教審答申「教員の資質能力の向上について」（1978 年），臨時教育審議会「教育改革に関する第 1 次 ～ 第 4 次答申」（1985～87 年），教育職員養成審議会（以下，教養審）答申「教員の資質能力の向上方策等について」（1987 年），教養審「新たな時代に向けた教員養成の改善方策について（第 1 次答申）」（1997 年）でも，明確に教師教育の観点に立った改善方策等が提案され，実施に移されてきている。最近では，中教審答申「これからの学校教育を担う教員の資質能力の向上について」（2015 年）での「教員の養成・採用・研修の一体的改革」という表現で，教師教育の観点からの提言がなされるとともに，免許法等の改正が行われている。

しかし，こうした教師教育という概念には，養成・現職教育の全過程にわたって成長していく主体は教員それ自身であるということが位置づけられていることを忘れてはならない。教員（あるいは教員を志望する者）が，自分自身の個性や主体性に基づいて，教員として必要とされる資質・能力を高めていくためにさまざまな機会を幅広く活用する。それらの機会の中の一部として，大学の教員養成カリキュラムや職に就いてからの自主的な研修や種々の行政研修が位置づいている。教師教育の過程は，個々の教員自身の存在を主軸に置くことによって実体化されるものであり，それぞれの教員の内面においてこそ，教師教育は真に連続した過程になり得るものである。教師教育という概念には，こうした意義が込められていることに留意しなければならない。

こうした観点は，養成段階である大学での学びにおいても，学生自身の主体的学習を軸とする教師養成教育が求められていることに留意が必要となる。特に，教育の個性化や多様化が求められている今日では，そうした教育を担う教員に対して「学び続ける教員像」(中教審答申「教職生活の全体を通した教員の資質能力の総合的な向上方策について」2012年)が指摘されているのであり，教員を志望する学生一人ひとりの主体的な取り組みが期待されている。では，教員への第一歩である大学での学びをどのように考えていけばよいのであろうか。

2　大学における教師養成教育

1．大学という世界

「大学」は，一般にユニヴァーシティ(University)・カレッジ(College)などと呼ばれているが，その語源は11世紀のヨーロッパに現れた「教師と学生の団体」(Universitas ウニウェルシタス)，「学生の自治的合宿所」(Collegium コレギウム)に発しているといわれている。11世紀末から12世紀にかけてのヨーロッパの各地にウニウェルシタスが誕生している。ボローニャ(法学)，サレルノ(医学)，パリ(神学)，オックスフォード，ケンブリッジなどの町に「教師と学生との団体(ギルド)」としての大学が誕生した。これが今日的な意味での大学の起源といわれている。

大学がもともと「教師と学生との団体」として誕生したというのは，当時の社会状況が大きく影響している。11世紀を前後する時期，ヨーロッパ各国を中心として産業が勃興し，それに伴って商業活動が活発となってきた。それらに関連して，法律・訴訟等の新たな知識が必要となり，日常生活も著しい変貌を遂げるに至った。そのためにこれまでの知識・技術では到底立ち行かなくなった。こうした社会の変化に対応する新たな知識・学問の習得を目指して青年たちは諸国を遍歴し敬慕する優れた学者のもとに集まり，そこで学ぶことになったわけである。しかし，そうはいっても学習活動を継続的かつ安定的に続けるための格別の保護や安全が社会的に確保されてはいなかった。学習活動は，常に不安定な環境の中に置かれていた。したがって学生や教師たちはともに協力し助け合いながら自分たちの学習活動と自らの生活を守らなければならなかった。そのために生まれたのが「学生と教師」のギルドともいうべき「ウニウェルシタス」であった。

こうした中世の大学と現代の大学を直線的につなぐことは問題があるかもしれないが，大学というものが，「教師と学生」が集い，志を抱いてともに自治的主体的に「学ぶ」共同体をなしている世界である，という理念が大学のもともとの意味であったことは継承されるべき点である。日本における大学もこうしたヨーロッパの大学をモデルとして創設されていった。しかし，おくれて近代化が始まった日本では，大学は「国家ノ須要ニ応スル学術技芸ヲ教授シ及其蘊奥ヲ考究スル」ことが基本的目的とされた（帝国大学令，1886 年）。学術研究の機関としての目的規定が明確になったことは画期的ではあったが，その学術（学問）が「国家ノ須要ニ応スル」と，国家の目的に従属することが前提条件とされているところに大きな限界があった。また，その門戸も限られた一部の者に対して開かれていただけで，高等教育の機会開放という点でも問題を有していた。

こうした戦前の大学は，戦後の一連の教育改革でその根底から抜本的な改革を迫られることになった。戦後教育改革の進展と過程において，一部の少数者に与えられていた高等教育の機会の在り方と国民の社会・生活から遊離したアカデミズムの在り方が厳しく批判され，わが国の伝統的大学である「帝国大学」の性格を全面的に払拭することが要請された。その結果，1947（昭和 22）年に学校教育法が制定され，大学は新たな発足をみることになった。制度的にも理念的にも新たな「新制大学」の誕生である。つまり，戦後の大学は 6－3 制学校制度の最上段に位置づけられ，その教育の機会は国民に均等に開放され，「学術」の「教育と研究」を統一的に遂行する高等教育機関とされたのである。その目的は，「大学は，学術の中心として，広く知識を授けるとともに，深く専門の学芸を教授研究し，知的，道徳的及び応用的能力を展開させることを目的とする」(学校教育法第83条) ものとされ，今日に至っている。教員を養成する機関も，まさにこうした理念を有する大学で養成されることになったのである。

2．「大学における教員養成」の原則

教職に就こうとすれば，まず相当の免許状を取得しなければならない。戦前は，小学校の教員は師範学校で直接養成し，中学校や高等女学校の教員は，一部を高等師範学校で直接養成するほか，大多数は高等学校，大学，あるいは専門学校の卒業生を対象に教員検定によって資格を認めるという方法をとっていた。つまり，初等教員と中等教員では，その養成システムが異なっていたのである。こうしたデュアル・システムを統一し，小学校から高等学校までの教員は原則として大学で養成するという原則を打ち立てたのが戦後教育改革であった。

戦後教育改革では，師範学校の閉鎖性が批判され，広く大学において教員を養成することが原則とされた。それまで，中等教育段階に位置していた師範学校は大学に昇格し，新制国立大学の「教育学部」の母体となった。同時に，免許法が定められ (1949年)，その規定に基づく教職課程を備えた大学であるならば，いずれの大学においても教員免許状が取得できることになった。開放制原則に基づく教員養成である。以来，教員となるためには，大学において教職課程を履修することが基本的な方法となった。

「大学における教員養成」の原則とは，単に教員には大学水準の教育が必要ということではない。高い教養と深い専門的な学術の研究を通して個性豊かな人間を形成し，そのような人間の中から，教育についての専門的な知識と技術を有する人材を輩出することを制度的に確立しようとするものである。大学で学ぶということは，自ら探求する，学問に触れる，学問的精神や学問の方法を学ぶということでなければならず，高度な学術技芸を身につけて主体的で自由

な人間になるということでなければならない。そして，大学における教員養成ということは，そういうことが，教員の基礎的な資質としても極めて大切であるということを表現したものだということができる。

今日，大学は教員養成に関して単なる資格付与機関，単位授与機関にしばしば陥りがちである。学生の側も，そうした大学教育の中で，単なる資格取得として教員免許状の取得を位置づけている場合も少なくない。教員としての形式的な資格取得，卒業のための形式的な必要単位取得が中心となって，本来大学において学ぶことの意味があまりにも軽んじられているのではないかとの声もある。大学教育・高等教育を受けた人間が教員になり，その教員によって教育を受けた子どもたちが社会を構成し，その中の一部がまた教員となっていくのである。そのことを認識したうえでの大学での学びが，教員を志望する学生には求められることになる。

3　教員養成カリキュラムの基本枠組み

1．教師の三重の教養

戦後新たに組み立てられた教師養成教育は，制度的には免許法および同法施行規則等によって規定され，そのカリキュラムは大きく一般教養，教科専門教養，教職専門教養の3領域から構成されていた。こうした「教師の三重の教養」という考え方は，戦後教育改革全般に大きな影響を及ぼした第1次米国教育使節団報告書（1946年）にその端を発している。

報告書では，まず，教師養成教育には「すべての型の教師を含めること」が必要であり，特に中等学校の教師についても「特殊の準備教育」が必要であること，また教員ばかりでなく校長や教育行政職等の教育関係職員についても，教職に関する準備教育が必要であることを指摘した(2)。したがって，臨時の場合を除いては「系統的な準備教育」を受けない限り，「如何なる教師も免許を与えられないように，教師の教育に関しての資格を修正する」ことが必要であると論じたのである。

そのうえで，「教師の三重の教養」の必要性を指摘したのである。すなわち，高等普通教育（人文科学，自然科学，社会科学）としての一般教養（general or liberal education），「教えるべき教科についての特別な知識」（special knowledge of the subject matter）としての教科専門教養，教員としての「専門的な面の知識」（knowledge of the professional aspects of his job）としての教職専門教養である。このうち，教職に関する専門的教養については，①「比較教育史及びその社会学的根拠」，②「制度の組織」，③「実験と児童に関する経験とを通して，最も効果的であると認められている教授法」，④「児童と学校の観察及び監督下における教授」を含まなければならないとされた。特に「この専門的準備教育は，その完全な形において少なくとも初等及び中等学校のすべての教師達に及ぼされなくてはならぬ」として，すべての教員は高等普通教育を基本にし，そのなかで教職に関する専門的準備教育を与えられなければならないということを強調したのである。

こうした米国教育使節団報告書の勧告内容は，教育刷新委員会や当時の文部省，そして教育関係者の間で検討され，新しい教員養成カリキュラムの枠組みとして定着してくる。その理念は，免許法によって体現され「すべての教育職員はそれぞれの職についての専門家でなければならないという基本的要求に立って，今回の免許法の基準は定められ」，したがって「その学科課程に一般教養科目と専門教科科目の一定単位のほか，特に教職に関する科目の単位を要求したのである。教職科目は従来のようにただ一般心理学とか哲学的な教育学や教育史などを講義することを主とするものではなく，児童生徒の理解，学校種別，教科種別，職種別に展開せらるる専門職としての識見や技術をもたせることをねらったのであって，教育職員養成の立場からいえば，まさに専門教育の範ちゅうに属すべきである」(3) と，教職専門教養を専門職教師としての成立要件の重要な柱として位置づけたのである。

当初，教職専門教養は，小学校教諭免許状取得の場合，25 単位とし，「教育心理学，児童心理学（成長と発達を含む）」「教育原理（教育課程，教育方法及び指導を含む）」「教育実習」について各 4 単位を履修し，その他，教育哲学，教育史，教育社会学，教育行政学，教育統計学，図書館学など大学が加える選択科目の中から履修させることになった。また，中学校・高等学校の免許状取得の場合は全部で 20 単位とし，児童心理学のかわりに青年心理学とし，他に教科教育法を加え，各 3 単位を履修するものとされた。その後，何度かの免許法改正があったが，教師養成教育の「三重の教養」という基本的枠組みは継続され，今日に至っている。

2．教職の専門性と教職教育

このように，教職専門教養は教員資格を取得するための必修科目であるばかりでなく，教職の専門性を裏づけるための中核的な科目とされたのである。こうした考え方は，教職の専門職論に大きな影響を与えたILO・ユネスコの「教員の地位に関する勧告」（1966 年）でも，明確に位置づけられている。そこでは，「教師の仕事は専門職とみなされるものとする」（第 6 項）という指導原則のもと，専門職としての教員の養成教育の在り方について，「教員養成課程の目的は，学生一人ひとりが，一般教育および個人的教養，他人を教える能力，国の内外を問わず良い人間関係の基礎をなす諸原理の理解，および，社会，文化，経済の進歩に，授業を通して，また自らの実践を通して貢献するという責任感を発展させるものでなければならない」（第 19 項）と位置づけ，「すべての教員は，一般教養科目，専門科目，教育学諸科目について，大学または大学と同等の教育機関で，あるいは教員養成のための特別機関で養成されなければならない」（第 21 項の 2 ）と提言した。そして，教員養成課程に含まれるべき内容として，①一般教養科目，②教育に応用される哲学・心理学・社会学・教育及び比較教育の理論と歴史・実験教育学・教育行政および各種教科の教授法等の諸科目の重要点に関する学習，③その学生が教えようとする分野に関する諸科目，④十分に資格ある教員の指導のもとでの授業および課外活動指導等の実習，を挙げている。

このように，教職教育は専門職としての教員の成立に向けての核となるもの，またその基礎的素地を形成するものとして位置づけられている。そしてそれは，教員の職務が単に知識技術を伝達することではなく，全体としての人間をその発達段階に応じて育成するものであり，このためには一般的教養，学問的教養だけでは十分ではなく，対象となる子どもの成長発達に十分な理解をもち，教育に対する信念，目的，方法，技術などの教職の専門的能力が豊かに形成され，身についていることが必要とされるわけである。それゆえ，教職に就こうとする者に，教育の社会的伝達や人間発達のための役割を基本的に認識させるとともに，専門的知識を子どもの発達の順次性や社会的・文化的条件に則して教材化する方法，カリキュラム編成の技術，学級・学校経営の理念と方法など，教職に固有な知識や技術の基礎を習得させることを目的とする教職教育が極めて重要とされているのである。

3．教師教育と教育学教育

では，こうした教職教育を支える学問的基盤は，どのようなものとして考えられているのであろうか。それらを「教育学教育」という観点から捉え，大学における教師教育の在り方を提示した『大学と教育学教育』(第一法規出版，1977年)では，次のように位置づけている。

すなわち，「教えることを専門とする教師の教育は，単に知識・技術を伝達するだけの教科教師の育成ではなく，専門的な知識・技能の教授者であるとともに，それを通して人間形成へ寄与する情熱と知性に駆り立てるものでなければならない」。また，「教師教育の基本的な発想は，子どもたちはその成長発展に何を必要とするかを基盤とし，子どもの学習のために教師によって何が必要かに及ぶ論理であ」り，「子どもにとっての必要とは，知識・技能の一定量ではなく，端的にいって人間として生きるために教育可能な人間となりうる学習である。教師の修得すべきものは，この educable person に至らしむるための専門的知識・技能と方法である」[4] とされるものである。

こうした点から，教師教育の第一段階である大学での教育学教育の内容・領域として，「教育学原論の学習」「教育史の教育」「学校」「教育学教育の内容と方法」「各教科の教育」「教育実習」「子どもの成長・発達」を挙げている。

さらに，近年ではこうした従来の成果を継承しながら，これまでの教師教育研究の動向を踏まえるとともに，実際の教員の職務との関係からの教育学の位置づけを図るものもある。例えば，TEES 研究会による『教育学教育試論』(学術図書出版社，1994 年)では，「人間と教育学」「授業と教育学」「学校と教育学」「法律と教育学」「社会と教育学」の側面から，その内容を次のように説明している[5]。

①人間と教育学——まず，教員が担う教育そのものの意味を根源的立場から考察する教育哲学というものがある。教育哲学は，教育現実の根底にあってそれを支えている教育の「本質」を全体的・総合的に考察し，教育実践の理念を明らかにすることを課題とする。これによって，教育の拠って立つべき理念と原理を確立することができるようになる。また，教育史学は教育という事象についての包括的，総合的かつ洞察的見識を養うことを課題とする。屋根にのぼり，あるいは窓を広げて現在および将来の教育に関する視野の拡大，延長を図ることを課題とする。

また，教育の対象である子ども・人間の理解や認識に関する教育心理学がある。そこでは，特に教育対象である子どもの成長と学習の過程を明らかにすることが課題とされる。さらに，今日では子どものストレスや問題行動への対応などを対象とする臨床心理学の基本的知識も教員に求められる重要な知識となっている。

教員の仕事も，他の職業と同様に経験に依るところがある。しかし，さまざまな可能性をもった子どもの成長過程に関与する仕事であるという点では，その経験による熟達を待ってはいられない。刻々と成長していく子どもたちによって，いかなる教育を受けるかは，いかなる成長を遂げるかを左右する重大事である。そのかけがえのない時間，取り戻せない時期に関わっていく教員には，こうした人間の本質や特性に関わる認識をはじめ，教育に関する基本的な知識や技術が備わっていなければならない。

②授業と教育学——教員が担う仕事の中心は授業である。教員となってすぐさま直面する問題は，何を，いかに教えるかという問題である。普遍的教育技術の体系化を試みたコメニウス (Comenius, J.A.) に始まり，『ゲルトルートは如何にその子を教えるか』など教育方法の探求を終生の課題としたペスタロッチ (Pestalozzi, J.H.)，体系的・科学的教育学への道を開いたヘルバルト (Herbart, J.F.)，それを批判し「児童中心の学校」を唱えたデューイ (Dewey, J.) らによって進展が図られてきた教授学は，教育課程学と教育方法学に分派しながらも，最適の教育内容・方法の開発・探求を課題として展開してきたのである。近年では，情報科学の発展に伴って，コンピュータをはじめとする教育機器の開発，その効果的な利用法・ソフト開発など，教育工学の展開も目ざましい。また，教育心理学や認知心理学などの成果も広く援用しながら，学習者の多様性に応じた授業研究が総合的に進められている。

教員を志す者にとって，こうした教授学系統の教育学を学ぶ意味は，先人の知識や実践を基礎として，よりよい授業の構想を練るところにある。

③学校と教育学——教員とは，一般に学校の教師に対して向けられる呼称である。教員になれば，教室で授業を行うだけでなく，実にさまざまな仕事を担う。会議も多い。それは，学校が単なる教室や教員の集合ではなく，組織体であるからである。学年や教科としてのまとまり，さらに学校全体としてのまとまりを形成し，学校としての教育目標を達成するためには，マネジメントの知識や技術が必要である。また，働きやすい職場，学びやすい環境をつくっていくことは，教えるための前提条件でもある。学校経営学や教育経営学は，その知識や技術の体系を問うてきた。組織人としての教員には，不可欠の学習なのである。

④法律と教育学——教員が担う教育は，公教育である。そのため，公共性が

保障されていなければならない。そこで，基本的な事項については法律による定めがある。その定めに基づいた教育が，教員には求められる。では，どのような定めがあるのか。それを明らかにするのが教育法学である。その定めに矛盾や問題点はないのか，それを吟味するのも教育法学の課題である。その定めによっていかなる公教育制度が組み立てられているのかを明らかにするのは，教育制度学である。

こうした法律に基づく知識を潤沢にすることによって，教員は，いかなる法制度のもとで自らが位置づいていのるかを見定め，自らの裁量範囲を知るとともに，公正な教育を理解しうるのである。さらに，教育行財政学の学習を重ねることによって，法の執行を担う教育行財政の在り方を理解し，その適否を吟味する視点をもちうるのである。

⑤社会と教育学――戦後，アメリカの教育科学に刺激されて発展した教育学の流れに，教育を社会的事実として捉え，それを客観的・実証的に処理・構成する立場がある。教育社会学という領域である。そこでは，教育問題を単に教育だけの内部問題として考えるのではなく，広く社会との関連で問い，特に方法としては，社会学的な手法に依拠して分析しようとするものである。教育社会学は，公教育にとどまらない「社会的事実としての教育」という対象設定を基礎とし，そのうえで「一般社会から教育社会へ」「教育社会から一般社会へ」という相互関係を更なる対象として設定する点で特徴的であり，ミクロからマクロまで大きな幅をもっている。こうした教育社会学による知識は，学校の教員にとって，内に籠りがちな視野を開き，また日常に囚われがちな視点を解き放ち，自らの社会的な位置づけを明確にするうえで有効なものである。

また，こうした社会との関係での教育を問うものとして，社会教育学がある。ここでは，社会における教育の役割や機能の解明がなされるとともに，人間の成長発達における学校教育との関係も問われることになる。今日では，生涯教育，生涯学習論の観点から，さらに広い視野の中で，教育の在り方が問われている。

大学における教師養成教育としての教育学教育は，こうした内容を有するものとして体系，構造化されていることに留意して，そこでの学習の意味について考えることが，教員を志望する者にとって求められることになる。

【北神　正行】

〔注〕

⑴ この言葉は，フランスの近代公教育の改革者として著名なクーザン（Cousin,V.）がプロイセンの教育を視察（1831 年）した際に，その整然とした国民教育制度と教員養成の実情に感銘して唱えはじめたものといわれている（真野宮雄・市川昭午編著『教師・親・子ども』（「教育学講座 」18）学習研究社，1979 年，143 頁）。

⑵ 教科教育百年史編集委員会編『原典対訳米国教育使節団報告書』建帛社，1985 年，100〜103 頁。

⑶ 玖村敏雄編著『教育職員免許法施行規則・同法施行法施行規則解説（命令篇）』学芸図書，1949 年，12〜13 頁。

⑷ 大浦猛・長尾十三二・吉本二郎編著『大学と教育学教育』〈教育学研究全集 第 14 巻〉第一法規，1977 年，228〜229 頁。

⑸ TEES 研究会編『教育学教育試論』学術図書出版，1994 年，８〜10 頁（原文に一部加筆）。

〔参考文献〕

黒羽亮一『戦後大学政策の展開』玉川大学出版部，1993 年
現代教職研究会編『教師教育の連続性に関する研究』多賀出版，1989 年
鈴木慎一編『教師教育の課題と展望』（早稲田教育叢書）学文社，1998 年
TEES 研究会編『「大学おける教員養成」の歴史的研究』学文社，2001 年
長尾十三二『教師教育の課題』玉川大学出版部，1994 年
中山茂『帝国大学の誕生』中央公論社，1978 年
横尾荘英『大学の誕生と変容―ヨーロッパ大学史断章―』東信堂，1999 年

第2章　教職の歴史――教師像の変遷と教師論

1　「教員」の誕生と教職の成立

教師という名称は，学校の教員に限らず社会一般に広く用いられている。代表的なものは家庭教師や塾の教師といった使い方である。では，教師と教員は何が違うのであろうか。教師という用語は，広義には教育者と同じ意味で用いられているが，教員は制度化された教育機関に勤務し，教育・指導に当たる者として，より限定された用語である。つまり，公教育制度という枠組みの中で，学校において教育という職務に従事しているという，専門的職業人として位置づけられている者を指して教員と称している。

こうした近代的職業人としての教員は，わが国の場合，明治新政府の樹立による近代国家の成立とともに誕生する。1871（明治４）年に文部省が創設され，近代学校の成立に向けての法体系および諸制度の整備が進められることになった。それまでの寺子屋による庶民教育機関から，制度化された教育を進める学校制度の設立に当たって，まず必要とされたのは多数の訓練された教員の養成であったのは当然である。1872（明治５）年の「小学校教師教導場ヲ建立スルノ伺」には，教育の根幹としての小学校教育の重要性を指摘するとともに，「小学教師ノヨク教則ヲ維持シテ之ヲ教ユルノ正シキヲ得ル」ことが必要だと強調されている。その結果，学校での専門的な教育者である「教員」の養成を目的とする専門的機関の設立が必要とされ，同年，東京に最初の官立師範学校が設立されることになる。これは同時に，「教員」の資格や職務内容，求められる資質・能力等を明確にすることでもあった。

1872（明治５）年，「学制」が公布されるが，そこでは教員養成を行う学校を「師範学校」と名づけ，教員の資格要件として，中学校教員が大学卒業，小学校教員が師範学校あるいは中学校卒業を規定していた。こうして，国家主導による教員養成制度が整備されていく中で，やがて従来の寺子屋師匠などに代表される教師とは異なる特性をもった「教員」が現れてくることになる。すなわち，手習いという芸（技術）を学ばせる近世の寺子屋時代の「師匠」から，計画的，組織的養成教育によって知識の一斉教授を可能とする近代的職業人としての「教員」の出現である。

学制公布後，1886（明治 19）年には「師範学校令」が制定され，全国各地に尋常師範学校が設立された。これにより，教員の計画的供給と国家の期待に応えうる教員の養成を目的とした教員養成制度，すなわち師範学校の創設と師範教育が確立する。師範学校では，「順良，信愛，威重」のいわゆる教員の三気質の養成が目的とされ，画一化された教育と軍隊式に統制された寄宿舎生活による教育が展開された。その結果，後に「師範タイプ」といわれる教師像が形成されていった。師範タイプの教師像とは，「着実，真面目，親切などがその長所として評価される反面，内向性・表裏のあること，すなわち偽善的であり，仮面をかぶった聖人的な性格をもっていること，またそれと関連して卑屈であり，融通性のきかぬ」[(1)]教師像とされるものである。

2　教職＝聖職者論

師範学校による計画的な教員養成のもとで，教師像のモデルとされたのは聖職モデルであった。聖職とは，もともと神に仕える職業（holy order）のことであるが，そこから一定の職業に従事する者が，世俗的な政治的，経済的関心を超越することを求められる場合にもその職業を指して用いられるものである。

わが国における教職＝聖職モデルは，基本的には江戸時代における寺子屋の師匠を源流とするといわれている。寺子屋の師匠は，当時の社会の有識者といわれる者が多く，学術，技芸において秀でているばかりでなく，人物・人格的にも優れ，「三尺下がって師の影を踏まず」という言葉に代表されるように，世人から高い尊敬を受ける存在であった。師範教育は，こうした寺子屋の師匠に求められた優れた人格や人物，品性という人格的要素を強調する教職観を意図的に学校制度の中にもち込んだものであった。教員には，師範学校令による「順良，信愛，威重」の「三気質」が求められるとともに，「師範学校ノ卒業生ハ教育ノ僧侶ト云テ可ナルモノナリ，即チ師範学校卒業生ハ教育事業ヲ本尊トシ，教育ニ楽ミ教育ニ苦ミ一身ヲ挙テ教育ト終始シ而シテ己ノ言行ヲ以テ生徒ノ儀範トナルヘキモノ」[(2)]とし，それに一生を捧げる「教育ノ僧侶」としての教師像が説かれていた。

と同時に，「集会条例」(1880 年)，「小学校教員心得」(1881 年)，「小学校長及教員職務及服務規則」(1891 年) などによって，教員の社会性や政治性を否定する政策がとられていった。例えば，「集会条例」では「政治ニ関スル事項ヲ講談論議スル集会ニ陸海軍軍人常備予備後備ノ名簿ニ在ル者警察官官立公立私立学校ノ教員生徒農業工芸ノ見習生ハ之ニ臨会シ又ハ其社ニ加入スルコトヲ得ス」(第 7 条) と，教員の政治活動を規制することが規定されていた。また，「小学校教員心得」においては，教員の基本的職務が次のように「尊王愛国ノ志気ヲ振起」する皇道主義の教化にあることが明確化されていた。

「小学校教員ノ良否ハ普通教育ノ弛張ニ関シ普通教育ノ弛張ハ国家ノ隆替ニ係ル其任タル重且大ナルト謂フヘシ今夫小学校教員其人ヲ得テ普通教育ノ目的ヲ達シ人々ヲシテ身ヲ修メ業ニ就カシムルニアラスンハ何ニ由テカ尊王愛国ノ志気ヲ振起シ風俗ヲシテ淳美ナラシメ民生ヲシテ富厚ナラシメ以テ国家ノ安寧福祉ヲ増進スルヲ得ンヤ小学教員タル者宜ク深ク此意ヲ体スヘキナリ因テ其恪守実践スヘキ要欵ヲ左ニ掲示ス苟モ小学教員ノ職ニ在ル者夙夜黽勉服膺シテ怱忘スルコト勿レ」

これらにより，教員は国家権力に忠実な下級官吏として仕えることを求められる聖職者として位置づけられたのである。以後，日本の教員は明治・大正・昭和と天皇制の神聖を普及・徹底させる役割を期待され，聖職としての教職観に強く規定されることになる。

なお，大正期に入ると，おりからの大正デモクラシーの風潮のもとで，1919（大正 8）年にわが国最初の教員組合である「啓明会」が下中弥三郎を中心に結成（翌 20 年には「日本教員組合啓明会」と改称）され，自らの生活改善要求を掲げた組合運動を進めるとともに，「教育改革の四綱領」（教育理念の民衆化，教育の機会均等，教育自治の実現，教育の動的組織）を発表するなど積極的な運動を展開した。しかし，政府の弾圧により運動は長くは継続せず，やがて昭和初期の軍国主義的な風潮の中で霧散してしまう。1931（昭和 6）年に満州事変が勃発して以降，日本の教育は戦争と連動して展開されていく。特に，1937（昭和 12）年の日華事変を契機として日本の文教行政は「戦時下教育」として統制されていく。教員は，官吏待遇として「官吏服務規律」に全面的に拘束され，天皇および政府や上司に対して服従することを求められた。また，1941（昭和 16）年，国民学校令が公布され，「皇国ノ道」による教育を至上主義として，皇国民練成と臣民教育が徹底され，教員はその先頭に立ち，率先垂範していった。

なお，1943（昭和 18）年に師範学校令が改正され，師範学校は専門学校となり，制度的にはそれまでの中等教育段階から高等教育段階に昇格し，戦後の新制大学「教育学部」の母体となっていった。

3　師範教育批判と戦後の教師教育

1．戦後教育改革と教員制度改革

戦後日本の教師論が，戦前の教師教育の反省から出発したことは，ごく自然の成り行きであった。そこでは，戦前の教員養成機関であった師範学校とそこでの師範教育が批判の対象であったことはいうまでもない。

1946（昭和 21）年 3 月 31 日に提出された第 1 次米国教育使節団報告書は，戦後日本の教育改革の根幹を提示したものであるが，その中で戦前の教師養成教育は「ある種の型の教師達だけが特定の準備教育を受けるに過ぎず，しかもこの中に僅かに少数の者だけが，彼等の仕事に対して特定的に教育されているに過ぎない」として，今後は「専門的な準備教育はあらゆる型の教師達に，そして各々の型に属する全部の教師達に及ぼすべきである」と指摘している。さらには，教師養成教育が全般的な高等普通教育，教材についての特別な知識の教育，教職についての専門的な知識の三重(「教師」の三重の教養)になるべきことも述べている。そして，師範学校に対する勧告案では，「もっと優れた専門的準備教育と，更に十分なる高等普通教育を施すように，一層高い水準で再組織されなくてはならぬ。即ちそれは教師を養成するための専門学校または単科大学なるべきものである」としたのである。

こうした指摘を受けた日本側では，教育刷新委員会(以下，教刷委)を設置(1946年8月)し，新たな教員養成制度の具体的な検討と教員資格制度の検討を行い，1947(昭和22)年11月に「教員養成に関すること」を建議する。教刷委での論議は，師範教育の閉鎖性への批判から出発し，その教育が学問と離れ，教えるための知識と技術を身につけさせるものであったこと，給費制や服務義務制のもとでの閉鎖的な教育と学校生活が，視野の狭い教員を養成したことへの批判に基づいて，「大学における教員養成」と「開放制に基づく教員養成」の原則を建議した。

その結果，1949(昭和24)年に教育職員免許法(以下，免許法)が制定され，戦前の画一的・閉鎖的な教育を打破する担い手として，より自律的，民主的，開放的な教師像の志向のもと，一般的教養，教科専門教養，教職的教養の「教師の三重の教養」という教師の教養論と「大学における養成」と「開放制」を二大制度原則とする新たな教員養成制度がスタートした。免許法では，教職の専門性を確立し，また国民の教育を受ける権利を保障する観点から，学校における教育に携わるすべての教員が資格を有することを徹底し(免許状主義)，さらに認定講習会や通信教育などの継続的な研修によって他の教科や上級の免許状を取得することができるようにするなど，現職教育の重視が図られた。また，法律に定める学校の教員は，戦前までの天皇に仕える官吏から，「全体の奉仕者」(旧教育基本法第6条2項)として国民全体に奉仕する奉仕者として位置づけられ，教育という特殊な活動に従事する職業という観点から教育公務員特例法（1949 年）が制定され，その身分保障が図られることになった。

教員は民主社会の建設者として，また憲法に定められた「国民の教育を受ける権利」を保障する当事者としての新たな教師像が，戦前の「聖職者」像の否定の中で模索されていったといえる。

しかし，教師養成教育の質をめぐっては，アカデミズムとプロフェッショナリズムをめぐる対立，すなわち学識と一般的教養を重視する立場と，教員に必要とされる専門的技術を重視し，その養成にあたってプロフェッショナルコースを求める立場との対立があったのも事実である。師範学校に対する厳しい批判のもとで，教員養成において形成されるプロフェッショナルな学識の内容に関する論議，とりわけ教職の専門性とそこで同時に求められる学問性との関連の検討が不十分なままに新しい制度が動き出すことになった。この問題は，その後の十分な解決のないまま教員に求められる資質論議として，持ち越されることになった。

2．教員組合の結成と労働者教師論

1947（昭和 22）年，日本教職員組合（日教組）が結成され，教員の労働者としての地位や権利の獲得をひとつの運動目標として活動を展開していく。1952（昭和 27）年，日教組の第 9 回大会で次のような 10 綱領からなる「教師の倫理綱領」を採択する。

1．教師は日本社会の課題にこたえて青少年とともに生きる。
2．教師は教育の機会均等のためにたたかう。
3．教師は平和をまもる。
4．教師は科学的真理に立つて行動する。
5．教師は教育の自由の侵害を許さない。
6．教師は正しい政治をもとめる。
7．教師は親たちとともに社会の頽廃とたたかい，新しい文化をつくる。

8．教師は労働者である。

9．教師は生活権をまもる。

10. 教師は団結する。

このうち，第8番目の「教師は労働者である」については，「教師は学校を職場として働く労働者である。教師は，労働が社会におけるいっさいの基礎であることを知るが故に，自己が労働者であることを誇りとする。歴史の現段階において基本的人権を言葉の上だけではなく，事実の上で尊重し，資源と技術と科学とをあげて万人の幸福のために使用する新しい人類社会の実現は，労働者階級を中心とする勤労大衆の力によってのみ可能である。教師は労働者として自己の立場を自覚して，強く人類の歴史的進歩の理想に生き，いっさいの停滞と反動を敵とする」という説明をしている。

ここには，戦争に対する反省の上に，聖職者という偶像を破壊し，民主社会の建設者として，また憲法で定められた「教育を受ける権利」を保障する当事者として，自らを「教育労働者」として位置づける考え方に立脚していた。この教師像は，「教育二法」(「義務教育諸学校における教員の政治的中立の確保に関する臨時措置法」と「教育公務員特例法一部改正」)の制定(1954年)による教員の政治的活動の規制や学校管理体制を強化する「地方教育行政の組織及び運営に関する法律」の制定(1956年)およびそれに基づく勤務評定や学力テストの実施など，教育に対する国家管理が進行する中で，抵抗する教員の姿を顕在化させていくことになる。

しかし，その一方で，こうした教育政策に抵抗する教員の姿，教育運動の進め方は，子ども不在の教職論との批判を生み，このモデルに基づく教職論は徐々に力を失っていった。ここには，「教育労働者」とした場合，「教育」にウエイトをかけるのか「労働者」の側面にウエイトを置くのか，言葉を換えれば教職論における聖職的要素と労働者的要素の位置づけをめぐって，なお問題が解消されなかった状況が存在していたということである。教員が労働者であることは当然の主張である。しかし，教員の仕事に教育への専心の心持ちや教育愛が不要かといえば，それも必要だとしかいいようがないのも事実である。教員の使命感もしかりである。とすれば，問題は教員が聖職なのか，労働者なのかという鋳型を問うことではなく，教員の担う実際の仕事の吟味から，聖職者的要素と労働者的要素とのバランスをどう図っていくのかということであった。

3．教師批判と改革論議

こうした動向の中，1955年から始まる高度経済成長という社会変化は，教員に対する社会的評価や経済的地位をめぐって大きな影響を及ぼした。人材は給与条件のよい一般企業に殺到し，教育界には「教師にでもなろうか」「教師にしかなれない」という不本意就職者が多くなり，ジャーナリズムは彼らを「デモ・シカ教師」と呼んだ。この教師論は，次のような教師の実態を現すものであった。

「ある教育者の会合にでたら，保守的な，しかし，仕事熱心なために人々から尊敬されている老先生が，教師のなかには『でも先生』が多い，これが一番困ったことだと熱をこめて論じている。日教組のデモ行進には批判が多い，またはじまったと思って聞き流した。【中略】聞いてみると，『でも先生』と『デモ先生』は全く別物なことがわかった。教師のなかには若いころ，できれば，技師に，医者に，役人に，小説家に，あるいは政治家になりたかったものが多い。ところが，いろいろの都合でなれなかった。仕方がないから，教師にでもなろうか，幸い，口があったから雇ってもらったという人が案外多い。『でも先生』とは，第二志望，第三志望でなった教師のことである。あきらめて選んだ職なのだから，当然熱がこもらない。【中略】大学まで進学できる点では，他の学問を専攻するものと，家庭の経済的事情はそれほどちがわないが，チャンスがあっても，成績が悪かったために，やむなく，教育をえらんだ人たち，これが今日の『しか先生』である。[(3)]」

また，昭和30年代後半には「三ト先生」（アルバイト・リベート・プレゼント）なる表現で，教師に対する厳しい批判が展開された。

こうした教員批判を受けて，政策側も教員養成改革に着手しようとした。そこでは，特に教職意識（使命感）の希薄化という質的側面での問題が指摘されていく。例えば，1958（昭和33）年の中央教育審議会（以下，中教審）答申「教員養成制度の改善方策について」では，「教師は教育に対する正しい使命感と児童生徒に対する深い教育的愛情とを基盤として，世界的視野に立った人間的国民的一般教養を備えるとともに，社会の発展に即した専門的知識と児童生徒の教育に即した教職教養を有しなければならない」ことと，「教師としての職業は，高い教養を必要とする専門職業であり，その資格付与は，これらの要請に十分こたえうる」べきであるとの教師像，教師養成教育論を展開している。そのうえで，現行教員養成を「開放的制度に由来する免許基準の低下」や「職能意識はもとより教員に必要な学力，指導力すら十分に育成され得ない」問題を有していると指摘し，国家基準に基づく養成と「教員養成を目的とする大学の設置」を提案したのである。こうした教員の目的的・計画的養成への志向は，1962年の教育職員養成審議会（以下，教養審）建議「教員養成制度の改善について」，1971年の中教審答申「今後における学校教育の総合的な拡充整備のための基本的施策について」，1972年の教養審建議「教員養成の改善方策について」に引き継がれ，教員養成を目的とする「教育大学」の設置や試補制度の提案などが，労働者教師論の否定の中で検討されていった。

4 教職＝専門職論

1．専門職論の登場

こうした状況の中，1966（昭和41）年に，ILO・ユネスコによる「教員の地位に関する勧告」が出される。勧告には，教員の地位や身分，福祉，教育政策など多岐に及ぶ内容が盛り込まれていたが，最も注目された点は「教育の仕事は専門職とみなされるべきである。この職業は厳しい，継続的な研究を経て獲得され，維持される専門的知識および特別な技術を教員に要求する公共的業務の一種である。また，責任をもたされた生徒の教育および福祉に対して，個人的および共同の責任感を要求するものである」とされたことである。ここでは，教職は専門職と認められるべきであることが明確に宣言されているが，同時に，そのためには教職は高度の専門的な知識と技術を必要とするものであり，またその受け持つ一人ひとりの子どもの教育，さらには福祉に至るまでの広範な責任を各個人としてのみならず教員集団共同で負うべきものであることが説かれている。こうした高度な専門的知識・技術と広範な責任感に支えられて，他の人をもってしては代えることのできない役割を果たすところに専門職としての教員のあるべき姿が描かれているといえる。また，この勧告では教員の職務上の自由や権利の保障，教育政策への参加なども提起され，教員の教育権論の根拠とされていくなど，当時の教育界に大きな影響を与えた。

この勧告以降，わが国における教職論は「専門職論」を基軸として展開され，行政当局，教員団体，研究者らの間で教員の「専門職性」に関する提言，研究，調査等がさまざまに行われていった(4)。例えば，ILO・ユネスコの教員の地位勧告等を参考に，教職の専門職性確立の方策を具体的にまとめたもので，その後の教員養成政策や教員の資質向上対策に少なからぬ影響を与えたとされる1971(昭和46)年の中教審答申では，「教育の実質に大きな影響を与えるものは教育者である」との視点に立って，教員の地位を「高い専門性と職業倫理によって裏づけられた特別の専門的職業」と位置づけた。また，1972(昭和47)年の教養審建議でも，教職は「教育者としての使命感と深い教育的愛情を基盤として，広い一般的教養，教科に関する専門的学力，教育理念，方法および人間の成長や発達についての深い理解，すぐれた教育技術などが総合されていることが要請される高度の専門的職業である」としていた。以後，そうした「専門職論」を基盤として，教員の養成，研修，地位等に関する全般的改善が図られていくことになる。一方，日教組は教職の自律性確立や教育活動の自主性を中心に「専門職論」を展開し，教員の権利保障や教育政策への教員の発言権，学校の自治などを主張していった。

では，専門職とはどのような職業をいうのであろうか。当時，最も頻繁に引用された専門職の定義であるリーバーマン（Lieberman, M.）のそれによると，専門職とは以下のような特性をもつものである。これらは，「既成専門職」「伝統的専門職」とされてきた聖職者，法律家，医師などの専門職に共通する要件として析出されたものである(5)。

① 範囲が明確で，社会的に不可欠な仕事に独占的に従事する。

② 高度な知的技術を用いる。

③ 長期の専門的教育を必要とする。

④ 従事者は人としても集団としても広範な自律性（autonomy）が与えられる。

⑤ 専門職的自律性の範囲内で行った判断や行為については直接に責任を負う。

⑥ 営利ではなくサービスを動機とする。

⑦ 包括的な自治組織を形成している。

⑧ 適用の仕方が具体化されている倫理綱領（Code of Ethics）をもっている。

教職をこのような意味での専門職として捉え，その実現に向けて努力しようとすることは，1970 年代以降の教職論の最大の特徴であった。もっとも，教職＝専門職論は，教職が実態として専門職であるというよりは，教職が専門職としての可能性をもちつつも，現実には準専門職（semi-profession）的な状況にあるという形で展開されてきたのが一般的であって，教職＝専門職論は，達成された事実の表現というよりは今後の到達目標と考えられてきたのである。その点で，戦後対立する形で展開された聖職論対労働者論の論争が，実質的には労働者論を肯定せざるをえない中にも，「教育労働者」の力点をどう配分するかを中心にくすぶり続けたとき，ILO・ユネスコの勧告を契機として専門職論へと傾斜していったのは当然の帰結だったともいえよう。ただ，それは同時に専門職論がもつ，玉虫色のあいまいな性格への多面的な期待ともいえたのである。

2．移り変わる教職像 ――「実践的指導力」への傾斜

1973（昭和48），78（昭和53）年の2度にわたる石油危機（オイル・ショック）により，日本経済は減速し低成長時代に入る。職業に対する安定志向や人材確保法の制定（1974年）による教員の経済的地位の向上等により，教員希望者が増大し教職は狭き門となる。「先生ほど希望者の多い仕事はなく，先生にまでなれれば大したもの」という「ホド・マデ教師」論の出現である。しかし，こうした状況は教職の一般職化を拡大し，教員のサラリーマン化に拍車をかけることになっていった。

また，1970年代後半から80年代にかけて，学校は未曾有の困難を抱えた。落ちこぼれ，偏差値教育に代表される学習面での問題状況，非行，校内暴力，いじめ，自殺，登校拒否等に代表される生徒・生活指導面での問題状況が多発，深刻化する中で，学校・教員の指導責任が問われたのである。また，いわゆる「問題教師」論議の中で，教員の適格性も問われ始めた。テレビでは「金八先生」（1980年）などが放映され，教員のあふれんばかりの情熱や人間性が社会の共感を呼び，教師像の見直しが，教員の資質や人間性に関わる問題としてクローズアップされていったのである。

こうした状況の中，1978（昭和53）年，中教審が「教員の資質能力の向上について」と題する答申を提出する。そこでは，教員のアカウンタビリティ論や教員の資質向上を強く要望する世論などを背景に，「ひとりひとりの子どもの健やかな成長に対する父母の強い願いに思いをいたし，教員自らがさらにその重責を深く自覚して，不断に教育実践と自己啓発に努め，学校教育に対する国民の信頼にこたえることが期待される」と述べ，教員の資質として，これまで以上に教員の使命感を強調する教職論を展開する。また，1983（昭和58）年11月，教養審が「教員の養成及び免許制度の改善について」を答申し，教員の専門性の向上を図るため，特に「実践的指導力の向上を主眼」とする教員の養成・免許制度の改善が提案され，免許基準の引上げ，免許の種別化（初級・標準・特修），教育実習の改善などが提言されていた。

その後，教員の資質問題は臨時教育審議会（1984年8月設置；以下，臨教審）に引き継がれ，さらに1987（昭和62）年の教養審答申「教員の資質能力の向上方策等について」を経て，1988（昭和63）年に免許法の改正等として具体化される。教育問題の解決を図る「実践的指導力」の形成・向上が，教育者としての使命感とともに教員に求められる専門性の中心的テーマとされたのである。例えば，1987（昭和62）年の教養審答申では，次のように教職の専門性について指摘している。

「学校教育の直接の担い手である教員の活動は，人間の心身の発達にかかわるものであり，幼児・児童・生徒の人格形成に大きな影響を及ぼすものである。このような専門職としての教育の職責にかんがみ，教員については，教育者としての使命感，人間の成長・発達についての深い理解，幼児・児童・生徒に対する教育的愛情，教科等に関する専門的知識，広く豊かな教養，そしてこれらを基盤とした実践的指導力が必要である。このような教員としての資質能力は，養成・採用・現職研修の各段階を通じて形成されていくものであり，その向上を図るための方策は，それぞれの段階を通じて総合的に講じられる必要がある。この場合，現下の教育課題を解決し，教育の質的水準を高めるために，従来にも増して，教員の資質能力の向上を図ることが強く要請されていることに留意しなければならない。」

3．教師教育改革と新たな教師像

こうした実践的指導力を中核とする教職論は，1997（平成9）年の教養審答申「新たな時代に向けた教員養成の改善方策について（第1次答申）」，それを受けた免許法の改正（1998年）へと受け継がれていくことになる。教養審答申では，教員に求められる資質能力を「1.いつの時代も教員に求められる資質能力」「2.今後特に教員に求められる具体的資質能力」の2つに区分し，前者については先の1987年教養審答申を位置づけながら，後者については，①地球的視野に立って行動するための資質能力，②変化の時代を生きる社会人に求められる資質能力，③教員の職務から必然的に求められる資質能力という新たな資質能力像を提示していた。そこでは，「未来に生きる子どもたちを育てる教員には，まず，地球や人類の在り方を自ら考えるとともに，培った幅広い視野を教育活動に積極的に生かすことが求められる。さらに，教員という職業自体が社会的に特に高い人格・識見を求められる性質のものであることから，教員は変化の時代を生きる社会人に必要な資質能力をも十分に兼ね備えていなければならず，これらを前提に，当然のこととして，教職に直接関わる多様な資質能力を有することが必要」との認識が示されていた。こうした考え方は，1998（平成10）年の免許法改正で「教職の意義等に関する科目」や「総合演習」の新設，「教育相談」の強化や「教育実習」の単位増（中学校），「外国語コミュニケーション」「情報機器の操作」の必修化として具体化されることになった。ここには，1980年代の「実践的指導力」を中核概念とする教師の資質能力論から，社会変化や時代的要請，学校や教師をめぐる諸課題等へのより具体的な対応を視野に入れた資質能力論の拡大と変容という方向性のもとでの教師論が展開されているといえる。

また，この答申では「得意分野を持つ個性豊かな教員の必要性」という新しい教師像が提示されていた。具体的には，「今後における教員の資質能力の在り方を考えるに当たっては，画一的な教員像を求めることは避け，生涯にわたり資質能力の向上を図るという前提に立って，全教員に共通に求められる基礎的・基本的な資質能力を確保するとともに，さらに積極的に各人の得意分野づくりや個性の伸長を図ることが大切である。結局は，このことが学校に活力をもたらし，学校の教育力を高めることに資する」という教師像である。

ここには，1990年代後半から取り組まれた教育改革の基本理念である「学校教育の基調の転換」[(6)]という方向性のもとで，それらを担いうる教員の育成ということが基本的課題として存在する。すなわち，中教審第1次答申「21世紀を展望した我が国の教育の在り方について」（1996年）では，これからの学校教育の目指すべき方向として「〔生きる力〕の育成を基本とし，知識を一方的に教え込むことになりがちであった教育から，子供たちが，自ら学び，自ら考える教育への転換を目指す」ことを掲げ，その第2次答申（1997年）では「形式的な平等から個性の尊重へ」の転換を指摘している。また，平成10年改訂の学習指導要領の基本的考え等を示した教育課程審議会答申「幼稚園，小学校，中学校，高等学校，盲学校，聾学校及び養護学校の教育課程の基準の改善について」（1998年）では「今回の教育課程の基準の改善が学校教育の基調を転換し，学校，家庭，地域社会の教育全体の在り方を改善するもの」との位置づけを示している。さらに，中教審答申（1998年）では「学校の自主性・自律性の確立」を基本理念に，学校運営システムの改善を提言しているが，「得意分野を持つ個性豊かな教員」という新たな教員像は，こうした現代教育の改革課題に対応するものとして位置づけられていた点に注目する必要がある。

また，2005（平成17）年の中教審答申「新しい時代の義務教育を創造する」では，上記の教師像を継承しながらも優れた教師の条件について，次の3つの要素が重要であるとしている。すなわち，①教職に対する強い情熱（教師の仕事に対する使命感や誇り，子どもに対する愛情や責任感，学び続ける向上心など），②教育の専門家としての確かな力量（子ども理解力，児童・生徒指導力，集団指導の力，学級づくりの力，学習指導・授業づくりの力，教材解釈の力など），③総合的な人間力（豊かな人間性や社会性，常識と教養，礼儀作法をはじめ対人関係能力，コミュニケーション能力などの人格的要素，教職員全体と同僚として協力していくことなど）である。ここには，知識基盤社会の到来，グローバル化，情報化，少子・高齢化などの社会構造の変化への対応や学力低下，子どもたちの社会性やコミュニケーション能力の不足，いじめや不登校，校内暴力，インターネットをめぐる問題，LD（学習障害），ADHD（注意欠陥／多動性障害）や高機能自閉症等への対応，学校のアカウンタビリティを求める仕組みの導入など，複雑・多様化する学校教育課題への対応に関連した教員の資質能力を求める背景がある。また，指導力不足教員や教員の不祥事に対する保護者・国民の厳しい批判への対応としての背景も存在する。さらに，教員の年齢構成に伴う大量退職・

大量採用時代における量および質の両面から，優れた教員を養成・確保することが極めて重要であるという現代的課題も存在する。

4．高度専門職と「学び続ける教員像」

こうした現代的状況の中で，改めて教員の資質能力が問いなおされている。例えば，2006（平成 18）年の中教審答申「今後の教員養成・免許制度の在り方について」では，それまでの教員の資質能力像を踏襲しながら，さらに次のような教職の社会的役割を踏まえて，これまで以上に「学びの精神」が強く求められていると指摘している。すなわち，教職は，日々変化する子どもの教育に携わり，子どもの可能性を開く創造的な職業であり，教員には常に研究と修養に努め，専門性の向上を図ることが求められている。また，教員を取り巻く社会状況が急速に変化し，学校教育が抱える課題も複雑・多様化する現在，教員には不断に最新の専門的知識や指導技術等を身につけていくことが重要となっているという認識である。

さらに，2012（平成 24）年の同答申「教職生活の全体を通じた教員の資質能力の総合的な向上方策について」では，「学びの精神」から教職生活全体を通じて，実践的指導力等を高めるとともに，社会の急速な進展のなかで，知識・技術の絶えざる刷新が必要であることから，教員が探究心をもち，学び続ける存在であることが不可欠であるとして，「学び続ける教員像」というものを提示し，次のような資質能力が必要だと指摘している。

① 教職に対する責任感，探究心，教職生活全体を通じて自主的に学び続ける力（使命感や責任感，教育的愛情）

② 専門職としての高度な知識・技能

- 教科や教職に関する高度な専門的知識（グローバル化，情報化，特別支援教育その他の新たな課題に対応できる知識・技能を含む）
- 新たな学びを展開できる実践的指導力（基礎的・基本的な知識・技能の習得に加えて思考力・判断力・表現力等を育成するため，知識・技能を活用する学

習活動や課題探究型の学習，協働的学びなどをデザインできる指導力）

・教科指導，生徒指導，学級経営等を的確に実践できる力

③ 総合的な人間力（豊かな人間性や社会性，コミュニケーション力，同僚とチームで対応する力，地域や社会の多様な組織などと連携・協働できる力）

このような新たな教員像のもと，教職を真の意味で高度専門職業として確立していくことが求められているとしている。

そして，2015（平成27）年 の同答申「これからの学校教育を担う教員の資質能力の向上について―学び合い，高め合う教員育成コミュニティの構築に向けて―」では，こうした資質能力に加えて，「自律的に学ぶ姿勢を持ち，時代の変化や自らのキャリアステージに応じて求められる資質能力を生涯にわたって高めていくことのできる力も必要とされる」と指摘している。この答申を受け，2016（平成28）年に免許法が改正され，新たな免許基準に基づく教員養成が2019（平成31）年度入学生から開始されることになった。

さらに，2021（令和3）年の同答申「『令和の日本型学校教育』の構築を目指して～全ての子供たちの可能性を引き出す，個別最適な学びと，協働的な学びの実現～」では，2020（令和2）年度からの新学習指導要領の実施と新型コロナウイルス感染症の拡大などを踏まえて，2020年代を通じて実現を目指す学校教育の姿を「令和の日本型学校教育」とし，その具体的な姿として「全ての子供たちの可能性を引き出す，個別最適な学びと，協働的な学びの実現」として描き，そこでの教師の姿を「教職生涯を通じて探究心を持ちつつ自律的かつ継続的に新しい知識・技能を学び続け，子供一人一人の学びを最大限に引き出す」「子どもの主体的な学びを支援する伴走者」として位置づけている。

また，2022（令和4）年の同答申「『令和の日本型学校教育』を担う教師の養成・採用・研修等の在り方について－『新たな教師の学びの姿』の実現と，多様な専門性を有する質の高い教職員集団の形成－」では，先の「令和3年答申」を受けて子どもたちの学び転換に対応した「新たな教師の学びの姿」として，次のような4点を示している。

① 変化を前向きに受け止め，探求心を持ちつつ自律的に学ぶという「主体的な姿勢」

② 求められる知識技能を変わっていくことを意識した「継続的な学び」

③ 新たな領域の専門性を身に付けるなど強みを伸ばすための，一人一人の教師の個性に即した「個別最適な学び」

④ 他者との対話や振り返りの機会を確保した「協働的な学び」

こうした動向を注視しながら，自らの教員像を描き，求められる資質能力の獲得・向上に向けて主体的に取り組んでいくことが求められているといえる。

【北神　正行】

〔注〕

⑴ 唐沢富太郎『教師の歴史―教師の生活と倫理―』創文社，1955 年，55 頁。

⑵ 大久保利謙編『森有礼全集』第 1 巻「第三地方部学事巡視中の演説」（明治 20 年秋）（水原克敏『近代日本教員養成史研究』風間書房，1990 年，497 頁収集より重引）。

⑶ 永井道雄編『教師この現実』三一書房，1957 年，179〜197 頁。

⑷ これらの動向については，有園格「専門職論の成立と展開」（市川昭午編『教師専門職論の再検討』〈教師教育の再検討 1 〉教育開発研究所，1986 年）が詳しい。

⑸ Lieberman, M., *Education as a Profession*, Prentice-Hall, 1956.

⑹ 詳しくは，北神正行「学校教育の基調の変容と学校経営」（日本教育経営学会編『自律的学校経営と教育経営』〈シリーズ教育の経営・ 2 〉玉川大学出版部，2000 年）を参照されたい。

〔参考文献〕

陣内靖彦『日本の教員社会―歴史社会の視野―』東洋館出版社，1988 年

高野桂一・影山昇編著『現代教師論』第一法規，1984 年

TEES 研究会編『「大学における教員養成」の歴史的研究』学文社，2001年

仲新監修『教員養成の歴史』〈学校の歴史 第 5 巻〉第一法規，1979 年

船寄俊雄『近代日本中等教員養成論争史論―「大学における教員養成」原則の歴史的研究―』学文社，1998 年

真野宮雄・市川昭午編著『教師・親・子ども』〈教育学講座・18〉学習研究社，1979 年

山田昇『戦後日本教員養成史研究』風間書房，1993 年

第3章　教員養成と教員採用

1　教員免許制度と教員養成

1．わが国の教員養成 —— その理念と制度

①「大学における養成」と「開放制の原則」　わが国の教員養成は，戦前は，師範学校や高等師範学校等の教員養成を目的とする専門の学校で行うことを基本としていたが，戦後は，1949（昭和24）年に制定された教育職員免許法（以下，免許法）のもとで，「大学における養成」と「開放制の原則」という2つの理念の下に行われることになった。

「大学における教員養成」という理念は，高度な学問を自由に追究しうる高等教育機関たる大学において，その学問，研究を背景とした教授活動を通してより高度な知的教養と自律性・主体性を培かわれた専門職たる教師を育成することをねらいとするものであった。それによって，国民の知的形成に責任をもって応えられる教員を養成しようとしたのである(1)。また，「開放制の原則」とは，師範学校－高等師範学校を中軸とする戦前の教員養成制度が，師範型教師の形成としてその有する「閉鎖性」の弊害が指摘されたのを受けて，教員養成のための特定の学校を設けず，さまざまな大学での養成教育を可能にして，多様な個性や能力を有した人材を広く確保しようとする意図に基づくものである。免許法制定当初は，まさに国・公・私立や学部の種類を問わず，所定の単位を修得しさえすれば教員免許状が取得できるという，文字通りの「開放制」であったが，1953（昭和28）年の免許法改正により，課程認定制度が導入され，今日に至っている。すなわち，教科専門科目と教職専門科目の単位は「文部科学大臣が免許状授与の所要資格を得させるための適当と認める大学の課程」（認定課程）で修得したものでなければならないとされたのである（教育職員免許法施行

規則第19条）。表3－1は，2020（令和2年）4月1日現在の免許状の種類別の課程認定大学等を示したものであり，教員養成を目的とする大学・学部以外にも多様な大学等が教職課程を有している様子がうかがえる。

表3－1　教職課程を有する大学等数

（2020年4月1日現在）

区分		大学等数	教職課程を有する大学等数		免許状の種類別の教職課程を有する大学数等						
					幼稚園	小学校	中学校	高等学校	養護教諭	栄養教諭	特別支援学校教諭
大学	国立	82	76	92.7%	50	52	71	76	21	3	50
	公立	92	64	69.6%	12	5	44	52	17	21	7
	私立	599	467(24)	75.6%	205(14)	190(14)	402(16)	421(18)	93 (4)	116	107(5)
	計	773	607(24)	76.1%	267(14)	247(14)	517(16)	549(18)	131(4)	140	164(5)
短期大学	国立	0	0	0.0%	0	0	0		0	0	0
	公立	14	7	50.0%	4	0	3		0	1	0
	私立	293	218 (8)	70.8%	199 (7)	21	36 (1)		9	45	2
	計	307	225 (8)	69.2%	203 (7)	21	39 (1)		9	46	2
合計		1,080	832(32)	74.1%	470(21)	268(14)	556(17)	549(18)	140 (4)	186	166(5)
大学院	国立	86	77	89.5%	48	53	70	77	31	9	49
	公立	84	38	45.2%	3	3	30	36	6	4	0
	私立	476	294(11)	61.8%	58 (5)	72 (5)	244 (6)	269 (9)	25	31	12(1)
	計	646	409(11)	63.3%	109 (5)	128 (5)	344 (6)	382 (9)	62	44	61(1)
専攻科	国立	13	13	100%	0	0	0	1	0	0	12
	公立	12	1	8.3%	0	1	0	0	0	0	0
	私立	46	17	37.0%	3	6	12	13	1	0	0
	計	71	31	43.7%	3	7	12	14	1	0	12
短期大学専攻科	国立	0	0	0.0%	0	0	0		0	0	0
	公立	3	1	33.3%	1	0	0		0	0	0
	私立	91	16	17.6%	11	2	0		5	0	0
	計	94	17	18.1%	12	2	0		5	0	0
養成機関（専門学校等）	国立	7	7		0	0			6	0	1
	公立	1	1		0	0			1	0	0
	私立	28	28		26	1			1	2	0
	計	36	36		26	1			8	2	1

注：1括弧内の数値は、各欄における教職課程を有する大学等数のうち、通信教育課程を有する大学等数。
2通信教育課程を有する大学においても、教職課程の科目のうち教育実習等の一部の科目は通学昼間スクーリングで実施される。
出典：中央教育審議会「令和の日本型学校教育」を担う教師の在り方特別部会（第9回）・初等中等教育分科会教員養成部会（第132回）合同会議配布資料（2022年10月24日開催）

②教職の専門職制の確立　戦後の教員養成制度を形づくるもう一つの理念が,「教職の専門職制の確立」というものである。「専門職制の確立」とは，教員が担う職務は単に知識技術を伝達することではなく，全体としての人間を発達的に育成するものであり，このためには一般的教養，学問的教養だけでは十分ではなく，対象となる子どもの成長発達に十分な理解をもち，教育に対する理念・目的・方法・技術などの教職の専門的諸能力が豊かに形成されていることが必要であるとするものである。教職の専門性については，従来から専門的学問研究が優れていれば，それで教員になれるという考え方があったが，専門職としての教養が不可欠であるとの認識に基づくものである。

この点，免許法制定当時の解説書において,「教育職員は一定の教養さえあれば誰にでも出来るという考えが従来国民の常識の底にひそんでいたようである。…このように教育職員は誰にでもできるという一般の考え方は教育という仕事をくみし易しと見るに至らしめ，他に然るべき仕事がみつからぬときはまあ教員にでもという選択の態度をとらせることにもなった。そこに教育職員尊重の風が地を払うに至る一つの原因がある。…専門職としての医師がこの医学を修めなければならないように，教育という仕事のために教育に関係ある学問が十分に発達し，この学問的基礎に立って人間の育成という重要な仕事にたずさわる専門職がなければならない。人命が貴いから医師の職業が専門職となって来た。人間の育成ということもそれに劣らず貴い仕事であるから教員も専門職とならなければならない。…専門職制を打ち立てようとするから教員と養護教員，校長，教育長及び指導主事というように職の異なるに従って別々の免許状が設けざるを得ないのである」(2) と，その理念を明確に指摘していた。この理念を具体化したものが，後述する「免許状主義」というものである。

免許法は，その後，数度の改正がなされているが，こうした考え方は一貫して継承されており，今日においてもわが国の教員養成・免許制度の基本理念とされている。

2．教員免許制度

①免許状主義（相当免許状主義）　わが国では，学校教育法第1条に規定するいわゆる「一条校」のうち，大学と高等専門学校以外の学校では，教員として教壇に立つためには各々の学校種別等に応じた教員免許状を所持しなければならないことが免許法によって定められている。すなわち，「教育職員は，この法律により授与する各相当の免許状を有する者でなければならない」（第3条第1項）というものである。これを「免許状主義（相当免許状主義）」という。こうした考え方に立っているのは，公教育を担う教員の資質能力を一定水準に維持するとともに，国民から信託された公教育を担う教員の職能を公証し，その向上を図ることによって，「国民の教育を受ける権利」（憲法第26条）を保障しようとしている点にある。

しかし，教員免許状は教員としての資格として認容される最低水準の資質能力を公証するものに過ぎず，絶えずその資質能力の向上を図ることが教員自身および関係者に対して要請するものでもある。つまり，教員免許状は各々の学校で最良の有資格者を任用することを，そのままで保障するものではないし，また免許された教員に対しても，それでもって教員の社会的地位を高め，社会的に尊敬され敬愛される専門的職務に耐えうることを，そのままで認めるものではないということである。

したがって，教員免許制度の在り方は，教員の資質能力の向上と専門的職能を保障するために，これと関わる諸条件を関連させながら，絶えずその基準の向上に努め，これを整備することが，免許法の改正等として要請されているわけである。

②免許状主義の例外　こうした免許状主義において，例外とされている制度がある。その一つ目は，「特別非常勤講師」である。これは，特定分野について優れた知識・技能を有する社会人を登用するため，教科等の領域の一部であれば，各相当の教員免許状を有しない者を非常勤講師として登用できるとするものである。1988（昭和63）年の免許法改正により導入されたものである。

二つ目は，「免許外教科担任制度」である。これは，中学校，義務教育学校の後期課程，高等学校，中等教育学校の前期課程・後期課程，特別支援学校の中学部・高等部において，相当の免許状を有する者を教科担任として採用することができない場合に，校内の他の教科の教員免許状を有する教諭が，1年に限り，免許外の教科の担任をすることができるものである。例えば，山間地・へき地等の生徒数が少ない中学校で，すべての教科に対応できる教員を採用できない場合などに活用される制度である。ただ，この制度は教科指導の専門性という点で問題があり，解消されるべき制度でもあるといえる。

三つ目は，「専科担任制度」である。これは，中学校や高等学校の教員免許状を有する者は，小学校や義務教育学校の前期課程において，各免許教科に相当する教科等の教員になることができるという制度である。現在，小学校の全教科での指導が可能となっている。また，高等学校の情報や工業等に係る教員免許状を有する者は，中学校において，相当する教科等の教員になることができることになっている（免許法第16条の5）。

なお，特別支援学校の教員については，他の校種と異なる取り扱いがなされている。具体的には，特別支援学校の教員免許状のほか，特別支援学校の各部に相当する小学校等の教員免許状が必要とされている（免許法第3条第3項）が，当分の間は，小学校等の教員免許状を有するものであれば，特別支援学校の相当する各部の教員となることが可能となっている。また，義務教育学校の教員と中等教育学校の教員については，原則として小学校と中学校，中学校と高等学校の両方の教員免許状が必要である（免許法第3条第4項，第5項）が，当分の間は，いずれかの教員免許状を有する者であれば，それぞれ前期課程か後期課程の教員となることができることになっている。

なお，幼保連携型認定こども園の教員の免許状については，「就学前の子どもに関する教育，保育等の総合的な提供の推進に関する法律」の定めるところによることとされている。

③教員免許状の種類と効力　教員免許状には，普通免許状，特別免許状，

臨時免許状の3種類がある（免許法第4条）。普通免許状は，教諭，養護教諭，栄養教諭となるために有しなければならない免許状であり，専修，一種，二種免許状（高等学校教諭は専修と一種）の区分があり，すべての都道府県において効力を有する。このうち，教諭の免許状は学校（幼稚園，小学校，中学校，高等学校，特別支援学校。ただし，義務教育学校，中等教育学校，幼保連携認定こども園は除く。）の種類ごとに授与されるほか，中学校と高等学校の教諭の免許状は，各教科ごとに授与される。

特別免許状は，大学で専門の養成教育は受けていないものの，優れた知識や経験等を有する社会人を広く学校教育に登用することを目的として，1988（昭和63）年の免許法改正により導入されたものである。都道府県教育委員会が実施する教育職員検定に合格した者に対して授与するものであり，学校（義務教育学校，中等教育学校，幼稚園，幼保連携型認定こども園を除く）の種類ごとの教諭の免許状であり，その都道府県においてのみ効力を有する免許状である。

臨時免許状は，普通免許状を有する者を採用することができない場合に限り授与される免許状であり，学校（義務教育学校，中等教育学校，幼保連携認定こども園を除く）の種類ごとの助教諭，養護助教諭の免許状がある。授与された時から3年間，その都道府県においてのみ効力を有する免許状である。

④教員免許状の授与　普通免許状は，所定の基礎資格を有し，大学等において所要の単位を修得した者に対して授与される（免許法第5条第1項）。このうち，所定の基礎資格は，専修免許状は修士の学位，一種免許状は学士の学位，二種免許状は短期大学士の学位（4年生大学等において2年以上在学し，62単位以上を修得した場合を含む）を有することとなっている。また，免許状取得のために大学で履修すべき専門科目は，教科及び教職に関する科目，特別支援教育に関する科目，養護及び教職に関する科目，栄養及び教職に係る教育に関する科目に大別され，それぞれの最低修得単位数が免許法により規定されている。

なお，こうした免許法の規定に加えて，1997（平成9）年に「小学校及び中学校の教諭の普通免許状授与に係る教育職員免許法の特例等に関する法律」（「介護等体験特例法」)が制定され，1998(平成10)年度入学生から，小・中学校の教員免許状取得希望者に社会福祉施設等での介護や交流等の体験(7日間)が義務づけられている。この法律は「義務教育に従事する教員が個人の尊厳及び社会連帯の理念に関する認識を深めることの重要性にかんがみ，教員としての資質の向上を図り，義務教育の一層の充実を期する」(同法1条)ことを趣旨とするものである。

⑤教員免許更新制の創設と廃止　2007(平成19)年の免許法改正により，普通免許状と特別免許状について，10年の有効期限を設ける「教員免許更新制」が2009(平成21)年4月1日より導入されてきた。この制度は，教師として必要な資質能力が時代の進展に応じて常に変化し続ける中で，その時々で教師として必要な資質能力が保持されるよう定期的に最新の知識技能を身に付けることで公教育の充実を図るとともに，教師が自信と誇りを持って教壇に立ち社会の尊敬と信頼を得ることを目指すものとして導入されたものである。そこでは，免許状を有する者は有効期間満了日までの2年間に，大学などが開設する30時間以上の免許状更新講習を受講・修了することにより，免許状の有効期間を更新することができる制度として設計され，実施されてきた。

しかし，近年の教員の働き方改革や教員不足など教員をめぐる環境変化や「令和の日本型学校教育」の構築という新たな課題への対応などを背景に，教員免許更新制の在り方に関する検討が中央教育審議会(以下，中教審)で進められ，2021(令和3)年11月に中教審「令和の日本型学校教育」を担う教師の在り方特別部会から「『令和の日本型学校教育』を担う新たな教師の学びの姿の実現に向けて(審議のまとめ)」が取りまとめられ，教員免許更新制については，「発展的解消」として廃止し，新たな研修制度に移行する方向性が示された。これを受けて，文部科学省では免許更新制を定めている免許法の改正と教員研修を規定している教育公務員特例法(以下，教特法)を改正し，免許更新制については，2022(令和4)年7月1日時点で有効な免許状は，手続きなく，有効期限のない免許状になることが，また新たな研修制度は2023(令和5)年度から施行されることになった。

3．教員養成カリキュラムの構造と教員の質保証

①教員免許法と教員養成カリキュラムの構造　教員免許状によって担保される教員に必要とされる資質能力は，大学における教員養成教育の内容によって具体的に規定される。教員免許状を取得するために必要な科目や単位数につ

表3－2　小学校教諭免許状の修得単位数（免許法施行規則第3条）

<table>
<tr><th colspan="2">第一欄</th><th>教科及び教職に関する科目</th><th>右項の各科目に含めることが必要な事項</th><th>専修免許状</th><th>一種免許状</th><th>二種免許状</th></tr>
<tr><td rowspan="19">最低修得単位数</td><td rowspan="2">第二欄</td><td rowspan="2">教科及び教科の指導法に関する科目</td><td>教科に関する専門的事項</td><td rowspan="2">三〇</td><td rowspan="2">三〇</td><td rowspan="2">一六</td></tr>
<tr><td>各教科の指導法（情報通信技術の活用を含む。）</td></tr>
<tr><td rowspan="6">第三欄</td><td rowspan="6">教育の基礎的理解に関する科目</td><td>教育の理念並びに教育に関する歴史及び思想</td><td rowspan="6">一〇</td><td rowspan="6">一〇</td><td rowspan="6">六</td></tr>
<tr><td>教職の意義及び教員の役割・職務内容（チーム学校運営への対応を含む。）</td></tr>
<tr><td>教育に関する社会的，制度的又は経営的事項（学校と地域との連携及び学校安全への対応を含む。）</td></tr>
<tr><td>幼児，児童及び生徒の心身の発達及び学習の過程</td></tr>
<tr><td>特別の支援を必要とする幼児，児童及び生徒に対する理解</td></tr>
<tr><td>教育課程の意義及び編成の方法（カリキュラム・マネジメントを含む。）</td></tr>
<tr><td rowspan="8">第四欄</td><td rowspan="8">道徳，総合的な学習の時間等の指導法及び生徒指導，教育相談等に関する科目</td><td>道徳の理論及び指導法</td><td rowspan="8">一〇</td><td rowspan="8">一〇</td><td rowspan="8">六</td></tr>
<tr><td>総合的な学習の時間の指導法</td></tr>
<tr><td>特別活動の指導法</td></tr>
<tr><td>教育の方法及び技術</td></tr>
<tr><td>情報通信技術を活用した教育の理論及び方法</td></tr>
<tr><td>生徒指導の理論及び方法</td></tr>
<tr><td>教育相談（カウンセリングに関する基礎的な知識を含む。）の理論及び方法</td></tr>
<tr><td>進路指導及びキャリア教育の理論及び方法</td></tr>
<tr><td rowspan="2">第五欄</td><td rowspan="2">教育実践に関する科目</td><td>教育実習</td><td>五</td><td>五</td><td>五</td></tr>
<tr><td>教職実践演習</td><td>二</td><td>二</td><td>二</td></tr>
<tr><td>第六欄</td><td>大学が独自に設定する科目</td><td></td><td>二六</td><td>二</td><td>二</td></tr>
</table>

いては免許法等に規定されているが，その内容等については社会状況の変化や学校教育が抱える課題等に応じて，見直しが行われてきている。現行の免許法施行規則で規定する大学で履修すべき科目等を示したものが表 3－2（小学校），3－3（中学校）である。

現行法の規定の骨格は，2015（平成 27）年 12 月の中教審答申「これからの学校教育を担う教員の資質能力の向上について」を受けて行われた 2016（平成

表 3－3　中学校教諭免許状の修得単位数（免許法施行規則第 4 条）

<table>
<tr><th colspan="2">第一欄</th><th>教科及び教職に関する科目</th><th>右項の各科目に含めることが必要な事項</th><th>専修免許状</th><th>一種免許状</th><th>二種免許状</th></tr>
<tr><td rowspan="21">最低修得単位数</td><td rowspan="2">第二欄</td><td rowspan="2">教科及び教科の指導法に関する科目</td><td>教科に関する専門的事項</td><td rowspan="2">二八</td><td rowspan="2">二八</td><td rowspan="2">一二</td></tr>
<tr><td>各教科の指導法（情報通信技術の活用を含む。）</td></tr>
<tr><td rowspan="6">第三欄</td><td rowspan="6">教育の基礎的理解に関する科目</td><td>教育の理念並びに教育に関する歴史及び思想</td><td rowspan="6">一〇</td><td rowspan="6">一〇</td><td rowspan="6">六</td></tr>
<tr><td>教職の意義及び教員の役割・職務内容（チーム学校運営への対応を含む。）</td></tr>
<tr><td>教育に関する社会的，制度的又は経営的事項（学校と地域との連携及び学校安全への対応を含む。）</td></tr>
<tr><td>幼児，児童及び生徒の心身の発達及び学習の過程</td></tr>
<tr><td>特別の支援を必要とする幼児，児童及び生徒に対する理解</td></tr>
<tr><td>教育課程の意義及び編成の方法（カリキュラム・マネジメントを含む。）</td></tr>
<tr><td rowspan="8">第四欄</td><td rowspan="8">道徳，総合的な学習の時間等の指導法及び生徒指導，教育相談等に関する科目</td><td>道徳の理論及び指導法</td><td rowspan="8">一〇</td><td rowspan="8">一〇</td><td rowspan="8">六</td></tr>
<tr><td>総合的な学習の時間の指導法</td></tr>
<tr><td>特別活動の指導法</td></tr>
<tr><td>教育の方法及び技術</td></tr>
<tr><td>情報通信技術を活用した教育の理論及び方法</td></tr>
<tr><td>生徒指導の理論及び方法</td></tr>
<tr><td>教育相談（カウンセリングに関する基礎的な知識を含む。）の理論及び方法</td></tr>
<tr><td>進路指導及びキャリア教育の理論及び方法</td></tr>
<tr><td rowspan="2">第五欄</td><td rowspan="2">教育実践に関する科目</td><td>教育実習</td><td>五</td><td>五</td><td>五</td></tr>
<tr><td>教職実践演習</td><td>二</td><td>二</td><td>二</td></tr>
<tr><td>第六欄</td><td>大学が独自に設定する科目</td><td></td><td>二八</td><td>四</td><td>四</td></tr>
</table>

28）年の免許法改正で示されたものである。そこでは，2020（令和2）年度から始まる新学習指導要領を踏まえて，新たな教育を担う教師に必要となる資質能力を修得すべき科目とそこに含めることが必要な事項として規定されることになった。具体的には，免許状取得に必要な総単位数は変更しないものの，大学の創意工夫により，質の高い教職課程を編成することができるようにするため，従来の科目区分であった「教科に関する科目」と「教職に関する科目」「教科又は教職に関する科目」区分を撤廃し，「教科及び教職に関する科目」に統合するとともに，教職課程において修得することが必要とされている科目の「大くくり化」が行われた。また，この中で「教職の意義及び教員の役割・職務内容」の事項の括弧内に示された「チーム学校運営への対応」や，「教育に関する社会的，制度的又は経営的事項」の「学校と地域との連携及び学校安全への対応」，そして「教育課程の意義及び編成の方法」の「カリキュラム・マネジメント」の「含む事項」の加筆は，現在進められている教育改革や新学習指導要領の実施を視野に入れて行われた改正である。

その後，2021（令和3）年の同答申「『令和の日本型学校教育』の構築を目指して―全ての子供たちの可能性を引き出す，個別最適な学びと，協働的な学びの実現―」において，「各教科の指導法におけるICTの活用について修得する前に，各教科に共通して修得すべきICT活用指導力を総論的に習得できるよう新しく科目を設けること」について検討し，速やかな制度改正などを行うことが必要であるとの提言を受けて，2021（令和3年）に次のような免許法施行規則の改正が行われ，2022（令和4）年度入学生から適用されることになった。一つは「各教科の指導法（情報機器及び教材の活用を含む。）」は「各教科の指導法（情報通信技術の活用を含む。）」に，二つに「教育の方法及び技術（情報機器及び教材の活用を含む。）」は「教育の方法及び技術」と「情報通信技術を活用した教育の理論及び方法」に分けて開設し，新設する後者の科目は1単位以上修得するものとされた。そして三つには，普通免許状の取得にあたって認定課程とは別に修得が求められる科目（いわゆる「66条の6」科目）において，「情報機器の操作」2単位に代わって「数理，データ活用及び人工知能に関する科目」2単位を修得するというものである。

なお，表3－2，3－3の第5欄に記載されている「教職実践演習」という科目は，2008（平成20）年の免許法施行規則の改正で導入されたものであり，大学生活全体を通じて教員として求められる資質能力等を確実に修得できたかどうかを学生と大学の双方が確認し，教員免許状の質保証に責任を持つことを求めるものである。

②教職課程コアカリキュラムの策定　2016（平成28）年の免許法改正では，こうした法令改正において示された各科目に含めることが必要な事項に関して，「教職課程コアカリキュラム」の策定とそれに基づく文部科学大臣による教職課程の審査（再課程認定）という大きな改正が行われた。教職課程コアカリキュラムとは，免許法および同法施行規則に基づき全国すべての大学の教職課程において共通に修得すべき資質能力を示したものである。各大学では，教職課程コアカリキュラムの定める内容を学生に修得させたうえで，これに加えて地域や学校現場のニーズに対応した教育内容や，大学の自主性・独自性を発揮した教育内容を修得させることが必要とされている。こうした新たな仕組みの導入によって，各大学が責任をもって教員養成に取り組み，求められる教員に必要な教育を展開することを通して教職課程全体の質を保証しようとするものである。

具体的には，これまでの「教職に関する科目」について，教職課程の各事項について，当該事項を履修することによって学生が修得する資質能力を「全体目標」，全体目標を内容のまとまりごとに分化させた「一般目標」，学生が一般目標に到達するために達成すべき個々の規準を「到達目標」として表されている。その一つとして，「教職の意義及び教員の役割・職務内容（チーム学校運営への対応を含む。）」を示したものが，表3－4である。これによって，授業科目のシラバスが作成されるとともに，その目標が達成されるよう授業を設計・実施し，大学として責任をもって単位認定を行うこととされている。

表3－4　「教職の意義及び教員の役割・職務内容（チーム学校運営への対応を含む。）」コアカリキュラム

全体目標：現代社会における教職の重要性の高まりを背景に，教職の意義，教員の役割・資質能力・職務内容等について身に付け，教職への意欲を高め，さらに適性を判断し，進路選択に資する教職の在り方を理解する。

（1）教職の意義

一般目標：我が国における今日の学校教育や教職の社会的意義を理解する。

到達目標：1）公教育の目的とその担い手である教員の存在意義を理解している。

2）進路選択に向け，他の職業との比較を通して，教職の職業的特徴を理解している。

（2）教員の役割

一般目標：教育の動向を踏まえ，今日の教員に求められる役割や資質能力を理解する。

到達目標：1）教職観の変遷を踏まえ，今日の教員に求められる役割を理解している。

2）今日の教員に求められる基礎的な資質能力を理解している。

（3）教員の職務内容

一般目標：教員の職務内容の全体像や教員に課せられる服務上・身分上の義務を理解する。

到達目標：1）幼児，児童及び生徒への指導及び指導以外の校務を含めた教員の職務の全体像を理解している。

2）教員研修の意義及び制度上の位置付け並びに専門職として適切に職務を遂行するため生涯にわたって学び続けることの必要性を理解している。

3）教員に課せられる服務上・身分上の義務及び身分保障を理解している。

（4）チーム学校運営への対応

一般目標：学校の担う役割が拡大・多様化する中で，学校が内外の専門家等と連携・分担して対応 する必要性について理解する。

到達目標：1）校内の教職員や多様な専門性を持つ人材と効果的に連携・分担し，チームとして組織的に諸課題に対応することの重要性を理解している。

なお，「教科に関する科目」のコアカリキュラムについては，今回の免許法改正では「外国語（英語）コアカリキュラム」のみが作成されているが，今後，順次作成されることが想定されている。また，教職課程で修得すべき資質能力については，学校を巡る状況の変化やそれに伴う制度改正（免許法施行規則，学習指導要領等）によって，今後も変化しうるものであることから，今回作成された教職課程コアカリキュラムについても，今後も必要に応じて改訂されるものであるとされている。

③教育実習の改善と学校インターンシップ（学校体験活動）の導入

また，2016（平成28）年の免許法改正では，教育実習についても「学校体験活動（学校インターンシップ）」との関係でも見直しが行われている。教育実習は，免許法施行規則において，幼稚園，小学校教諭，中学校教諭の一種及び二

種免許状取得には5単位，高等学校教諭一種免許状所得には3単位を取得しなければならないと定められている。加えて，同法施行規則の別表備考欄には，「教育実習の単位数には，教育実習に係る事前指導及び事後指導（授与を受けようとする普通免許状に係る学校以外の学校，専修学校，社会教育に関する施設，社会福祉施設，児童自立支援施設及びボランティア団体における教育実習に準ずる経験を含むことができる。）の一単位を含むものとする」と規定されている。つまり，教育実習は，幼稚園や学校での実習のみならず，1単位分の事前指導・事後指導を含んで構成されることになっている。

こうした教育実習に対して，教育実習以外の学校インターンシップや学校ボランティア等の拡がりとその教育的効果に鑑み，幼稚園，小学校，中学校教諭免許状の場合，教育実習の5単位中2単位まで，高等学校であれば教育実習の3単位中1単位まで，「学校体験活動」の単位を含めることができることになった。なお，施行規則でいう「学校体験活動」とは，「学校における授業，部活動等の教育活動その他の校務に関する補助又は幼児，児童若しくは生徒に対して学校の授業の終了後若しくは休業日において学校その他適切な施設を利用して行う学習その他の活動に関する補助を体験する活動であって教育実習以外のものをいう」とされている。これまでの教育実習は，定められた期間に短期集中的に実施されてきたが，免許法改正後は，「学校体験活動」として，週1回の活動を長期に行う場合も，各大学の判断で教育実習の単位として含むことができるようになった。

表3－5は，教職課程コアカリキュラムにおける「教育実習（学校体験活動）」の全体目標等を示したものである。教育実習の意義については，1978（昭和53）年の教育職員養成審議会教育実習に関する専門委員会の報告「教育実習の改善充実について」で次のようにまとめられている。すなわち，「教育実習は，現実の学校環境における児童，生徒等との直接的な接触の過程を通して，経験豊かな指導教員の下で教職的な経験を積み，教員となるための実践上，研究上の基礎的な能力と態度を養うところに，その本質的な意義が認められる」とす

るものである。また，同報告では，教育実習の目的として，①学校教育の実際について，体験的，総合的な認識を得させること，②大学において修得した教科や教職に関する専門的な知識，理解や理論，技術を児童，生徒等の成長発達の促進に適応する実践的能力の基礎を形成すること，③教育実践に関する問題解決や創意工夫に必要な研究的な態度と能力の基礎を形成すること，④教育者としての愛情と使命感を深め，自己の教員としての能力や適性についての自覚を得させること，の4点が示されている。やや古い材料ではあるが，現在でも有効な目的だといえる。

学生としては，こうした教育実習の意義や目的，そしてコアカリキュラムに示された目標等を踏まえながら教育実習に取り組むことが期待されているといえる。その際，教育実習生という立場は，student-teacher と呼ばれることに現れているように，大学では教員になるための学習をしている学生，実習校では指導教員のもとで指導を受けている実習生であると同時に，子どもたちに対しては「教生（教育実習生）の先生」という立場にあることを意味していることに留意が必要となる。このことは，「学生」という立場・身分から，「先生」という立場・身分に変化することを意味しており，そこでは学生として「教えられる立場」から，先生（教師）として「教える立場」に立って，教育実践に伴うさまざまなことがらを学習することが必要となる。

教えられる立場から，学校現場に身を置き，子どもを指導する立場に立って，子どもたちに働きかけ，働きかえされるという体験は，極めて主体的で能動的かつ創造的な行為である。教育という仕事は，教育をただ語ることではなく，わが身のすべてをかけて交わるという営みである。そこでは，教え授けられて学ぶのではなく，体験することで自ら発見し，実感しながら学び取る場としての教育実習の姿がある。また，教育実習は決まった手順で教員の役をやってみるという単なる見習い的活動ではなく，遭遇するあらゆる問題や事象に対して，自己のすべての力を使って創造的に判断し，問題の解決に向けたより良い答えを見つけるべく探究していくという質の高い体験でもある。

表３－５　「教育実習（学校体験活動）」コアカリキュラム

全体目標：教育実習は，観察・参加・実習という方法で教育実践に関わることを通して，教育者としての愛情と使命感を深め，将来教員になるうえでの能力や適性を考えるとともに課題を自覚する機会である。

一定の実践的指導力を有する指導教員のもとで体験を積み，学校教育の実際を体験的・総合的に理解し，教育実践ならびに教育実践研究の基礎的な能力と態度を身に付ける。

＊教育実習の一部として学校体験活動を含む場合には，学校体験活動において，(2)，（３－１）もしくは（３－２）のうち，３）４）の目標が達成されるよう留意するとともに，教育実習全体を通して全ての目標が遺漏なく達成されるようにすること。

(1) 事前指導・事後指導に関する事項

一般目標：事前指導では教育実習生として学校の教育活動に参画する意識を高め，事後指導では教育実習を経て得られた成果と課題等を省察するとともに，教員免許取得までに習得すべき知識や技能等について理解する。これらを通して教育実習の意義を理解する。

到達目標：１）教育実習生として遵守すべき義務等について理解するとともに，その責任を自覚したうえで意欲的に教育実習に参加することができる。

２）教育実習を通して得られた知識と経験をふりかえり，教員免許取得までにさらに習得することが必要な知識や技能等を理解している。

(2) 観察及び参加並びに教育実習校の理解に関する事項

一般目標：幼児，児童および生徒や学習環境等に対して適切な観察を行うとともに，学校実務に対する補助的な役割を担うことを通して，教育実習校（園）の幼児，児童又は生徒の実態と，これを踏まえた学校経営及び教育活動の特色を理解する。

到達目標：１）幼児，児童又は生徒との関わりを通して，その実態や課題を把握することができる。

２）指導教員等の実施する授業を視点を持って観察し，事実に即して記録することができる。

３）教育実習校（園）の学校経営方針及び特色ある教育活動並びにそれらを実施するための組織体制について理解している。

４）学級担任や教科担任等の補助的な役割を担うことができる。

（３－１）学習指導及び学級経営に関する事項　※小学校教諭・中学校教諭・高等学校教諭

一般目標：大学で学んだ教科や教職に関する専門的な知識・理論・技術等を，各教科や教科外活動の指導場面で実践するための基礎を修得する。

到達目標：１）学習指導要領及び児童又は生徒の実態等を踏まえた適切な学習指導案を作成し，授業を実践することができる。

２）学習指導に必要な基礎的技術（話法・板書・学習形態・授業展開・環境構成など）を実地に即して身に付けるとともに，適切な場面で情報機器を活用することができる。

３）学級担任の役割と職務内容を実地に即して理解している。

４）教科指導以外の様々な活動の場面で適切に児童又は生徒と関わることができる。

(3－2) 保育内容の指導及び学級経営に関する事項　※幼稚園教諭

一般目標：大学で学んだ領域や教職に関する専門的な知識・理論・技術等を，保育で実践するための基礎を身に付ける。

到達目標：１）幼稚園教育要領及び幼児の実態等を踏まえた適切な指導案を作成し，保育を実践することができる。

２）保育に必要な基礎的技術（話法・保育形態・保育展開・環境構成など）を実地に即して身に付けるとともに，幼児の体験との関連を考慮しながら適切な場面で情報機器を活用することができる。

３）学級担任の役割と職務内容を実地に即して理解している。

４）様々な活動の場面で適切に幼児と関わることができる。

その点で考えれば，教育実習への参加は教職への意欲や動機づけの濃淡はともかく，「教える立場」で学ぶ場であり，そこには実習生の主体的，能動的な取り組みが求められているという事実は確認しておくことが必要だといえる。

4．大学院における教員養成と教職大学院

近年の社会の大きな変動の中で，さまざまな専門的職種や領域において，大学院段階で養成されるより高度な専門的職業能力を備えた人材が求められている。教職の世界でも，2006（平成18）年7月の中教審答申「今後の教員養成・免許制度の在り方について」で，教員養成の分野についても研究者養成と高度専門職業人養成の機能が不分明であった大学院の諸機能を整理し，専門職大学院制度を活用した教員養成の改善・充実を図るために，教員養成に特化した専門職大学院としての枠組みを「教職大学院」として創設すべきことを提言した。これを受けて専門職大学院設置基準が改正され，2008（平成20）年4月から「教職大学院」が設置されることになった。

教職大学院は，「専ら，小学校等の高度の専門的な能力及び優れた資質を有する教員の養成のための教育を行うことを目的」（専門職大学院設置基準第26条第1項）とするものである。具体的には，①学部段階で教員としての基礎的・基本的な資質能力を習得した者の中から，さらにより実践的な指導力・展開力を備え，新しい学校づくりの有力な一員となり得る新人教員の養成と，②一定の教職経験を有する現職教員を対象に，地域や学校における指導的役割を果たし得る教員として，不可欠な確かな指導理論と優れた実践力・応用力を備えた「スクールリーダー（中核的中堅教員）」の養成を主たる目的としている。標準的な修業年限は2年であり，修了要件は2年以上在学し，45単位以上（そのうち10単位以上は小学校等における教育実習）を修得することとされている。修了すると「教職修士（専門職）」の学位が授与されるとともに，専修免許状が授与される。

教職大学院と従来の修士課程における教員養成の大きな違いは，一つは教育

課程の編成にある。修得単位数という量的な違いに加えて，教職大学院では学校現場における中核的・指導的な教員として必要な資質能力の育成を目指し，理論と実践の融合を強く意識した体系的なものとして編成されるべきという観点から，5領域（教育課程の編成・実施に関する領域，教科等の実践的な指導方法に関する領域，生徒指導・教育相談に関する領域，学級経営・学校経営に関する領域，学校教育と教員の在り方に関する領域）が，すべての教職大学院に共通する領域として設定されている。また，教育方法についても同様の観点から，事例研究，模擬授業，授業観察・分析，ロールプレ-イングなど，新しい教育方法の積極的な導入が求められている。さらに，担当する専任教員の4割以上は教職経験等を有する実務家教員とされ，より実践的な教育が行われるものとされている。こうした教職大学院制度には，教職を高度専門職として位置づけるとともに，そこで求められる「理論と実践の融合」を図り，学校現場の期待に応えられるより高度な実践的指導力や応用力を備えた人材の育成が目指されているといえる。

なお，教職大学院については，「質的な面のみならず，量的な面でも大学院段階での教員養成の主軸として捉え，高度専門職業人としての教員養成モデルから，その中心に位置づけることが必要である」と2015（平成27）年12月の中教審答申で提言され，今後は現職教員の再教育の場としての役割に重点を置きつつ，学部新卒者についても実践力を身につける場として，量的・質的充実を図ることが示されていた。その結果，2022年5月1日現在，47の国立大学と7つの私立大学に教職大学院が設置されており，その収容定員は2548人まで拡大している。

2　教員採用制度

1.「選考」としての教員採用制度

教員の採用とは，教員の任命権者や雇用者が，教員免許状を有する者の中から，それぞれが求める教員像等に照らして，より教員にふさわしい人材を確保する過程や取り組みである。教員免許状の取得がそのまま教職に就くことを意味せず，また教員志望者が採用予定数を大幅に上回る今日，採用段階で問われる選考試験の内容は，教員の資質・能力の在り方に対して軽視できない影響力を有している。

教員のうち，公立学校の教員は地方公務員としての身分を有することから公務員法制の適用を受けるが，採用については，一般の公務員が「競争試験」によることを原則としているのに対して(地方公務員法第17条の2)，教員は教育公務員でもあることからその採用については，特例として「選考」によるものとされている(教育公務員特例法第11条)。競争試験は，特定の職に就く者を不特定多数の者の競争によって選抜する方法であり，選考は特定の者が特定の職に就く適格性を有するか否かを確認する方法である。

公立学校教員の採用が競争試験ではなく，選考によるとされている理由として，①教員の場合は教員免許状を所有し，一定の資格要件を備えた者のみが教員となることができるという免許制度がとられていること，②教育という仕事は，子どもたちの人格形成に関わるという教員の職務の特殊性や教員に求められる幅広い資質能力等を考慮すると，単なる競争試験よりも，教師としてふさわしい資質・能力を多面的に評価する方法によって総合的に判断する選考の方がふさわしいなどの考えに基づいている。その選考のための重要で客観的な資料を得る目的で行われているのが，その任命権を有する各都道府県・指定都市の教育委員会が行う「教員採用候補者選考試験」である。

2．採用の実態

図3－1は，過去40数年の公立学校教員採用選考試験の受験者数・採用者数・競争率(採用倍率)の総計を示したものであり，表3－6は，そのうち過去10年間の試験区分別の推移を示したものである。かつては，受験者数が約26万人(昭和54年)という時代もあったが，この10年間は減少傾向にあり，2022(令

和４）年度は 126,391 人となっている。それに対して，採用者数は多少の増減はあるもののこの 10 年，３万人を超えている。2000（平成 12）年度の採用者数が約 1.1 万人であったことを考えると，近年の大量採用の実態が数字的にも現れているといえる。その結果，競争率（採用倍率）は，3.7 倍で過去最低であった 1991（平成３）年度と同率となっている。

こうした全体的傾向の中で，表３－６の試験区分別をみてみると，小学校，中学校，高等学校のいずれの学校種でも受検者数が減少していることがわかる。その中身を受験者の新規学卒者・既卒者別で示したものが図３－２～３である。いずれの学校種でも既卒者の受験者が減少傾向にあることがわかる。それが，競争率（採用倍率）での減少傾向をもたらしている一つの要因となっている。特に，小学校の競争率（採用倍率）は，2.5 倍で過去最低となっている。一部自治体では，２倍を切るところもあるなど，採用者の量的な確保とともに，その質をいかに維持・確保していくかが大きな課題となっている現実がある。

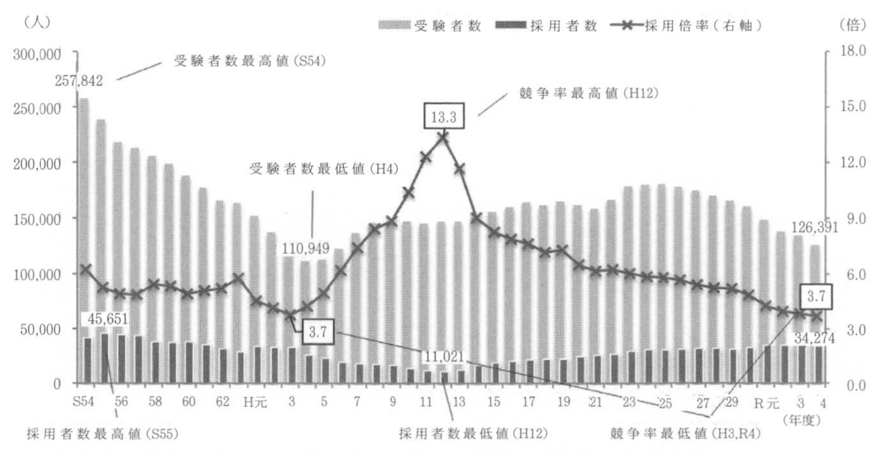

注：「総計」は小学校，中学校，高等学校，特別支援学校，養護教諭，栄養教諭の合計

図３－１　公立学校教員採用選考試験の受験者数・採用者数・競争率（採用倍率）の推移（総計）

出典：文部科学省「令和４年度（令和３年度実施）公立学校教員採用選考試験の実施状況のポイント」（令和４年９月９日公表）

表3－6　公立学校教員の受験者数，採用者数，競争率(採用倍率)の推移(試験区分別)

区　分	年度	受験者数（A）	女性(内数)	採用者数（B）	女性(内数)	競争率(倍率)（A）／（B）
小学校	24	59,230	(34,117)	13,598	(8,561)	4.4
	25	58,703	(31,192)	13,626	(7,956)	4.3
	26	57,178	(31,237)	13,783	(8,504)	4.1
	27	55,834	(30,036)	14,355	(8,794)	3.9
	28	53,606	(28,478)	14,699	(8,940)	3.6
	29	52,161	(27,343)	15,017	(9,033)	3.5
	30	51,197	(26,313)	15,935	(9,349)	3.2
	元	47,661	(24,091)	17,029	(9,933)	2.8
	2	44,710	(19,739)	16,605	(9,134)	2.7
	3	43,448	(17,805)	16,440	(8,366)	2.6
	4	40,636	(16,019)	16,152	(8,170)	2.5
中学校	24	62,793	(27,964)	8,156	(3,682)	7.7
	25	62,998	(26,228)	8,383	(3,582)	7.5
	26	62,006	(26,371)	8,358	(3,773)	7.4
	27	60,320	(24,894)	8,411	(3,787)	7.2
	28	59,076	(23,642)	8,277	(3,604)	7.1
	29	57,564	(22,449)	7,750	(3,406)	7.4
	30	54,266	(20,438)	7,988	(3,400)	6.8
	元	49,190	(18,147)	8,650	(3,647)	5.7
	2	45,763	(14,106)	9,057	(3,599)	5.1
	3	44,105	(12,152)	10,049	(3,565)	4.4
	4	42,587	(11,354)	9,140	(3,475)	4.7
高等学校	24	37,935	(13,561)	5,189	(1,939)	7.3
	25	37,812	(12,184)	4,912	(1,616)	7.7
	26	37,108	(12,456)	5,127	(1,870)	7.2
	27	36,384	(11,966)	5,039	(1,840)	7.2
	28	35,680	(11,402)	5,108	(1,830)	7.0
	29	34,177	(10,761)	4,827	(1,789)	7.1
	30	32,785	(9,771)	4,231	(1,451)	7.7
	元	30,121	(8,847)	4,345	(1,523)	6.9
	2	26,895	(6,551)	4,409	(1,456)	6.1
	3	26,163	(6,340)	3,956	(1,329)	6.6
	4	23,991	(5,358)	4,479	(1,393)	5.4
小・中・高　小　計	24	159,958	(75,642)	26,943	(14,182)	5.9
	25	159,513	(69,604)	26,921	(13,154)	5.9
	26	156,292	(70,064)	27,268	(14,147)	5.7
	27	152,538	(66,896)	27,805	(14,421)	5.5
	28	148,362	(63,522)	28,084	(14,374)	5.3
	29	143,902	(60,553)	27,594	(14,228)	5.2
	30	138,248	(56,522)	28,154	(14,200)	4.9
	元	126,972	(51,085)	30,024	(15,103)	4.2
	2	117,368	(40,396)	30,071	(14,189)	3.9
	3	113,716	(36,297)	30,445	(13,260)	3.7
	4	107,214	(32,731)	29,771	(13,038)	3.6
特別支援学校	24	9,198	(5,830)	2,672	(1,765)	3.4
	25	10,172	(6,172)	2,863	(1,760)	3.6
	26	10,388	(6,239)	2,654	(1,712)	3.9
	27	11,004	(6,432)	2,926	(1,877)	3.8
	28	10,601	(6,125)	2,846	(1,799)	3.7
	29	10,513	(5,961)	2,797	(1,781)	3.8
	30	10,837	(5,855)	3,127	(1,925)	3.5
	元	10,417	(5,535)	3,226	(1,951)	3.2
	2	9,956	(4,339)	3,217	(1,875)	3.1
	3	9,696	(3,933)	3,102	(1,731)	3.1
	4	8,529	(3,245)	3,063	(1,611)	2.8
養護教諭	24	9,715	(9,599)	1,184	(1,183)	8.2
	25	9,827	(9,227)	1,171	(1,105)	8.4
	26	9,578	(9,486)	1,174	(1,173)	8.2
	27	9,783	(9,699)	1,337	(1,333)	7.3
	28	9,890	(9,804)	1,334	(1,332)	7.4
	29	9,840	(9,756)	1,328	(1,321)	7.4
	30	9,696	(9,453)	1,451	(1,424)	6.7
	元	9,212	(9,127)	1,468	(1,460)	6.3
	2	9,040	(7,535)	1,380	(1,323)	6.6
	3	9,239	(7,068)	1,319	(1,163)	7.0
	4	9,051	(1,169)	1,263	(1,067)	7.2
栄養教諭	24	1,367	(1,303)	131	(129)	10.4
	25	1,390	(1,193)	152	(141)	9.1
	26	1,562	(1,470)	163	(154)	9.6
	27	1,651	(1,556)	179	(176)	9.2
	28	1,602	(1,502)	208	(204)	7.7
	29	1,813	(1,707)	238	(232)	7.6
	30	1,886	(1,766)	254	(247)	7.4
	元	1,864	(1,753)	234	(229)	8.0
	2	1,678	(1,342)	207	(198)	8.1
	3	1,616	(1,302)	201	(181)	8.0
	4	1,597	(1,169)	177	(153)	9.0
総　計	24	180,238	(92,374)	30,930	(17,259)	5.8
	25	180,902	(86,196)	31,107	(16,160)	5.8
	26	177,820	(87,259)	31,259	(17,186)	5.7
	27	174,976	(84,583)	32,247	(17,807)	5.4
	28	170,455	(80,953)	32,472	(17,709)	5.2
	29	166,068	(77,977)	31,957	(17,562)	5.2
	30	160,667	(73,596)	32,986	(17,796)	4.9
	元	148,465	(67,500)	34,952	(18,743)	4.2
	2	138,042	(53,612)	34,875	(17,585)	4.0
	3	134,267	(48,600)	35,067	(16,335)	3.8
	4	126,391	(43,573)	34,274	(15,869)	3.7

注：1.（　）内は内数で女性を示す。
　　2. 各年度の数値は，各年度の「公立学校教員採用選考試験の実施状況について」の公表値。

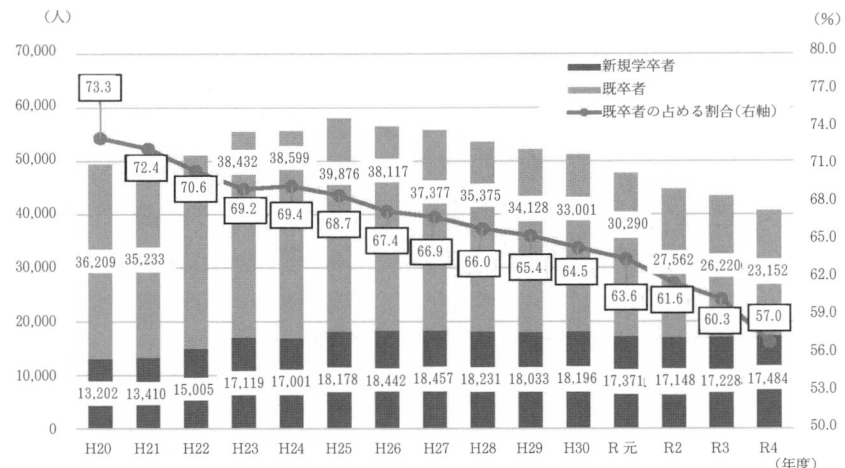

注：1．堺市は平成26年度まで受験者の学歴等を把握していないため，受験者数に堺市の人数は含まない。
　　2．大阪府は平成24年度まで受験者・採用者の学歴等を把握していないため，受験者数・採用者数に大阪府の人数は含まない。

図３－２　小学校　受験者数の内訳（新規学卒者，既卒者）

出典：図３－１に同じ。

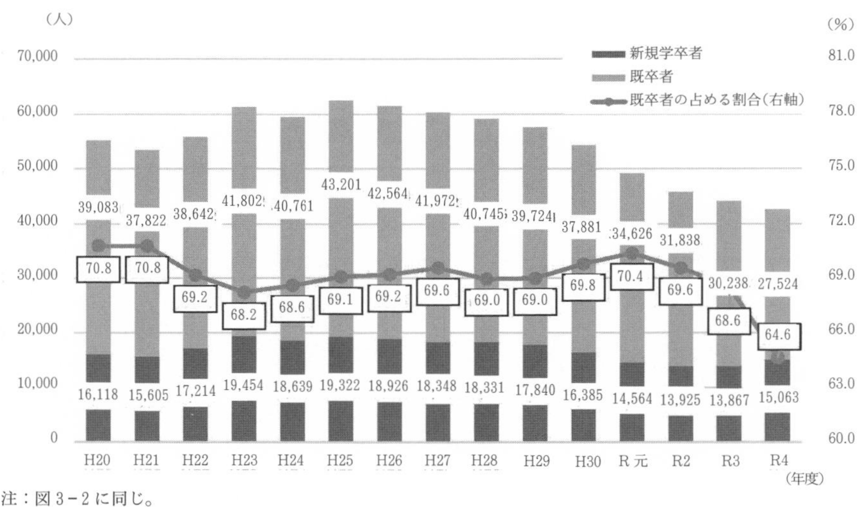

注：図３－２に同じ。

図３－３　中学校　受験者数の内訳（新規学卒者，既卒者）

出典：図３－１に同じ。

次に，2022（令和4）年度の教員採用選考試験における受検者の内訳についてみてみよう。表3－7は，受験者・採用者数の学歴（出身大学等）の内訳を示したものである。まず，受験者の学歴別内訳では，一般大学・学部出身者（72.5％），国立教員養成大学・学部出身者（15.6％），大学院出身者（7.9％），短期大学等出身者（4.0％）となっている。また，採用者のそれでは，一般大学・学部出身者（63.9％），国立教員養成大学・学部出身者（25.9％），大学院出身者（7.6％），短期大学等出身者（2.7％）となっている。それに対して，採用率（採用者数を受験者数で除したものを百分率で表したもので，受験者の何％が採用されたかを示す）を見てみると，国立教員養成大学・学部出身者が43.4％であり，他の出身者に比べて高い率で採用されていることがわかる。

なお，これらのデータは文部科学省が毎年実施している「公立学校教員採用選考試験の実施状況」に取りまとめられている。そこには，採用権限を有する68の自治体別のデータも掲載されているので参照してほしい（文部科学省HP「公立学校教員採用選考」https://www.mext.go.jp/a_menu/shotou/senkou/1243155.htm）。

3．選考方法・内容

①人物重視の採用選考　優れた教員を採用するためには，選考方法や内容の絶えざる改善が不可欠とされている。そのポイントは，一言でいうと「人物重視の採用選考」という点にある。その契機となったのは，1996（平成8）年4月に旧文部省の教員採用等に関する調査研究協力者会議から出された「教員採用等の改善について（審議のまとめ）」とそれを受けて出された通知「教員採用等の改善について」で示された，人物評価重視の観点に立った選考方法の多様化，選考尺度の多元化という方向性である。そこでは，「選考における評価については，知識の量の多い者や記憶力の良い者のみが合格しやすいものとならないよう配慮し，教育者としての使命感，豊かな体験に裏打ちされた指導力など受験者の資質能力を多面的に評価するよう人物評価重視の観点に立」つこと

表3－7　受験者数，採用者数の学歴(出身大学等)別の内訳(2022年)

区分			小学校	中学校	高等学校	特別支援学校	養護教諭	栄養教諭	計
受験者	国立教員養成大学・学部	人数	8,678 (9,426)	5,520 (5,946)	2,561 (2,880)	1,354 (1,612)	1,031 (1,068)	24 (3)	19,168 (20,935)
		比率	21.4% (21.7%)	13.0% (13.5%)	10.7% (11.0%)	15.9% (16.6%)	11.4% (11.6%)	1.5% (0.2%)	15.2% (15.6%)
	一般大学・学部	人数	28,649 (30,212)	32,802 (33,683)	17,676 (18,992)	6,266 (7,115)	6,136 (6,145)	1,236 (1,227)	92,765 (97,374)
		比率	70.5% (69.5%)	77.0% (76.4%)	73.7% (72.6%)	73.5% (73.4%)	67.8% (66.5%)	77.4% (75.9%)	73.4% (72.5%)
	短期大学等	人数	1,497 (1,822)	766 (823)	105 (94)	270 (349)	1,676 (1,821)	306 (363)	4,620 (5,332)
		比率	3.7% (4.3%)	1.8% (1.9%)	0.4% (0.4%)	3.2% (3.6%)	18.5% (19.7%)	19.2% (22.5%)	3.7% (4.0%)
	大学院	人数	1,812 (1,928)	3,499 (3,653)	3,649 (4,197)	639 (620)	208 (205)	31 (23)	9,838 (10,626)
		比率	4.5% (4.4%)	8.2% (8.3%)	15.2% (16.0%)	7.5% (6.4%)	2.3% (2.2%)	1.9% (1.4%)	7.8% (7.9%)
	計	人数	40,636 (43,448)	42,587 (44,105)	23,991 (26,163)	8,529 (9,696)	9,051 (9,239)	1,597 (1,616)	126,391 (134,267)
採用者	国立教員養成大学・学部	人数	4,804 (5,128)	2,150 (2,326)	693 (621)	689 (740)	247 (261)	1 (1)	8,584 (9,077)
		比率	29.7% (31.2%)	23.5% (23.1%)	15.5% (15.7%)	22.5% (23.9%)	19.6% (19.8%)	0.6% (0.5%)	25.0% (25.9%)
	一般大学・学部	人数	10,146 (10,091)	6,056 (6,639)	2,988 (2,572)	2,069 (2,073)	840 (858)	153 (162)	22,252 (22,395)
		比率	62.8% (61.4%)	66.3% (66.1%)	66.7% (65.0%)	67.5% (66.8%)	66.5% (65.0%)	86.4% (80.6%)	64.9% (63.9%)
	短期大学等	人数	469 (482)	125 (153)	34 (22)	71 (82)	142 (171)	20 (35)	861 (945)
		比率	2.9% (2.9%)	1.4% (1.5%)	0.8% (0.6%)	2.3% (2.6%)	11.2% (13.0%)	11.3% (17.4%)	2.5% (2.7%)
	大学院	人数	733 (739)	809 (931)	764 (741)	234 (207)	34 (29)	3 (3)	2,577 (2,650)
		比率	4.5% (4.5%)	8.9% (9.3%)	17.1% (18.7%)	7.6% (6.7%)	2.7% (2.2%)	1.7% (1.5%)	7.5% (7.6%)
	計	人数	16,152 (16,440)	9,140 (10,049)	4,479 (3,956)	3,063 (3,102)	1,263 (1,319)	177 (205)	34,274 (35,067)
採用率(%)	国立教員養成大学・学部		55.4% (54.4%)	38.9% (39.1%)	27.1% (21.6%)	50.9% (45.9%)	24.0% (24.4%)	4.2% (33.3%)	44.8% (43.4%)
	一般大学		35.4% (33.4%)	18.5% (19.7%)	16.9% (13.5%)	33.0% (29.1%)	13.7% (14.0%)	12.4% (13.2%)	24.0% (23.0%)
	短期大学等		31.3% (25.6%)	16.3% (18.6%)	32.4% (23.4%)	26.3% (23.5%)	8.5% (9.4%)	6.5% (9.6%)	18.6% (17.7%)
	大学院		40.5% (38.3%)	23.1% (25.5%)	20.9% (17.7%)	36.6% (33.4%)	16.3% (14.1%)	9.7% (13.0%)	26.2% (24.9%)
	計		39.7% (37.8%)	21.5% (22.8%)	18.7% (15.1%)	35.9% (32.0%)	14.0% (14.3%)	11.1% (12.4%)	27.1% (26.1%)

注：1.（　）内は前年度の数値である。
2. 採用率（%）＝採用者数÷受験者数である。
3.「国立教員養成大学・学部」とは，国立の教員養成大学・学部出身者をいう。
4.「短期大学等」には，短期大学のほか，指定教員養成機関，高等専門学校、高等学校、専修学校等出身者等を含む。

を基本的姿勢として提示していた。

その後，1998（平成11）年 12 月の教育職員養成審議会第 3 次答申「養成と採用・研修との連携の円滑化について」では，多面的な人物評価を積極的に行う選考に一層移行することや採用選考に当たって重視する視点を公表することにより求める教員像を明確化することを求めていた。この答申以降，各県では求める教員像を示したうえで，受験者の能力・適正を幅広く，多角的に評価するため，面接・論文・実技試験等の充実，クラブ活動・奉仕活動歴の重視など，選考方法の多様化，評価尺度の多元化を進めてきている。

こうした基本的傾向は，現在の採用選考にも引き継がれている。例えば，2023（令和 5）年 1 月に出された文部科学省通知「教師の採用等の改善に係る取組について」でも「人物重視の採用選考の実施」として，「教師の採用選考に当たり，筆記試験，適正検査，面接，小論文等において，受験者の基本的人権を尊重した公正な採用選考を実施してください。その上で，筆記試験だけではなく，面接試験や実技試験等の成績，社会経験，スポーツ活動，文化芸術活動，ボランティア活動や大学等における諸活動の実績等を多面的な方法・尺度を用いて総合的かつ適切に評価することにより，多様な強みや専門性をもった人材など，真に教師としての適格性を有する人材の確保」を求めている。

また，教員養成との円滑な接続の観点から，2018（平成 30）年度から開始されている新たな教職課程が「教職課程コアカリキュラム」に基づいて実施されていることや，2017 年（平成 29）年の教特法の改正で作成されることになった「教員育成指標」を踏まえた教師の採用選考の在り方の検討も求めている。教師を目指す学生としては，こうした動向も注視しながら取り組んでいくことが求められるといえよう。

②採用選考試験の内容・方法　実際の教員採用選考の内容・方法等について，文部科学省が毎年取りまとめている調査から，直近の「令和 3 年度（令和 2 年度実施）公立学校教員採用選考試験の実施方法について」をもとにまとめておこう。

まず，試験実施の時期では，４～５月に出願，７月に筆記試験を中心とした１次試験，８月に面接や模擬授業等の実技を中心とした２次試験を実施し，９～10月に合格発表を公表する教育委員会が多いという状況にある。こうしたスケジュールの大枠はこの20年以上，大きな変化は見られない。ただ，一部自治体においては教員採用選考試験の受験倍率の低下にともない，６月下旬に１次試験を実施するところが出てきているという状況にある。

試験内容では，受験者の資質能力，適性を多面的に評価する観点から，一般教養，教科専門，教職専門などの筆記試験のほか，面接（個人，集団面接），実技，作文・小論文，模擬授業，場面指導，指導案作成，適性検査等を組み合わせた試験が実施されている。なお，2020年からの新型コロナウイルス感染症の拡大に対応した実技試験の中止や受験者数の減少に対応した負担軽減策としての受験科目の削減などがこの数年，行われてきている。

また，教員採用選考試験では，教職経験や民間企業等での勤務経験などを対象に一部試験免除，加点などを取り入れた特別選考が実施されている。その実施状況を見てみると，教職経験を加味した特別選考は68自治体のすべてで実施されているほか，英語の資格等，民間企業等経験，前年度試験での実績，複数免許状の所持，スポーツの技能や実績，国際貢献活動経験，大学・大学院推薦，芸術の技能や実績，教職大学院修了，いわゆる「教師養成塾」生，臨床心理士・公認心理士等，情報処理技術等の資格，といったものを対象に特別選考が実施されている。ただ，これらは教職を取り巻く環境等により毎年，見直しがなされている点に留意が必要である。詳しくは，文部科学省のホームページを参照してほしい（文部利学省HP「公立学校教員採用選考」，55頁のURLおよびQRコード参照）。

③採用選考をめぐる課題　教員採用選考を巡っては，人物評価の重視のもと選考方法の多様化と評価尺度の多元化などの取り組みが進められてきており，今後もその方向性のもとでの改善が進むものと思われるが，検討すべき課題も少なからず存在している。

第一の問題は，選考試験の内容が養成段階の教育内容を規定するという問題である。現行教員養成制度の原則は，各大学の主体性や独自性に基づいて，より広い範囲からより多様な人材を優れた教員として確保しようとするものである。しかし，今日のような教員供給過剰状況下では，教員として採用されることを重視するあまり，採用者側の描く教師像や過去問といわれる選考試験の内容を過度に重視した画一的で限定的な養成教育に陥る可能性を多分に有している。その結果，大学における研究的雰囲気の希薄化という「大学における教員養成」理念の形骸化が進行する危険性がある。

第二の問題は，臨時講師採用という問題である。臨時講師は，採用の方法・基準が不明確であるとともに，更新・非更新の判断も裁量に委ねられており，採用者側にとっては都合のよいまさに需給調整機能を果たす仕組みである。特に，採用試験の不合格者のうち次年度の正規採用を目指す者が採用されている場合が少なくなく，臨時講師は将来の採用を保障されないまま，正規教員と同じように教育活動に従事，同時に次年度の採用試験のための準備を進めていかなければならない。こうした状況は，学校教育の質の保障という点からみて決して望ましいものではない。

第三の問題は，教員不足への対応策として提示された教員採用選考試験の早期化に伴う問題である。2023（令和5）年5月31日，文部科学省から「公立学校教員採用選考試験の早期化・複数回実施等について－方向性の提示」という文書が公表された。この文書は，最近の教員採用選考に関する採用倍率の低下（受験者数の減少）という全国的な問題に対して，質の高い教師を確保するための方策として採用選考試験の早期化と複数回実施を提案したものである。その中で，採用選考試験の早期化は教員免許状を取得しながらも教員採用選考試験を受験することなく他の職種の流れる層を教育界に引き留めるための方策として，民間企業の採用スケジュールや公務員試験日程などを参考に，現在の日程より1～2か月程度前倒しを求めている。また，採用選考試験の複数回実施では，大学3年生での受験を可能とする仕組みの導入を含めた方向性が示されている。確かに，民間企業や公務員試験についても早まってきている傾向があり，教員採用選考試験との掛け持ち受験という点では，教員採用選考試験の早期化や複数回実施という方向性は，教員不足を解消する一つの方策ではあるが，特に大学との関係では教育実習の実施時期との調整の必要性や3年生での受験となる場合の大学での教職課程の履修計画の修正等といった問題が生じることになる。また，この文書でも指摘している点ではあるが，受験者数の増加には，学校における働き方改革や教師の処遇改善といった教員不足を構成する根本的な問題への対応が必要であることに留意が必要となる。　　　　【北神　正行】

〔注〕

(1) TEES研究会編『「大学における教員養成」の歴史的研究』学文社，2001年参照。

(2) 玖村敏雄『教育職員免許法同法施行法解説』学芸図書，1949年，11頁。

〔参考文献〕

市川昭午『教職研修の理論と構造　養成免許採用評価』教育開発研究所，2015年
臼井嘉一『開放制目的教員養成論の探究』学文社，2010年
教師養成研究会『観察・参加・実習—新しい教師のための実験課程』学芸図書，1947年
現代教職研究会編『教師教育の連続性に関する研究』多賀出版，1989年
小林隆・森田真樹編著『教育実習・学校体験活動』ミネルヴァ書房，2018年
シナプス編集部『教員養成・免許制度はどのような観点から構築されていたか—制度の趣旨と方向性の考察』ジダイ社，2017年
新堀通也編『教員養成の再検討』〈教師教育の再検討2〉教育開発研究所，1986年
高野和子・岩田康之編『教育実習』学文社，2010年
高野桂一・影山昇編著『現代教師論』第一法規，1984年
土屋基規『日本の教師—養成・免許・研修』新日本出版，1989年
日本教育大学協会第三部会編『教育実習の手引』学芸図書，1957年
藤枝静正『教育実習学の基礎理論』風間書房，2000年
向山浩子『教職の専門性—教員養成改革論の再検討』明治図書，1987年
山崎博敏『教員需要推計と教員養成の展望』協同出版，2015年

第4章　教員研修の制度

1　教員研修の意義

1．専門職と研修

いかなる職業においても，その職務の遂行に必要な知識，技能，態度等を修得し，絶えずその維持・向上を図ることは，本人にとっても，また雇用者である企業・組織にとっても必要不可欠な行為である。研修とは，そうした職務に必要な資質能力を修得し，その向上を図るために主として入職後に行われる教育訓練の総称を指す言葉であり，入職以前の特定の準備教育（pre-service education）と区別して，現職教育・研修（in-service education）とも呼ばれる。

研修は，内容的には「研究」と「修養」を意味し，職員が職務遂行に必要な知識，技能を修得するとともに，思考，判断その他の人格的要素を研鑽することにより，職務を適正かつ能率的に遂行する能力を養うことを目的とする活動である。職務遂行に求められる知的・技術的側面での能力の修得・向上のみならず，人間的・人格的側面での成長や向上を求めるものである。そのため，研修は企業・組織が計画・実施するだけでなく，本人自身による主体的で自主的な取り組み（＝自己研修）に大きな期待がかけられてもいる。

こうした研修活動は，特に，専門的で高度な知識と技術を必要とし，職務に対する判断や決定がより多く任される職業であればあるほど，その期待や意義は大きい。いわゆる専門職（profession）といわれる職業である。専門職を支える学問・研究は絶えず進歩発展しており，彼らがその職責を全うしようとするならば不断にその知識を更新しなければならず，絶えざる研修中でも「研究」といわれる活動が不可欠となる。他方，専門職は個性や人格をもったユニークな人間を対象とする職業であり，相手の人間を営利の手段としてではなく，彼らの人格全体に働きかけるという高度に人格的な職業活動を担っている。そこには，高度な社会的責任感，自己規制，自己反省といった資質が要求されることになり，「修養」という側面での取り組みが専門職には不可欠とされるのである。

こうした高度の専門性と広範な責任性を具えて自律性を認められる専門職は，就職前の数年間の教育で養成されるものではなく，現職の期間を通じて絶えず専門性を高めていくことによって，専門職となりうるのである。そこに，入職後になされる研修の意義があり，研修によって専門職が専門職としての地位を維持，向上させていくことが可能となるのである。

教職についても，1966(昭和41)年のILO・ユネスコ「教員の地位に関する勧告」において，「教育の仕事は専門職とみなされるべきである。この職業は厳しい，継続的な研究を経て獲得され，維持される専門的知識および特別な技術を教員に要求する公共的業務の一種である。また，責任をもたされた生徒の教育および福祉に対して，個人的および共同の責任感を要求するものである」(第6項)と明記されて以降，専門職としての道を追求されてきており，不断の研修が専門職としての教職の地位の獲得・向上の観点から，不可欠な要素として位置づけられている。

2．教員研修の意義・必要性

このように，専門職としての教職という観点から，教員にとっての研修の意義やその重要性が指摘されているが，さらに教員の場合，研修は職務の一部であり，それなくしては教職自体が成立しないといわれるほど，教員の職責遂行上，必要不可欠な活動として捉えられている。

教員の研修は，いうまでもなく，子ども一人ひとりの期待されるべき成長と発達をより効果的に促進することを究極の目的としている。子どもの成長，発達を援助する立場にある者が，その学習に関わる諸条件を整え，学習の内容や方法などに関する知識や技術を向上し，より効果的な子どもの変容を目指すということは，教職という職務に付随した当然の行為である。

教員の職務は，子どもの教育指導にあるが，教えるためには自らが学んでおかなくてはならない。しかも，教えた結果，子どもが向上するなら，子どもはさらに学ぼうとする。それに応えるためには教員はさらに学ばなくてはならない。学ぶことに終わりがないとすれば，教えるために学ぶことにも終わりはない。教育はこのように相手の高まりに対応して自らも高まらなくてはならないという循環的に発展する活動であることから，教育活動の前提として，その指導を担う教員自身の研究という取り組みが絶えず要求されるわけである。

この点，著名な教育実践家である大村はまは，「研究」は教員としての資格そのものであるとして次のように指摘している。

「力をつけたくて，希望に燃えている，その塊が子どもなんです。勉強するその苦しみと喜びのただ中に生きているのが子どもたちなんです。研究している先生はその子どもたちと同じ世界にいるのです。研究をせず，子どもと同じ世界にいない先生は，まず『先生』としては失格だと思います。子どもと同じ世界にいたければ，精神修養なんかじゃとてもだめで，自分が研究しつづけていなければなりません。研究の苦しみと喜びを身をもって知り，味わっている人は，いくつになっても青年であり，子どもの友であると思います」(1)。

では，研修のもう一つの側面である修養という点ではどうであろうか。教育は他の専門職にもまして相手の人格全体に働きかけ，人格全体の形成を目的とすることから，教員自らの人格の向上への不断の努力，すなわち修養は致命的ともいえるほど重要視されている。担当教科に関する専門的知識，授業や指導に関する専門的技術はもちろん必要だが，教員の教育的影響は，むしろそうした専門的な知識や技術の基盤にある教員自身の人間性や人格によるところが大きい。教員は，単なる教科の専門家や教育技術の専門家ではない。それだけでは，全体的人格の形成を担う専門家としては不十分である。

子どもたちが終生忘れがたい思い出をもち，場合によっては生涯を左右するほどの影響を与えられるのは，教員の無意識のうちに発した一言であったり，日常の生活態度そのものであることが多い。まさに，「教育は人なり」であり，自己の活動が子どもを守り育てその成長を援助するものになっているかどうか，教員は絶えず自己を見直し，成長を遂げていかなければならない責務を負っている。

また，そうした責任，責務としての研修の必要性は，教員に与えられた権力の大きさという点でも認識しておかなければならない。学校教育が義務的になればなるほど，学校は強制力をもって子どもたちや保護者の前に立つことになる。子どもたちは学齢に達すれば，指定された学校に入学し，見も知らぬ教員に受け持たれなくてはならない。どんなに教え方が下手でも，どんなに授業がわからなくても，時間割に従って在学しなければならない。

学校や教員はこのように子どもたちに選択や拒否を許さない教育を強制する権力をもっているから，その権力に付随して子どもや保護者，さらには社会全体に対して極めて大きな道徳的・社会的責任を有しているのである。いい加減な教育や誤った教育を強制されるなら，その被害はまことに大きいといわなければならない。それゆえ，専門職の自律性の名のもとで，無責任，独善などに陥らないよう，絶えざる自己反省と自己向上が教員に要求されるのである。

2　教員研修の法制度

1．教員の研修規定

こうした教員の職務特性や職責という観点から，教員の「研修」に関する法規定がなされている。まず，教育基本法第9条では，下記のような規定がなされており，教員の担う職責という観点から「研究と修養」に努めるとともに，「研修」の充実を図るべきことが定められている。

「第9条（教員）　法律に定める学校の教員は，自己の崇高な使命を深く自覚し，絶えず研究と修養に励み，その職責の遂行に努めなければならない。

2　前項の教員については，その使命と職責の重要性にかんがみ，その身分尊重され，待遇の適正が期せられるとともに，養成と研修の充実が図られなければならない。」

また，教育公務員特例法（以下，教特法）では，「研修」に関して一般職の他の公務員に対する特例規定を設けている。まず，第 21 条では「教育公務員は，その職責を遂行するために，絶えず研究と修養に努めなければならない」（第1項）と規定し，研修が教育公務員に課せられた職責遂行に向けての努力義務として位置づけられている。このことは，「職員には，その勤務能率の発揮及び増進のために，研修を受ける機会が与えられなければならない」（地方公務員法第 39 条第 1 項）とする他の公務員の研修目的との違いとして明確である。

また，そのことに関連して，教育公務員の研修については「教育公務員の研修実施者は，教育公務員の研修について，それに要する施設，研修を奨励するための方途その他研修に関する計画を樹立し，その実施に努めなければならない」（第 21 条第 2 項）と，任命権者等の研修に対する条件整備を規定している。

さらに，第 22 条において「教育公務員には，研修を受ける機会が与えられなければならない」（第1項）との規定のもとで，研修の機会の特例が定められている。一つは，「教員は，授業に支障のない限り，本属長の承認を受けて，勤務場所を離れて研修を行うことができる」（第 22 条第 2 項）というものであり，もう一つは「教育公務員は，任命権者の定めるところにより，現職のままで，長期にわたる研修を受けることができる」（第 22 条第 3 項）という規定である。これらの二つの特例は，法律上では他の公務員にはみられないものであり，教育公務員の研修の機会の拡大におおいに寄与している。

このように，教員の場合，自らが自主的，自律的に研修活動を展開し，その職責の遂行に必要な諸能力を向上させていくことは当然のこととして求められるが，同時にそうした教員の自主的・自律的な研修活動を促進し援助する条件整備や組織的，計画的な教育としての関係諸機関による研修の実施などが法令上も規定されているのである。

2．教員育成指標と教員研修計画

そうした中，2016（平成28）年，2022（令和４）年の教特法の改正によって，教員研修に関わる新たな仕組みが創設されることになった。教員の育成指標の策定とそれに基づく研修計画の策定と実施というものである。それを示したものが図４－１である。

まず，第22条の２において，「文部科学大臣は，公立の小学校等校長及び教員の計画的かつ効果的な資質の向上を図るため，校長及び教員としての資質の向上に関する指標の策定に関する指針を定めるものとする」と規定し，第22条の３において任命権者が定める「校長及び教員としての資質の向上に関する指標」（教員育成指標）の基本的事項を定めている。各任命権者は，その「指針」を参酌して，その地域の実情に応じ，校長および教員の職責，経験，適性に応じて向上を図るべき資質に関する指標を策定することが義務づけられたのである。また，第22条の４では，この指標を踏まえて教員の研修について，毎年度，体系的かつ効果的に実施するための計画（教員研修計画）を策定することが定められている。そして，第22条の７では，こうした「教員育成指標」の策定や「教員研修計画」を含めた教員の資質向上に関して必要な事項を協議する組織として，教員の養成や研修に関わる大学等のメンバーを入れた「教員育成協議会」の設置が規定されている。

こうした新たなスキームの構築により，高度専門職としての教職の確立に向

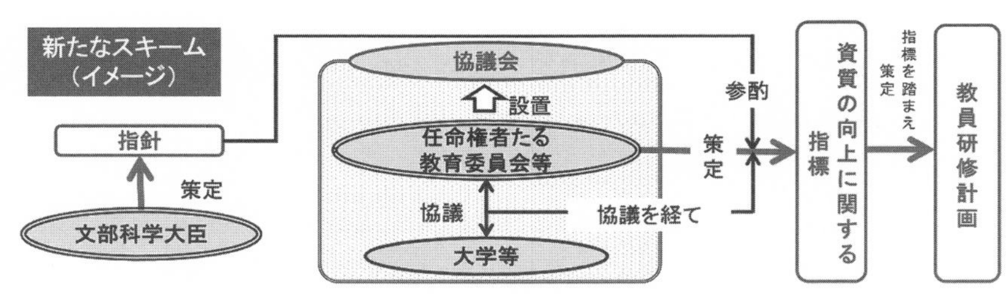

図 4－1　教員の資質向上に関する新たなスキーム

出典：文部科学省「教師の資質能力向上に関する参考資料」2019（平成31）年３月20日

けて教員の養成・採用・研修全体を通じた一体的改革・改善を図ろうとしているといえる。また，2022（令和4）年の改正では，後述する研修履歴システムに基づく新たな研修の仕組みが導入されることになった（第22条の5，6）。なお，文部科学大臣が策定することになった「指針」は，2017（平成29）年3月31日に「公立の小学校等の校長及び教員としての資質の向上に関する指標の策定に関する指針」として告示されたが，2022（令和4）年8月31日に改正されている。その中で，「教員の指標」として次の5つの資質が教師に共通に求められるものとして提示されている。①教職に必要な素養，②学習指導，③生徒指導，④特別な配慮や支援を必要とする子供への対応，⑤ICTや情報・教育データの利活用。これらを踏まえて各地の教員育成指標の改訂も行われている。

3．研修履歴を活用した新たな研修制度の創設

2022（令和4）年の教特法及び免許法の一部を改正する法律の成立により，2023（令和5）年度から新たな研修制度が創設されることになった。具体的には，任命権者である教育委員会が教員ごとに研修の受講などに関する記録を作成する（教特法第22条の5）とともに，任命権者など教員の指導助言にあたる者が，その記録をもとに教員の資質向上に向けて指導助言などを行う（同法第22条の6）制度の創設である。「研修履歴の記録化」とそれを基にした「対話に基づく受講奨励」という仕組みである（図4－2）。

この制度創設にあたり，文部科学省は2022（令和4）年8月に「研修履歴を活用した対話に基づく受講奨励に関するガイドライン」を策定している。それによれば，この新たな研修制度には，①教師が学びの成果を振り返ったり，自らの成長を実感することが可能となる，②これまで受講してきた研修履歴が可視化されることにより，無意識のうちに蓄積されてきた自らの学びを客観化したうえで，さらに伸ばしたい分野・領域を見出すことができ，主体的・自律的な目標設定やキャリア形成につながる，といった教師の職能成長に向けた効果が期待されるとしている。

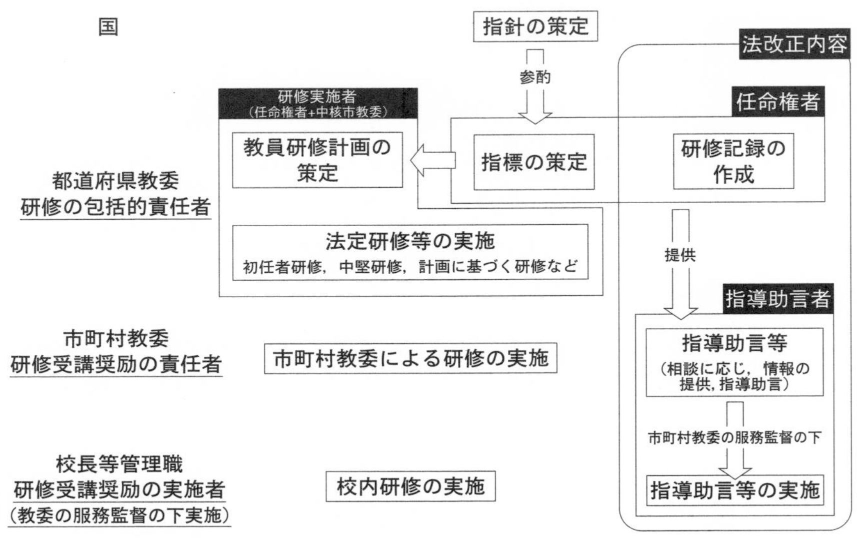

図 4－2　新たな研修の仕組み(県費負担教職員の場合)

出典：中央教育審議会「令和の日本型学校教育」を担う教師の在り方特別部会(第 7 回)・基本問題小委員会(第 7 回)・初等中等教育分科会教員養成部会(第 130 回)合同会議資料(2022 年 6 月 23 日開催)

こうした新たな研修制度が効果的に運用されるためには，教師自身の主体的・自律的な取り組みが求められていることを踏まえた対応が必要だといえる。なお，この新たな研修制度の創設は，2021(令和 3)年の中教審答申で示された「令和の日本型学校教育」の構築の中での子供たちの学びの転換に対応した「新たな教師の学びの姿」を実現するためには，これまでの教員免許更新制の発展的解消と教員研修の高度化が必要であるという教員政策の転換がその背景にある。

3　教員研修の種類と体系

1．教員研修の種類

教員は，絶えず研究と修養に努めなければならないものであり，自ら行う自主的な研修が期待されているが，先の教特法第 21 条第 2 項および第 22 条には，その任命権者が研修を計画し，教員に研修の機会を与えなければならない旨が定められていることから，各都道府県等の教育センターなど行政機関で実施する研修をはじめさまざまな研修が行われている。それを研修の実施場所からまとめてみると図 4－3 のようになる。

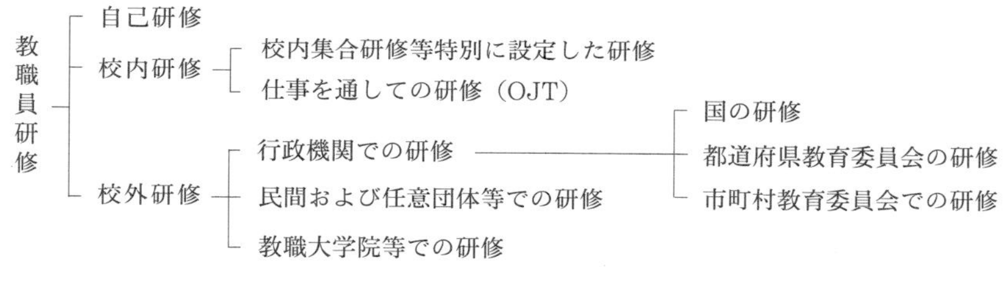

図 4－3　教員研修の種類

この図を見てわかるように，教員の研修は，自己研修，校内研修，校外研修の三つに大別することができるが，その基本となるのは自己研修であることはいうまでもない。しかし，実際には日々の校務の複雑化・多様化などにより，実質的な自己研修が難しい状態にあることも否めない。そのため，個々の教員には校内外における研修において職能を高める機会が与えられている。

その中でも，校内研修には大きな期待が寄せられている。校内研修は，それぞれの学校が自校の教育課題の解決を図るために組織的・計画的に取り組む研修である。学校は教員の研修課題が生起する場であると同時に，その解決に向けての実践が展開される場である。また，学校は教職員間の相互啓発・相互育成という教員の職能成長を図る機能を有している。さらに，そこでの研修活動は学校全体の教育課題の解決に直結しているばかりでなく，その研修活動の取り組みを通して個々の教員の職能成長を促すという機能を有している。そのため，校内研修はいずれの学校においても学校経営の中核に位置づけられ，その活性化に向けて校長を中心として協働体制で取り組むものとされている。

2．教員研修の体系化

このように，教員研修はさまざまな主体が，その目的や役割に応じて関わっているといえるが，その仕組みを構築していくうえでとられている考え方が「研修の体系化」というものである。

「研修の体系化」とは，①教員のライフ・ステージ（教職経験など）に対応した研修課題の析出や研修ニーズの把握を通じて，研修内容の体系化（現職教育の垂直的統合）を図ると同時に，②研修を提供する機関，団体間の協力連携を通じて，研修の多様化と研修機会を保障する研修のネットワーク化（現職教育の水平的統合）を図ることによって，より効果的な教員研修の展開を実現しようとする考え方である。

具体的には，初任者研修，中堅教諭等資質向上研修という「法定研修」，5年目研修，20年目研修といった「経験別研修」，校長研修，教頭研修，各種主任研修などの「職能別研修」，そして各教科に関する研修，生徒指導，進路指導等に関する「専門的な知識・技能に関する課題別・専門別研修」などの体系化と，学校，教育委員会，教育センター，職能団体，大学など研修実施機関の有機的連携を図るというものである。図4－4は，そうした教員研修の実施体系を文部科学省がまとめたものである。

なお，この中で「中堅教諭等資質向上研修」とは，2003（平成15）年度から実施されていた「10年経験者研修」を変更したものであり，2017（平成29）年度から実施されているものである。その趣旨・目的は，「学校における教育活動その他の学校運営の円滑かつ効果的な実施において中核的な役割を果たすことが期待される中堅教諭等としての職務を遂行する上で必要とされる資質の向上を図るために必要な事項に関する研修」（教特法第24条）にあるとされている。学校における中核的な役割を果たすことが期待されるミドルリーダーの育成を目的とする研修であることから，その実施時期は学校の種類や状況等により柔軟に対応する必要があることから，幅をもったものとして実施されている。

また，指導改善研修とは指導力に課題があると認定された教員を対象に，指

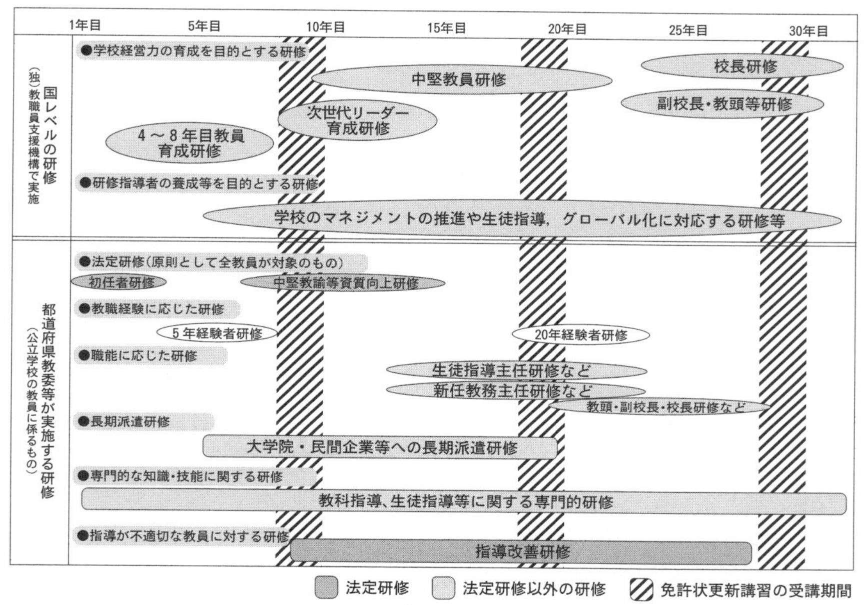

図 4－4　教員研修の実施体系

出典：中央教育審議会「令和の日本型学校教育」を担う教師の在り方特別部会（第 9 回）・初等中等教育分科会教育養成部会（第 132 回）合同会議配布資料（2022 年 10 月 24 日開催）

導力の改善を図ることを目的に実施されるものである（教特法第 25 条）。

4　初任者研修の制度

1．初任者研修の理念

こうした教員研修の中で，採用後最初に行われるのが「初任者研修」である。初任者研修の制度化は，1988（昭和 63）年 5 月の教特法の一部改正によって行われたものであるが，その趣旨やねらいは，初任者が円滑に教育活動に入っていけるようにすることと，その後の教員生活の素地をつくることにある。例えば，この制度の創設の必要性を指摘した1987（昭和 62）年の教育職員養成審議会答申「教員の資質能力の向上方策等について」では，「新任教員の時期は，教育への自覚を高めるとともに，円滑に教育活動に入り，可能な限り自立して教育活動を展開していく素地をつくるうえできわめて大切な時期である。この時期に，組織的，計画的な現職研修を実施し，実践的指導力や教員としての使命感を深めさせることは，現職研修の第一段階として必要不可欠であり，その後の教員としての職能成長に欠くことのできないものである」と指摘し，「新任教員に対して実践的指導力と使命感を深めるとともに幅広い知見を得させることを目的」とする初任者研修制度の創設を提案した。

この答申等を受け，初任者研修制度は1988（昭和63）年5月の教特法等の一部改正のもと，翌1989年4月から校種ごとに段階的に実施され，今日に到っている。ちなみに，初任者研修を定めている現行の教特法第23条は次のような規定内容で構成されている。

第23条（初任者研修）　公立の小学校等の教諭等の研修実施者は，当該教諭等（臨時的に任用された者その他の政令で指定する者を除く。）に対して，その採用（現に教諭等の職以外の職に任命されているものを教諭等の職に任命する場合を含む。）の日から1年間の教諭又は保育教諭の職務の遂行に必要な事項に関する実践的な研修（次項において「初任者研修」という。）を実施しなければならない。

2　指導助言者は，初任者研修を受ける者（次項において「初任者」という。）の所属する学校の副校長，教頭，主幹教諭（養護又は栄養の指導及び管理をつかさどる主幹教諭を除く。），指導教諭，教諭，主幹保育教諭，指導保育教諭，保育教諭又は講師のうちから，指導教員を命じるものとする。

3　指導教員は，初任者に対して教諭又は保育教諭の職務の遂行に必要な事項について指導及び助言を行うものとする。

なお，初任者研修の期間が1年間であることに対応して，初任者教員の「条件附採用」期間は公務員の特例として，1年間となっている（教特法第12条）。

2．初任者研修の内容・方法

初任者研修は，「採用の日から 1 年間の教諭等の職務の遂行に必要な事項に関する実践的な研修」であることから，初任者は学校に配置され，学級や教科・科目を担当しながら研修を受けることになる。具体的な研修内容として文部科学省が示したものが表 4－1 である。それによれば，基礎的素養，学級経営，教科指導，道徳，特別活動，総合的な学習の時間，生徒指導等の教員の職務の遂行に必要な事項について，校内における研修と，校外における研修を受けることになる。

校内における研修では，週 10 時間以上，年間 300 時間以上，拠点校指導教員を中心に，主として教員に必要な素養等に関する指導や授業方法等に関する研修が，また，校外での研修は年間 25 日以上，教育センター等での講義・演習や企業等での体験研修を実施することが文部科学省が示した目安にはあるが，実際は研修実施者が定めることとなっている。

初任者研修は，当初，初任者が配置された学校に初任者の指導に当たる指導教員が配置され，指導教員を中心に他の教員の協力を得ながら，初任者に対する指導助言が行われるという方法で実施されていたが，2003（平成 15）年度より，「拠点校方式」が段階的に導入され，2005（平成17）年度から，その方式に全面的に移行している。この方式を説明したものが，図 4－5 である。

初任者にとって，実際に児童・生徒を担当し，授業を実践し，学級を経営していくことは，養成教育段階における教育実習を除けば初めての経験である。また，学級事務や校務分掌に関する処理などは，ほとんど経験をしていない領域でもある。そのため，これらの教育実践に直結するような資質能力については，初任者自身その力量不足を実感しているのも事実である。

また，大学における養成教育には自ずと限界がある。その最大の問題は，教室の中での子どもたちを前にした長期の教育実践経験の不足であろう。短期間のごく限られた時間で学校・学級・教科等の実際のすべてを学ぶことは不可能である。また，その期間に多様な個性をもつ数十名の子どもたちをさまざまな

表４－１　初任者
＜シラバス作

年間研修項目例

基礎的素養	学級経営	教科指導
1　公教育の役割と諸課題の解決に向けた取組 ・公教育と使命 ・教育改革と学校教育の現状 ・関係法令と学校目標の実現 ・社会教育，家庭教育との関連 ・教育施策や事業の展開 2　学習指導要領と教育課程の編成 ・実施並びに評価 ・学習指導要領の法的位置と基準性 ・学習指導要領と教育課程の編成実施 3　学校教育目標の具現化に向けた取組 ・学校教育目標と目指す児童生徒像 ・学校教育目標と学校経営 ・学校教育目標と指導計画 ・学校教育目標と教育活動 ・学校目標と学校評価 4　教員の勤務と公務員としての在り方 ・服務，義務 ・勤務と給与 ・人事異動 5　学校の組織運営 ・関係法令と学校組織組織的知識創造 ・校務分掌とその機能教育環境の整備 ・開かれた学校づくり ・PTCAの運営 ・安全管理・事故防止 6　教員研修と教員としての生き方在り方 ・教員としての心構え ・教職観の涵養 ・研修と自己成長 ・校内研修・研究への参画 7　教育課題の解決に向けた取組 ・人権教育 ・環境教育 ・情報化等への対応 ・国際化等への対応 ・学校保健，安全指導の進め方 ・食の指導の進め方　（給食指導含む） 8　特別支援教育の制度と具体的な取組 ・特別支援教育の推進 9　教育機関や企業等における体験を通した研修 ・体験研修 ・課題研究 10　研修の総括 ・初任者研修の総括	1　学級経営の意義 ・学級経営の内容と果たす役割 ・学級経営案の作成と活用 ・学級経営と学年経営 2　学級経営の実際と工夫 ・学級の組織づくり ・教室環境づくり ・児童生徒による活動の運営 ・児童生徒との関わり方 ・学級集団づくり ・日常の指導 3　保護者と連携を図った学級経営 ・授業参観と保護者会学級通信 ・保護者への助言 4　学級事務の処理 ・年度当初，各学期当初の学級事務 ・成績等に関わる諸表簿の作成などの学級事務 ・各学期末，年度末の学級事務	1　基礎技術に関する研修 ・教科指導の基礎技術 2　授業の進め方に関する研修 ・授業実践に関する技術 ・指導案の作成 ・授業における児童生徒理解 ・授業の診断と記録の分析 ・教材研究の方法と実際 ・教材研究の進め方 ・テストの作成と評価の在り方 ・教科指導と情報機器の活用 ・授業の分析と診断 ・個に応じた学習指導の進め方 ・学習指導と評価の要点 ・教材・教具の作成と活用の仕方 ・授業の反省と評価 ・年間指導計画の作成 3　授業参観に関する研修 ・示範授業参観の視点 4　授業研究に関する研修 ・授業研究

出典：文部科学省（https://www.mext.go.jp/a_menu/shotou/kenshu/006.htm）

研修目標・内容例
成に向けて>

（小・中学校）

道　徳	特別活動	総合的な学習の時間	生徒指導・進路指導
1　道徳教育の基礎的理解に関する研修 ・道徳教育の目標や意義 ・学校，地域の基本方針 ・道徳教育の諸計画の意義とその作成 ・他教科領域等における道徳教育 2　道徳の時間の指導に関する研修 ・道徳の主題構想と資料研究 ・道徳学習指導案の作成 ・道徳における評価の在り方 ・示範授業参観 ・道徳の授業研究	1　特別活動の教育的意義 ・特別活動の目標 ・特別活動の内容 ・特別活動の特質 2　特別活動の指導計画と授業の実際 ・全体の指導計画と年間指導計画 ・指導計画の作成と授業の実際 ・学級活動(2)の指導計画の作成と授業の実際 3　学級活動の指導と評価の工夫改善 ・学級活動(1)の指導と評価の工夫 ・計画委員会の指導と評価の工夫 ・係の活動の指導と評価の工夫 ・集会の活動の指導と評価の工夫 ・学級活動(2)の指導と評価 4　児童会活動，クラブ活動，学校行事の指導と評価の工夫改善 ・児童会活動，生徒会活動 ・クラブ活動 ・学校行事 ・集団宿泊体験	1　趣旨・ねらいに関する研修 ・総合的な学習の時間の趣旨 ・総合的な学習の時間のねらい 2　全体計画の作成に関する研修 ・総合的な学習の時間の全体計画 3　学習活動の進め方に関する研修 ・学習活動の進め方 4　評価に関する研修 ・総合的な学習の時間の評価	1　生徒指導 ・生徒指導の意義 ・児童生徒理解の内容と方法 ・教員と児童生徒の人間関係 ・児童生徒のほめ方・しかり方 ・ガイダンスの機能と教育相談の充実 ・社会奉仕体験活動等，体験活動の意義と進め方 ・児童生徒の健全育成の取組 ・問題行動等に関する事例研究 ・学校における生徒指導体制 ・生徒指導の反省と評価 2　進路指導 ・進路指導（キャリア教育）の展開と事例研究 ・進路指導（キャリア教育）の意義 ・進路情報の収集と活用 ・職業や進路にかかわる啓発的な体験活動の指導の実際 ・学校における進路指導（キャリア教育）体制 ・ガイダンスの機能と教育相談の充実 ・家庭・地域や関係機関との連携 ・進路指導（キャリア教育）の反省と評価

学習活動の基盤となるべき一つの学級としてまとめていくプロセスに全体を通して関わることも不可能である。

こうした養成教育の不備ないし不完全性を補いながら，まさに教員としての第一歩を円滑にスタートさせ，しかもその後の40年近い教員生活の基礎を形成していくことが初任者研修の目的とされていることは，ある意味で初任者自身の指導力の実態を踏まえたものだともいえよう。そのことは，見方を変えれば初任者が養成教育の段階を経て教壇に立つことによって初めて，自らの教員としての力量不足をより具体的に確かめることができ，実践的な指導力を身につけていく緒となるような初任者研修の在り方が求められる点でもある。

初任者研修制度では，このように校外における研修と校内における研修が連携をもって相互補完的に行われ，初任者の実践的指導力と使命感の向上が図られ，幅広い知見が得られるものと期待されているが，研修内容の重複やその方法，研修ニーズの把握といった内容上の課題や指導教員の指導の在り方や学校全体での指導体制の在り方などの制度面での課題があることが指摘されてきた。初任者という時期に特有の研修課題である教職に対する円滑な導入とその後の

・初任者の指導に専念する教員として拠点校指導教員を配置
・校内にコーディネーター役の校内指導教員を置き，必要な研修分野を初任者配置校の全教員で分担して指導

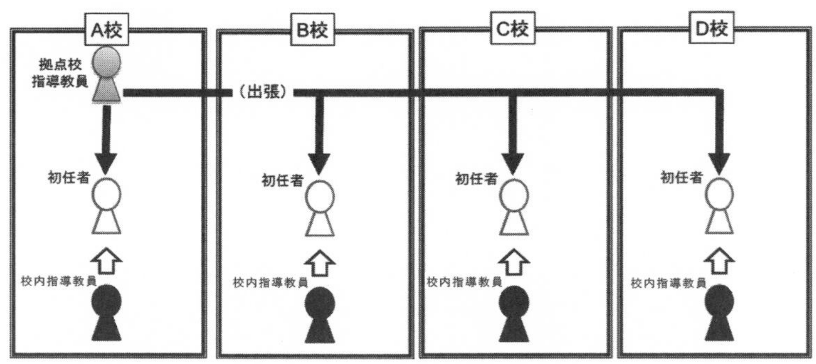

図 4−5　拠点校方式の仕組み

出典：文部科学省通知「初任者研修の弾力的実施について」2018（平成30）年6月26日，別紙より作成

職能成長の基盤形成を，いかに効果的に実施していくかという観点から，内容・方法および制度面での改善が求められていた[(2)]。

そうした中，中教審答申「これからの学校教育を担う教員の資質能力の向上について」(2015 年) では，各地域においては図 4－6 に示すようなメンター方式による校内研修の工夫や若手教員の育成の強化を図るために初任者研修のみで研修を終えるのではなく，2 年目研修や 3 年目研修を実施するなど若手教員のための研修を継続して実施する取り組み，講師経験者の採用，教職大学院修了者の採用の増加，そして「教師養成塾」等の実施など，初任者の教職に関わる背景事情の多様化などを踏まえて「初任者研修の弾力的な運用を可能にするよう現在の初任者研修の運用方針を見直すことが必要である」旨の提言がなされた。これを受けて，文部科学省では 2018 (平成 30) 年 6 月に「初任者研修の弾力的実施について (通知)」を出して，先の校内研修等の実施時間および日数等の弾力的運用を促している。

- 初任者，若手，ミドル，ベテラン等が互いに学び合う中，それぞれの教員が初任者に関わって指導していく
- 各校で研修リーダーを定め，メンターチームを運営する
- 研修コーディネーター教員が研修リーダーを通じて，各校のメンターチームへ指導するとともに，研修ノウハウの提供や各校の研修交流の企画・運営等を行う

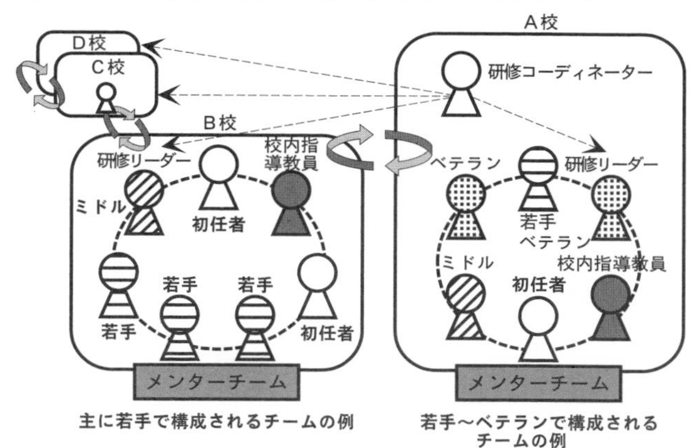

図 4－6　メンター方式

出典：図 4－5 に同じ

5 学び続ける教員と教員研修

1．学び続ける教員を支えるキャリアシステムの構築

2015(平成27)年の中教審答申では，これからの教員に求められる資質能力として，使命感や責任感，教育的愛情，教科や教職に関する専門的知識，実践的指導力，総合的人間力コミュニケーション能力に加えて，「学び続ける教員像」のもとで自律的に学ぶ姿勢をもち，時代の変化や自らのキャリアステージに応じて求められる資質能力を生涯にわたって高めていくことのできる力や，情報を適切に収集し，選択し，活用する能力や知識を有機的に結びつけ構造化する力などが必要であると指摘している。さらに，アクティブ・ラーニングの視点からの授業改善，道徳教育の充実，小学校における外国語教育の早期化・教科化，ICTの活用，発達障害を含む特別な支援を必要とする児童生徒等への対応などの新たな課題に対応できる力量を高めることが必要とも指摘している。また，「チーム学校」の考えの下，多様な専門性をもつ人材と効果的に連携・分担し，組織的・協働的に諸課題の解決に取り組む力の醸成が必要であり，教員は校内研修，校外研修などさまざまな研修の機会を活用したり自主的な学習を積み重ねたりすることが求められると指摘している。

こうした認識のもと，答申では教員の養成・採用・研修を通じた一体的制度改革として，先に述べた「教員育成協議会」の設置，教員育成指標，教員研修計画の策定等といった連携・協働の基盤的整備により高度専門職業人としての教職の確立に向けて学び合い，高め合う教員を育成・支援するキャリアシステムの構築が提言され，その具体化を図るための法令改正が進められたわけである。その中で，図4－7にあるような将来的なイメージ図が示されている。

今後，こうしたイメージ図のもとでの具体化が図られることが予想されるが，そこでは教員の養成・採用・研修に関わる組織や機関の役割や取り組みの問題に加えて，教員自身が自らの役割や職責等を自覚して自己の研修に関するビジョンを確立し，職能成長に向けた契機となる研修への主体的な取り組みがますま

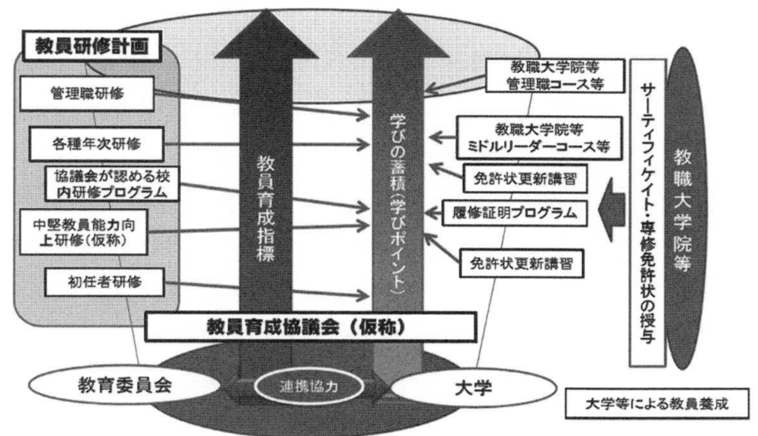

図 4-7　学び続ける教員を支えるキャリアシステム(将来的イメージ)

出典：中央教育審議会答申「これらの学校教育を担う教員の資質能力の向上について」2015(平成27)年12月21日

す重要になるといえよう。この点，教員育成指標の策定にあたって文部科学大臣が策定した「公立の小学校等の校長及び教員としての資質の向上に関する指標の策定に関する指針」(平成 29 年 3 月 31 日，令和 4 年 8 月 31 日改定)でも，教員育成指標は「教員等が担う役割が高度に専門的であることを改めて示すとともに，研修等を通じて教員等の資質の向上を図る際の目安として，教員一人一人のキャリアパスが多様であるとの前提の下，教職生活全体を俯瞰(ふかん)しつつ，自らの職責，経験及び適性に応じて更に高度な段階を目指す手掛かりとなるものであり，効果的・継続的な学びに結び付ける意欲を喚起することを可能とする体系的なものである必要がある」とされていることに留意が必要だといえる。

2．学び続ける教員と反省的成長 —— 専門職としての教員の成長

「教員は学校で育つ」という言葉がある。それは，教員の職能成長に向けての研究(研修)の対象である教育実践が存在する場が学校であるということを意味している。教育実践を研究の契機として，またその望ましい展開に向けて同

僚教員との相互支援を通した成長が図られる場が学校であるからである。

こうした考え方のもと，専門職としての教員の成長を図る研究が従来の専門職論の見直しを含めて問われている。例えば，「教職が『専門職』を志向することに意義があるとすれば，それは既成専門職モデルにしたそれではなく，人間存在の価値的上昇を志向し，自らも人間としての苦悩や矛盾と対決しつつ青少年と共に生涯学習を続けていくという規範を共有する，いわば人間志向の，開かれた『専門職』である」(3)という指摘がある。また，教職をカウンセラー，ケース・ワーカー，医療従事者などと同様，複雑化する現代社会の中で人々が発達しつつ，さまざまな問題を自ら解決していくことを助ける「援助専門職」として位置づける立場もある(4)

そうした中，1980 年代半ば以降，欧米において新たな専門職モデルの構築とそれに基づく教師教育プログラムの開発が進められ，わが国においても注目された教師モデルがある。「反省的実践家（reflective practitioner）」モデルとされるものである。このモデルの提唱であるショーン（Schon,D.）や佐藤学によれば(5)，従来の専門職モデルは「技術熟達者（technical expert）」モデルであり，そこでは専門性の基礎を専門領域の科学的な知識と技術の成熟度に置き，教員に求められる専門的力量を教科内容の専門的知識と教育学や心理学の科学的な原理や技術で規定する考え方に立っているという。そのため，教員の担う教育実践は教科内容の知識と教授学や心理学の原理と技術といった「科学技術の実践場面への合理的適用（technical rationarity）」を原理とし，教職の専門性は，それらの専門的な知識や原理，技術などの習熟度によって保障され，その専門的成長は教職関連領域の科学的な知識や技術を習得する技術的熟達として性格づけられている。

しかし，このような科学的で合理的な技術の実践への適用という考え方に基づく専門職概念は，今日多くの局面で破綻しつつある。現在の専門職は，かつてよりもはるかに複合的な性格をもつ問題を扱い，しかもより複雑な社会的文脈で仕事をしているため，既知の知識の科学的合理的技術の適用だけでは，とても処理できない問題に直面している。現代の専門職は，自分の専門領域の既知の知識の技術の適用を実践とみなす従来の枠組みを超えて，不確かで曖昧な問題状況に探りを入れ，経験に基づく暗黙知をも活用しながら，実践に対する反省的思考（「内省（reflection）」）を通して，自己の専門的な力量を高めていると分析している。

そこから，「技術熟達者」モデルに代わる新たなモデルとして「反省的実践家」モデルに基づく教師像を提唱している。そこでは，教職を複雑な文脈で複合的な問題の解決を遂行する文化的・社会的実践の領域として設定し，教員の専門的力量を教育の問題状況に主体的に関与して子どもと生きた関係を取り結び，「省察」と「熟考」によって問題を捉え，その解決策を選択し判断する実践的な見識に求めている。また，複合的で高度な知見を駆使して展開される実践的な問題の把握とその解決を遂行する「実践的見識」に教員の専門性を求め，実践的な問題解決過程で形成される「実践的認識」にその専門的成長があると位置づける教師像である。

こうした教員の担う教育実践の特性である特定性，複合性，そして実践者による個別判断，選択の重要性という観点やその過程での教員の専門的成長に寄与する「内省」という問題について，稲垣忠彦は授業を例に次のように述べている。

> 授業は固有名の子どもたちを対象に，特定の内容，教材に即して，特定の方法を選びつつ行われる活動があるが，教師自身もまた，特定の固有名の存在である。そのような関係において，実践は，基本的に個別の教師の判断と責任において行われるのである。
>
> そこで行われる判断や決定は，複合的な判断に基づいている。子ども，教材，方法を同時に，それらの重なりにおいて捉え，その場面における特定の，複合的な判断，選択が求められる。その判断は時間的な経過をたどるなら，①何のために何を教えるのかという目的の決定，②対象とする特定の子ども

たち，教材の理解，③その子どもたち，教材に即しての方法の選択，授業案の作成，④授業の過程で行う行為における多くの選択と決定が，教師の判断のもとで行われるのであり，⑤さらに，その結果に対する評価，反省もまた教師の判断によるものである。このように授業は，教師による一連の判断として捉えられ，実践の評価や反省を通して，教師の子ども理解，教材の把握，方法理解は深まり，それがプロフェッショナル・ディベロンプメントの内実をなし，また教師の自律性が求められる根拠をなしている。

教育において実践は一人から発し，一人にかえってくるのであり，それを軸として，プロフェッションにおける同僚，さらには広い職業集団による，共同の検討，研究が行われるのである。

教育実践は学問的理論の応用としてではなく，特定性，複合性に基づく不確実性のなかで，選択として行われ，自分および先人の経験に負うことが多く，それゆえに実践の反省，共同の検討が求められるのである(6)。

このように，現在，教職に関しては新たな専門職概念である「反省的実践家」モデルを一つの考え方として研究や実践の分析が進められている。そこでは，専門職として行うケース・バイ・ケースでの「専門的判断（professional judgment)」の質をいかに高めていくかという観点から，その基礎となる専門的知識や意味の再構成に注目し，教員の内省とそれに基づく反省的成長にその鍵的要素を求めているといえる。

教員の内省とは，彼らが教育実践を再構築していく過程であり，自己の教育実践を何らかの手段によって対象化し批判的に検討することと，そうした過去や現在の営みの分析を出発点として新しい教育実践を切り拓くことを意味している。教員一人ひとりが，こうした反省的思考を身につけ，それを軸として教育実践を展開していくこととが可能になれば，教職の問題点を克服するのみならず，教員自身の自己成長を図ることも可能となる。内省は教員にとって，サバイバルスキルであると同時に，職能成長の鍵概念だともいえるわけである。

こうした教師の成長の特質を踏まえ，また「令和の日本型学校教育」の構築という新たな課題に対応できる教師を育成するための制度として，先述した「研修履歴を活用した対話に基づく受講奨励」システムとしての新たな研修制度が創設されたともいえる。

教員の職責にふさわしい資質能力は，養成教育のみならず教職生活を通じて次第に形成されるものである。それは，教職が生きた人間を対象とし，その社会的形成に関わるという職責を担うことから，求められる知識や技術，さらに教育観や社会観といったものが，決して固定的なものではなく，常に教員自身の成長に支えられていなければならないからである。教員の研修が教育実践を通じた経験的蓄積を基礎に，自他の活動を客観的に省察し，継続的に自己革新，自己成長を図ることをねらいとすることを踏まえ，教職にある者や教職に就こうとする者一人ひとりが，自らの実践を問い直す中で，絶えず自己成長を遂げていく取り組みが求められているといえよう。　**【北神　正行】**

〔注〕

⑴ 大村はま『教えるということ』共文社，1973 年，21 頁。

⑵ 教養審第 3 次答申（1999 年 12 月 10 日）では，初任者研修制度の問題点として，①研修内容等の問題点－校内研修における研修内容の画一化，校外研修における講義中心の内容，内容の重複化が，②運用上の問題点として，初任者の校務分掌上の負担，校内研修体制の未整備，管理職・指導教員の指導力不足，受け入れ体制の未整備などが指摘されている。

⑶ 西穣司「専門職教員と学校経営」市川昭午編『教職＝専門職論の再検討』〈教師教育の再検討1〉教育開発研究所，1986 年，207 頁。また，現代教職研究会編『教師教育の連続性に関する研究』（多賀出版，1989 年）でも，「開かれた専門職」が職能成長の目指すべき方向として指摘されている。

⑷ 今津孝次郎『変動社会の教師教育』名古屋大学出版会，1996 年。

⑸ Schon, D.A., *The Reflective Practitioner:How Professionals Think in Action*, Basic Books.1983.（佐藤学「反省的実践家としての教師」佐伯胖・ 汐見稔幸・佐藤学編著『教室の改革』〈学校の再生をめざして 2〉東京大学出版会，1992 年），佐藤学『教師というアポリア』世織書房，1997 年など。

⑹ 稲垣忠彦「教師教育の課題」『教師像の再構築』〈岩波講座現代の教育 6〉岩波書店，

1998年，263～264頁。

〔参考文献〕

浅田匡・生田孝至・藤岡完治編著『成長する教師―教師学への誘い』金子書房，1998年
市川昭午『教職研修の理論と構造―養成・免許・採用・評価』教育開発研究所，2015年
市川昭午・新堀通也・伊藤和衛編『教師教育の再検討（全3巻）』教育開発研究所，1986年
小島弘道編『日本の若い教師（全3巻）』エイデル研究所，1987年
小島弘道編『若い教師とベテラン教師の間―教育指導力の基礎をつくる』ぎょうせい，1990年
神田修『教師の研修権―学校教育と教師の地位』三省堂，1988年
北神正行・木原俊行・佐野享子『学校改善と校内研修の設計』学文社，2010年
現代教職研究会編『教師教育の連続性に関する研究』多賀出版，1989年
ショーン，D. 著，佐藤学・秋田喜代美訳『専門家の知恵』ゆみる出版，2001年
高倉翔他編『初任者研修』〈実践教職課程講座19〉日本教育図書センター，1987年
高倉翔編集『新時代の教員養成・採用・研修システム』教育開発研究所，1999年
土屋基規『日本の教師―養成・免許・研修』新日本出版，1989年
日本教師教育学会編『「令和の日本型」教育と教師―新たな教師の学びを考える』学文社，2023年
牧昌見編著『教員研修の総合的研究』ぎょうせい，1982年
牧昌見・佐藤全編著『学校改善と教職の未来』〈日本の教育 第4巻〉教育開発研究所，1990年
吉本二郎他編『講座 教師の力量形成（全7巻）』ぎょうせい，1989年

第5章　学校における教職員の多様化と協働

1　学校に配置される教職員等の多様化

1．学校に配置される教職員等

文部科学省が実施している学校基本調査において教員の職名として挙げられているのは，校長，副校長，教頭，主幹教諭，指導教諭，教諭，助教諭，養護教諭，養護助教諭，栄養教諭，講師である。また，その中で「教務主任等」として挙げられているのは，小学校では教務主任，学年主任，保健主事，司書教諭，舎監であり，中学校ではそれに生徒指導主事と進路指導主事が付け加わり，高等学校ではさらに学科主任と農場長が付け加わる。

学校の職員として挙げられているのは，小・中学校の場合，事務職員，学校図書館事務員，養護職員（看護師等），学校栄養職員，学校給食調理員，用務員，警備員・その他（学校警備員，ボイラー技師，寄宿舎指導員，その他）である。高等学校では，事務職員（公立の場合は「主事・主事補」と「その他」に分ける），学校図書館事務員，技術職員，実習助手，養護職員，用務員，警備員・その他（学校警備員，寄宿舎指導員，ボイラー技師，実習補佐員，その他）である。

以上の教職員のほか，学校には相談員，スクールカウンセラー，スクールソーシャルワーカーが配置されている。また，多様な種類の支援員も配置されている。学習支援員，ICT 支援員，理科支援員，日本語支援員，母語支援員，就職支援員，部活動支援員，学校・病院連携支援員（コーディネーター），校務支援員などである。

さらに，地域住民や保護者が学校支援ボランティアとして活動している。「支援の具体的な内容・形態は，国際理解・交流や職場体験・自然体験等の総合的な学習の時間に関することが最も多いが，授業や実験・実習の補助，部活などのスポーツ指導支援，花壇や樹木の手入れ，校舎等の修理等の学習環境整備支援，図書の整理や読み聞かせ，登下校時等における子どもの安全確保など多種多様である」といわれている[(1)]。

2．職，業務の分化

以上のような学校における職や業務分担を，近年の動向に注目しながらその分化の在り方という観点から整理しよう。

第一に，学校における経営機能ないしリーダーシップ機能の専門分化がある。古くは校長，教頭という職を成立させてきた。近年では，副校長，主幹教諭，指導教諭の職が設置された。東京都の場合，独自に主任教諭，統括校長という職を設け，職務の級と対応させている。すなわち，教諭（2級）―主任教諭（3級）―指導教諭・主幹教諭（4級）―副校長（5級）―校長（6級）―統括校長（6級）である[(2)]。

第二に，教育機能の専門分化である。古くは養護教諭の職を成立させてきたが，近年では栄養教諭と司書教諭を成立させた。これらは，それぞれ学校看護婦，学校栄養職員，学校図書館事務員など教員ではない職によって担われてきた業務に，より教育的な役割を付与することによって成立したものである。ただし，司書教諭は教諭等を充てるものであり学校基本調査においても主任と並ぶ扱いとなっている。

第三に，相談員，スクールカウンセラー，スクールソーシャルワーカーの配置は，学校への児童生徒のケアやそのコーディネート機能の分化ないし追加である。スクールカウンセラーとスクールソーシャルワーカーは学校教育法施行規則の改正（2017年4月1日施行）によって，学校に配置される職として職務規定がなされた。

第四に，さまざまなサポート機能の追加である。多様な支援員や学校支援ボランティアの存在はそれを示している。近年では学校における働き方改革のために，部活動支援員や校務支援員などの配置が進んでいる。

3．採用（任用）形態，勤務形態の多様性

以上のような業務内容に関わる多様性と並んで，採用（任用）形態や勤務形態の多様性もある。第一に，公立の義務教育諸学校の場合，費用負担によって義務教育費国庫負担法による者，都道府県費単独負担による者，市町村費負担による者，私費負担による者がある。第二に，本務者と兼務者の区別がある。学校基本調査では本務者とは学校の専任の教職員である。兼務者とはそれ以外の者であり，非常勤の教職員はここに含まれる。公立学校の再任用教員の場合，常勤は本務であり，短時間勤務する者は兼務である。第三に，正規採用（任用）と臨時的採用（任用）の区別がある。正規採用（任用）とは期間を定めない採用（任用）であり，臨時的採用（任用）とは期間を限った採用（任用）である。

以上のような採用（任用）形態や勤務形態の多様性は以前からあったが，近年の次のような制度改革や環境変化によってその多様性が促進される可能性が高まった。第一に，2001年度より教職員配置制度の弾力化により，標準法の教員定数を活用して非常勤講師を任用するいわゆる「定数くずし」が可能になった。第二に，2006年度より市町村費負担教職員制度が実施され，市町村の負担で独自に常勤の教職員を任用することができるようになった。第三に，年金制度改革を背景として，2014年度から新たな再任用制度が実施された。第四に，高齢化（教職員の大量退職）と少子化の進展を背景として，正規採用（任用）が控えられ，臨時的採用（任用）が増加した。第五に，若年教職員の増加により産休，育休代替教員の必要性が高まるとともに，育児短時間勤務取得者や部分休業取得者が増加した。

2　教職員配置の実態

ここでは，紙幅の都合で公立小，中学校を中心に教職員配置の実態を整理する。ここで使用する統計情報は「政府統計の総合窓口」（https://www.e-stat.go.jp/）および文部科学省ホームページ（https://www.mext.go.jp/）で得ら

れる。さらに詳しい情報や公立小，中学校以外について知りたい読者は，そこにアクセスしで情報を整理してみてほしい。

1．公立小学校の教職員

表5－1は，2012～2022年度の公立小学校の学校数，学級数，教員数，児童数を示している。この10年間に学校数，単式学級数，複式学級数，児童数は減少し続けている。しかし，特別支援学級数は一貫して増加している。教員数は本務者が2014年度を底に近年では増加傾向であり，兼務者はこの間2021年度まで一貫して増加し，2022年度に少し減少している。

2012年度と2022年度で教員数の内訳を比較すると表5－2のようになる。本務者で増加しているのは，多い順に講師，主幹教諭，栄養教諭，助教諭，指導教諭，養護助教諭，副校長である。本務者で減少しているのは，多い順に校長，教頭，養護教諭，教諭である。兼務者はどの職においても増加しているが，とりわけ教諭と講師で増加が多い。市町村費負担の教員はとくに兼務者で大きく増加している。また，公立小学校の司書教諭は2008年度に1万3,896人で

表5－1　公立小学校の学校数，学級数，教員数，児童数

	学校数	学級数				教員数		児童数
		計	単式学級	複式学級	特別支援学級	本務者	兼務者	
2012年度	21,166	271,165	233,044	5,385	32,736	412,154	28,885	6,642,721
2013年度	20,836	269,868	230,593	5,180	34,095	410,928	30,757	6,556,527
2014年度	20,558	268,752	228,226	4,990	35,536	409,753	33,052	6,481,396
2015年度	20,302	268,289	226,145	4,857	37,287	410,397	35,532	6,425,754
2016年度	20,011	267,772	223,729	4,694	39,349	410,116	36,321	6,366,785
2017年度	19,794	268,787	222,417	4,542	41,828	411,898	38,398	6,333,289
2018年度	19,591	269,633	220,991	4,570	44,172	413,720	42,488	6,312,251
2019年度	19,432	269,587	218,541	4,492	46,554	414,901	44,769	6,253,022
2020年度	19,217	269,071	215,871	4,385	48,815	415,467	46,340	6,185,145
2021年度	19,028	268,868	213,629	4,363	50,876	415,745	48,952	6,107,701
2022年度	18,851	270,073	212,479	4,360	53,234	416,225	48,822	6,035,384
2012年度と2022年度の差	-2,315	-1,092	-20,565	-1,025	20,498	4,071	19,937	-607,337
2012年度学校当たり		12.81	11.01	0.25	1.55	19.47	1.36	313.84
2022年度学校当たり		14.33	11.27	0.23	2.82	22.08	2.59	320.16
2012年度と2022年度の学校当たりの差		1.52	0.26	-0.02	1.28	2.61	1.23	6.32

出典：文部科学省「学校基本調査」各年版

表5－2　公立小学校の職名別教員数

		計	校長	副校長	教頭	主幹教諭	指導教諭	教諭	助教諭	養護教諭	養護助教諭	栄養教諭	講師	「計」のうち市町村費負担の者
2012年度	本務者	412,154	20,562	1,738	19,281	8,526	627	311,901	1,286	20,488	1,518	3,136	23,091	697
	兼務者	22,217	154	15	135	142	30	8,198	28	202	53	1,225	18,703	679
2022年度	本務者	416,225	18,345	1,807	17,321	10,316	1,286	311,596	2,171	19,041	1,711	4,656	27,975	797
	兼務者	48,822	225	57	241	284	218	18,381	34	354	94	1,925	27,009	1,928
本務者の差		4,071	-2,217	69	-1,960	1,790	659	-305	885	-1,447	193	1,520	4,884	100
兼務者の差		26,605	71	42	106	142	188	10,183	6	152	41	700	8,306	1,249

出典：表5－1と同じ

あったが，2022年度には1万4,133人となり，237人増加している（学校基本調査）。

また，学校基本調査によると2022年度の公立小学校の主な職員数（本務者）は事務職員が20,656人（負担法，休職者含む）と1,876人（その他），学校栄養職員が2,070人（負担法，休職者含む）と1,043人（その他），学校図書館事務員が1,835人，学校給食調理従事員が10,319人，用務員が12,037人，警備員その他が7,066人である。2012年度と比較するとほとんどの職員数が減少しているが，警備員その他が1,167人増加している。このほかに絶対数は少ないが養護職員（看護師等）が2012年度には121人であったが，2022年度には132人に増加している。

2．公立中学校の教職員

表5－3は，2012～2022年度の公立中学校の学校数，学級数，教員数，生徒数を示している。この10年間に学校数は一貫して減少を続け，逆に特別支援学級数は一貫して増加を続けている。単式学級数，複式学級数，生徒数はやや増減があるものの減少してきている。教員数では，本務者が2013年度をピークに減少したが，2021年度以降に小幅な増減がみられる。兼務者はやや増減があるものの増加傾向である。

2012年度と2022年度で教員数の内訳を比較すると表5－4のようになる。本務者で増加しているのは，多い順に栄養教諭，指導教諭，養護助教諭，主幹教諭，副校長である。本務者で減少しているのは，多い順に教諭，校長，教頭，

表 5－3　公立中学校の学校数，学級数，教員数，生徒数

	学校数	学級数				教員数		生徒数
		計	単式学級	複式学級	特別支援学級	本務者	兼務者	
2012 年度	9,860	114,128	99,097	188	14,843	237,139	22,572	3,269,759
2013 年度	9,784	114,603	98,833	188	15,582	237,568	23,829	3,255,326
2014 年度	9,707	114,664	98,031	180	16,453	237,082	24,748	3,227,314
2015 年度	9,635	114,532	97,121	175	17,236	236,947	26,703	3,190,799
2016 年度	9,555	113,404	95,415	175	17,814	235,223	26,224	3,133,644
2017 年度	9,479	111,914	93,449	166	18,299	233,247	27,001	3,063,833
2018 年度	9,421	110,239	91,229	164	18,846	230,366	27,655	2,983,705
2019 年度	9,371	110,037	90,186	159	19,692	229,895	28,114	2,950,331
2020 年度	9,291	110,344	89,573	163	20,608	229,731	28,766	2,941,423
2021 年度	9,230	111,823	91,229	162	21,615	231,006	30,430	2,957,186
2022 年度	9,164	111,859	89,061	146	22,652	230,074	30,398	2,931,722
2012 年度と2022年度の差	-696	-2,269	-10,036	-42	7,809	-7,065	7,826	-338,037
2012 年度学校当たり		11.57	10.05	0.02	1.51	24.05	2.29	331.62
2022 年度学校当たり		12.21	9.72	0.02	2.47	25.11	3.32	319.92
2012 年度と 2022 年度の学校当たりの差		0.63	-0.33	0.00	0.97	1.06	1.03	-11.70

出典：表 5－1 と同じ

表 5－4　公立中学校の職名別教員数

		計	校長	副校長	教頭	主幹教諭	指導教諭	教諭	助教諭	養護教諭	養護助教諭	栄養教諭	講師	「計」のうち市町村費負担の者
2012 年度	本務者	237,139	9,491	898	9,364	6,151	417	182,730	325	9,687	558	874	16,644	444
	兼務者	22,572	249	30	111	115	15	6,109	15	340	56	485	15,047	690
2022 年度	本務者	230,074	8,782	920	8,703	6,259	676	176,833	247	9,111	717	1,541	16,285	478
	兼務者	30,398	241	60	204	149	140	11,376	14	381	61	849	16,923	1,229
本務者の差		-7,065	-709	22	-661	108	259	-5,897	-78	-576	159	667	-359	34
兼務者の差		7,826	-8	30	93	34	125	5,267	-1	41	5	364	1,876	539

出典：表 5－1 と同じ

養護教諭，講師，助教諭である。兼務者は校長と助教諭以外の職で増加しているが，とりわけ教諭と講師で増加が多い。市町村費負担教員は増加している。また，公立中学校の司書教諭は 2012 年度に 6,031 人であったが，2022 年度には 6,055 人となり，24 人増加している（学校基本調査）。

学校基本調査によると 2022 年度の公立中学校の主な職員数（本務者）は事務職員が 10,809 人（負担法，休職者含む）と 1,029 人（その他），学校栄養職員が 742 人（負担法，休職者含む）と 266 人（その他），学校図書館事務員が 909 人，学校

給食調理従事員が1,431人，用務員が6,109人，警備員その他が2,792人である。2012年度と比較するとほとんどの職員数が減少しているが，警備員その他が512人増加している。

3．産休・育休代替教員と再任用教員の状況

表5－5は，2012年度と2022年度の公立小，中学校の産休代替と育休代替の教職員数を示している。両者の合計で，小学校では7,578人の増加，中学校では1,983人の増加となっている。

表5－6は，2021年度の公立学校教育職員の育児休業取得状況を示している。育児休業取得者が48,408人，育児短時間勤務取得者が3,537人，部分休業取得者が5,765人となっている。ちなみに，2021年度中に新たに育児休業を取得可能となった職員の内育児休業を取得したのは男性9.3%，女性97.4%，育児短時間勤務を取得したのは男性3.7%，女性3.7%，部分休業を取得したのは男性0.6%，女性5.1%である（2021年度文部科学省公立学校教職員の人事行政状況調査）。

表5－5　公立小，中学校の産休・育休代替教員（本務者）

		産休代替教職員				育児休業代替教員		計
		副校長・教頭・主幹教諭・指導教諭・教諭・助教諭・講師	養護教諭・養護助教諭・栄養教諭	事務職員	学校栄養食員	副校長・教頭・主幹教諭・指導教諭・教諭・助教諭・講師	養護教諭・養護助教諭・栄養教諭	
小学校	2012年度	2,488	173	110	76	9,472	828	13,147
	2022年度	3,219	336	133	57	15,369	1,611	20,725
中学校	2012年度	852	55	44	25	3,433	334	4,743
	2022年度	1,031	115	66	25	4,855	634	6,726

出典：表5－1に同じ

表5－6　2021年度公立学校教育職員の育児休業等の取得状況

	育児休業取得者数			育児短時間勤務取得者数			部分休業取得者数		
	男性職員	女性職員	合計	男性職員	女性職員	合計	男性職員	女性職員	合計
2021年度新規取得者	2,012	20,651	22,663	85	2,060	2,145	290	3,276	3,566
前年度から引き続いている者	151	25,549	25,745	25	1,367	1,392	148	2,051	2,199
合計	2,163	46,200	48,408	110	3,427	3,537	438	5,327	5,765

出典：2021年度文部科学省公立学校教職員の人事行政状況調査

表5－7　公立学校の再任用教員の状況

	校　長	副校長	教　頭	主幹教諭	指導教諭	教　諭		養護教諭		栄養教諭		計
						フルタイム	短時間	フルタイム	短時間	フルタイム	短時間	
2012年度	348	17	0	69	31	4,696	7,670	210	52	13	6	13,112
2022年度	1,928	228	267	426	118	35,999	13,155	1,362	88	208	8	53,787

出典：文部科学省「公立学校教職員の人事行政状況調査」

表5－7は，2012年度と2022年度の公立学校の再任用教員数を示している。合計で2012年度の13,112人から2022年度の53,787人へと40,675人の増加である。

4．相談員，スクールカウンセラー，スクールソーシャルワーカー等

表5－8は，2008年度と2021年度における相談員とスクールカウンセラーの配置状況を示している。スクールカウンセラーの配置「無」がどの校種でも低下し，中学校では週4時間以上の定期配置が2022年度には65.8%となっている。

表5－8　相談員とスクールカウンセラーの配置状況

（%）

		小学校				中学校				高等学校			
		有			無	有			無	有			無
		定期配置		不定期配置		定期配置		不定期配置		定期配置		不定期配置	
		週4時間以上	週4時間未満			週4時間以上	週4時間未満			週4時間以上	週4時間未満		
相談員	2008年度	11.5	2.6	7.6	78.3	32.9	2.0	2.8	62.2	4.1	0.5	1.1	94.2
	2021年度	12.2	5.1	13.4	69.2	26.2	3.1	7.5	63.3	6.2	1.7	5.2	87.0
スクールカウンセラー	2008年度	8.0	7.5	14.9	69.6	62.3	12.7	6.7	18.3	23.3	12.1	20.5	44.1
	2021年度	23.7	35.3	31.4	9.5	65.8	22.8	8.9	2.4	41.3	31.8	20.5	6.4

出典：文部科学省「学校保健統計調査」

表5－9によって，2023年度のその内容を見ると，スクールカウンセラーとスクールソーシャルワーカーの配置拡充が進められていることがわかる。

以上のようにスクールカウンセラー，スクールソーシャルワーカー，指導員等の配置が進められている。いじめや不登校といった児童生徒に関わる諸問題への対応や教員の働き方改革を支援する人材の配置が進められている。

表 5－9　2023年度予算におけるスクールカウンセラーとスクールソーシャルワーカーの配置充実

スクールカウンセラーの配置充実	・全公立小中学校への配置（27,500 校，週 4 時間） ・上記に加えた重点配置の拡充（5,400 校→7,200 校，週 4 時間） ・不登校児童生徒等へのオンラインを活用した広域的な支援体制整備（67 箇所）【新規】 ・連絡協議会等を通じた質向上の取組の推進 ・自殺予防教育実施の支援
スクールソーシャルワーカーの配置充実	・全中学校区への配置（10,000 中学校区，週 3 時間） ・上記に加えた重点配置の拡充（6,900 校→9,000 校，週 3 時間） ・不登校児童生徒等へのオンラインを活用した広域的な支援体制整備（67 箇所）【新規】 ・連絡協議会等を通じた質向上の取組の推進

出典：文部科学省「2023年度予算（案）のポイント」より作成

表 5－10　2023 年度予算における補習等のための指導員等派遣事業

教育業務支援員 予算額 55 億円 人数 12,950 人	事業内容　教師の負担軽減を図り，教師がより児童生徒への指導や教材研究等に注力できるよう，学習プリント等の準備や採点業務，来客・電話対応，消毒作業等をサポートする教員業務支援員（スクール・サポート・スタッフ）の配置を支援 想定人材　地域の人材（卒業生の保護者等）
学習指導員等 予算額 36 億円 人数 11,000 人	事業内容　児童生徒一人一人にあったきめ細かな対応（児童生徒の学習サポート，進路指導・キャリア教育，学校生活適応への支援，教師の指導力向上等）を実現するため，教師や学校教育活動を支援する人材の配置を支援。また，教職に関心のある学生の積極的な活用を推進することで，教職への意欲を高める。 想定人材　退職教員，教師志望の学生をはじめとする大学生，学習塾講師，NPO 等教育関係者，地域の方々など幅広い人材

出典：表 5－9 に同じ

3　「チームとしての学校」論とその課題

1.「チームとしての学校」論

日本の学校では教員が広範な業務を担い，さまざまな教育課題に対応してきた。現代においても，そのことを前提にして，正規の教員を増やすことによって新たな課題に対応する道も考えられなくはない。しかし，表 5－1 と表 5－3 でみたようにこの 10 年間で 1 校当たりの児童生徒数は横ばいで，公立小学校では本務教員が 2.6 人，兼務教員が 1.2 人増加し，公立中学校では本務教員と兼務教員がそれぞれ 1.0 人増加したにすぎない。しかも，増加した本務教員のかなりの部分が特別支援学級の増加に吸収されている。その半面で，表５－２，表５－４に見るように，公立小，中学校ともに教諭の本務者が減少し，小学校では教諭の兼務者と講師の本務者および兼務者が，中学校では教諭の兼務者と講師の兼務者が増加している。表５－５，表５－７でみたような，産休・育休代替教員や再任用教員の増加がその要因の一つになっている。

一方で永らく教職員定数改善は抑制されてきた。2021年に公立義務教育諸学校の学級編制及び教職員定数の標準に関する法律が改正，施行され，2025年度までに公立小学校第２学年から第６学年までの学級編制の標準を段階的に35人に引き下げることになっている。しかしすでに小学校の平均的な学級規模は30人を下回っており，少子化の進行を考えればこれによる教員増は限定的と思われる。

こうした状況の下で，「チーム学校」と「学校における働き方改革」という二つの政策が推進されている(3)。「チーム学校」は2015年12月の中央教育審議会（以下，中教審）答申「チームとしての学校の在り方と今後の改善方策について」で提言された。そこでは，①新しい時代に求められる資質・能力を育む教育課程を実現するための体制整備，②複雑化・多様化した課題を解決するための体制整備の二つの背景から，「チームとしての学校」が求められるとされた。「チームとしての学校」を実現する改善方策として，①専門性に基づくチーム体制の構築，②学校のマネジメント機能の強化，③教員一人ひとりが力を発揮できる環境の整備がうたわれた。スクールカウンセラーとスクールソーシャルワーカーについて学校教育法施行規則に定めが設けられたのは，このような背景の下である。

2022年に改訂された『生徒指導提要』では，「地域学校協働活動推進等コーディネーター」と「スクールロイヤー・部活動指導員等専門スタッフ」が加えられて，図５－１のように「チーム学校における組織イメージ」が描かれている。そこでは，「児童生徒の抱える問題や課題が複雑化・多様化しているなかで，教員の専門性をもって全ての問題や課題に対応することが，児童生徒の最

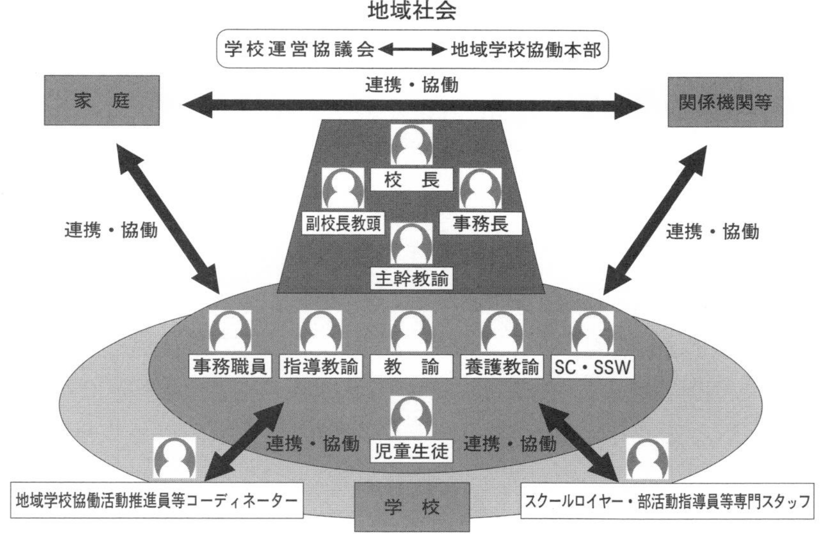

図５−１　「チームとしての学校」のイメージ

出典：文部科学省『生徒指導提要』2022 年，69 頁より作成

善の利益の保障や達成につながるとは必ずしも言えない状況になっています。したがって，多様な専門職，あるいは，専門職という枠組みにとらわれない地域のさまざまな「思いやりのある大人」が，教員とともに学校内で連携・協働する体制を形作ることが求められています」と述べられている。

また，「学校における働き方改革」に関わって，2019 年１月の中教審答申「新しい時代の教育に向けた持続可能な学校指導・運営体制の構築のための学校における働き方改革に関する総合的な方策について」では，表５−11 のように学校における業務を整理している。これまで教員が行ってきた仕事を，教職員間の連携や他の専門スタッフ，支援員，地域ボランティア等に委ねたりそれらと連携したりすることによって，「学校における働き方改革」を実現しようというのである。

表5-11　中教審による業務の整理

基本的には学校以外が担うべき業務	学校の業務だが，必ずしも教師が担う必要のない業務	教師の業務だが，負担軽減が可能な業務
①登下校に関する対比 ②放課後から夜間などにおける見回り，児童生徒が補導された時の対応 ③学校徴収金の徴収・管理 ④地域ボランティアとの連絡調整 （※その業務の内容に応じて，地方公共団体や教育委員会，保護者，地域学校協働活動推進員や地域ボランティア等が担うべき。）	⑤調査・統計等への回答等 （事務聡員等） ⑥児童生徒の休み時間における対応 （輪番，地域ボランティア等） ⑦校内清掃 （輪番，地域ボランティア等） ⑧部活動（部活動指導員等） （※部活動の設置・運営は法令上の義務ではないが，ほとんどの中学・高校で設置。多くの教師が顧問を担わざるを得ない実態。）	⑨給食時の対応 （学級担任と栄養教諭等との連携等） ⑩授業準備（補助的業務へのサポートスタッフの参画等） ⑪学習評価や成績処理（補助的業務へのサポートスタッフの参画等） ⑫学校行事の準備・運営 （事務職員等との連携，一部外部委託等） ⑬進路指導 （事務職員や外部人材との連携・協力等） ⑭支援が必要な児童生徒・家庭への対応（専門スタッフとの連携・協力等）

出典：中央教育審議会「新しい時代の教育に向けた持続可能な学校指導・運営体制の構築のための学校における働き方改革に関する総合的な方策について（答申）」より

2．「チームとしての学校」論の課題

①量的な限界　日本の学校の教職員等は多様化してきているとはいえ，圧倒的多数は教員であり，しかもその職務規定は極めて抽象的である。法規上で，例えば教諭は「児童の教育をつかさどる」，主幹教諭は「校長（副校長を置く小学校においては，校長及び副校長）及び教頭を助け，命を受けて校務の一部を整理し，並びに児童の教育をつかさどる」と規定されているにすぎない。校長は教職員に校務を分担させる権限をもっており，教職員はさまざまな校務を分担し，主任や司書教諭に充てられる。その結果，個々の教員の職務内容が多様になり，校長の判断によってその広さや量に差が生じることになる。

これまで述べてきたように，政策的には教員内部や他のスタッフへの専門分化が推進されるかのようにみえるが，教員の職務規定は曖昧なままであり，専門性の明確化は進んでいない。また，こうしたことが予算の厳しい制約の下で行われた結果(4)，正規教員が減少する一方で臨時的採用（任用）教員や兼務教員が増加し，スクールカウンセラーやスクールソーシャルワーカーの配置は不十分であるという事態に至っている。表5－8および表5－9に示したように各学校にスクールカウンセラーが配置される時間はきわめて限られており，スクー

ルソーシャルワーカーは原則的に中学校区に一人の配置であって，学校教育の課題に対応するには不十分であるといわざるをえない。

また，2022 年 1 月公表の文部科学省調査によれば 2021 年度始業日時点の小・中学校の「教師不足」人数（不足率）は合計 2,086 人（0.35%），5 月 1 日時点では 1,701 人（0.28%）である(5)。2023 年度始業日時点の教師不足を 2022 年度当初と比較した文部科学省のアンケート調査では，全国の都道府県・指定都市教育委員会のうち「改善」と回答した教育委員会は少なく，多くが「同程度」あるいは「悪化」と回答している(6)。産休や育休などの代替教員を求めても人材が見つからないため，「未配置」になっている場合も少なくない。

文部科学省の「令和 3 年度諸外国の教員給与及び学校における外部人材の活用等に関する調査　調査研究報告書」（2022 年 3 月，PwC コンサルティング合同会社）は，日本と諸外国の学校の役割，教員の役割，処遇などについて比較検討している。それが結論的に言うところでは「日本と諸外国との差異は，学校の役割よりも，教員の役割で大きい」（209 頁）。学校の役割については，調査対象とされた 38 業務のうち「何らか学校が関わっている業務」の割合が「日本が 100%で最も多く，最も少ないのがフランス（小学校）の 79%であった。その他の国を含め全体を見渡すと，日本との差異はおおよそ 20%以内に収まっている」（204 頁）。それに対し，「何らか教員が関わっている業務」の割合は「日本が 92%で最も多く，次いでドイツと韓国が 76%であった。最も少ないのはフランス（小学校）の 37%であった。その他の国においては割合にばらつきが確認された」（206 頁）。同報告書は，支援スタッフ等の配置が「諸外国と比較すると最も低い水準である可能性があることが確認できた」（209 頁）とし，学校への人材配置の課題を指摘している。2023 年 8 月に出された中教審の質の高い教師の確保特別部会「教師を取り巻く環境整備について緊急的に取り組むべき施策（提言）」においても，「小学校高学年の教科担任制の強化」などの教職員定数の改善と教員業務支援員や学習指導員の配置充実を提言している。

②教職の専門職性に関わる問題　学校には多様な職が設置され，さまざま

な人材が学校教育に関わるようになってきたが，教職自体の在り方には課題がある。それは専門職性の未確立という問題である。専門職性には高度な専門性と職としての自律性という二つの要件がある。それぞれの面から問題を見ていく。

第一は，専門性の高度化に関する課題である。指導教諭や主幹教諭，副校長等の職が新設されても，それに対応した職務の限定と明確化がなされないので，それに対応した資格要件が明確化されない。表 5 −12は，教員の学歴構成を2007 年度と 2022 年度で比較したものである。この間，短期大学卒の割合が低下したという意味では学歴的に高度化したが，指導教諭や主幹教諭，副校長等の職が設けられ，「自律的学校経営」が喧伝されてきたわりには大学院修了者の割合はあまり高まっていない。

表 5 −12　教員の学歴構成

校種	年度	計	教員養成系				一般系					
			小計	大学院	大学	短期大学	小計	大学院	大学	短期大学	高等学校	その他
小学校	2007 年度	100.0	59.6	2.5	56.2	0.9	40.4	0.5	27.9	11.6	0.1	0.3
	2022 年度	100.0	54.2	4.2	49.9	0.1	45.8	1.1	39.3	5.1	−	0.3
中学校	2007 年度	100.0	38.3	3.2	34.8	0.3	61.7	2.6	53.2	5.7	0.0	0.3
	2022 年度	100.0	37.1	5.2	31.9	0.1	62.9	4.6	54.7	3.4	0.0	0.2
高等学校	2007 年度	100.0	17.4	2.7	14.5	0.1	82.6	9.6	71.0	1.4	0.4	0.3
	2022 年度	100.0	19.8	4.9	14.8	−	80.2	13.0	65.8	1.0	0.3	0.2

出典：文部科学省「学校教員統計調査」

また，表 5 −13は小，中学校の特別支援学級担任の内特別支援学校教諭免許状所有の状況を示している。これを見ると，小学校，中学校ともに絶対数では免許状所有者が増加しているが，先に見たようにこの間に特別支援学級が増加しているので免許状所有者の割合は中学校ではやや上昇しているが，小学校ではやや低下している。

さらに，教員の専門性の内容としても，「教師という仕事（教職）の専門性から生徒指導の専門性を分離すべきではないか」という考え方と「教師の高度な専門職としての喜びや生きがいは，子どもが人として育っていく姿を支援していくことにあるのだから，その尊厳あるライフ（生存・生活・人生）を総合的に

表5－13　公立小、中学校の特別支援学級担任の特別支援学校教諭免許状所有状況

		所有者	非所有者	計
小学校	2012年度	11,467 (32.8)	23,538 (67.2)	35,005 (100.0)
	2022年度	18,360 (32.4)	38,266 (67.6)	56,626 (100.0)
中学校	2012年度	4,318 (26.7)	11,856 (73.3)	16,174 (100.0)
	2022年度	6,891 (27.8)	17,938 (72.2)	24,829 (100.0)

出典：文部科学省「学校基本調査」各年度版より作成

支援する生徒指導も，教師の専門性の核心となるべきだ，という考え方」が併存し，多職種協働のたどり着く先が「制度的分業論でよいのだろうか」という懸念をもたらしている(7)。こうした懸念はスクールロイヤーの関わりについても言われ，「質の高いSL（スクールロイヤー―引用者注）の確保とその法的助言を通して，教職員と子ども，専門職どうしの活発な対話が促され，子どもの権利保障を基盤とする豊かな教育活動が展開される」のか，「管理型法が学校の中に浸透していくことだけに貢献し，教育過程の法的統制の強化と教育の硬直化，官僚制化を招いていく要因になっていく」のかの岐路に立っていると言われている(8)。

第二は，職の自律性の確立に関わる課題である。これまで見てきたように，学校にはスクールカウンセラーやスクールソーシャルワーカーが配置されている。また，最近ではスクールロイヤーも配置されるようになってきた。これらの職は臨床心理士，公認心理師，社会福祉士，弁護士などの専門職を背景としている。これらはそれぞれ日本臨床心理士会，日本公認心理師協会，日本社会福祉士会，日本弁護士連合会などの専門職団体を有し，そこで倫理綱領や専門職基準を制定して専門性の向上と倫理面での自己規律を行っている。一方教職の場合にはこうした働きをする専門職団体が未確立である。現状では教職の専門職性が未確立なまま学校に関わる職員の多様化が進展しているのである。

以上のような課題は，教員自身の専門職的なアイデンティティの揺らぎをもたらしている。保田は，学校への専門職の配置を「メンバーシップ型雇用慣行の学校に，ジョブ型のそれを持ち込むものであり（中略），これまでの包括的な

教員役割を限定することが懸念されている」との問題意識から，専門職の常勤での配置について調査を行っている。そして，多職種協働によって「仕事の負担感は減るものの」「教員の意識が（中略），教員役割の限定化の方向には向かわない可能性が示唆された」と結論づけている(9)。また，「教員は，集団的専門性は弱いが管轄の優位性は高い」という実態を明らかにし，「生徒指導を中心としたSCやSSWとの職務の分担は，ほかの職種の専門性に応じて職務をアウトソーシングしていくような明確な分業の状況を学校にもたらしてはいないと予想される。」と述べている。つまり，スクールカウンセラーやスクールソーシャルワーカーと比較した場合に教員は自らの専門性（専門的知識や技術）を弱いと認識しているが，生徒指導上のさまざまな課題に対して，自らを「主として対応すべき専門家」であると認識しているというのである(10)。

4 教職員の多様化を超えて――協働の哲学としての「ケア」

以上で見てきたように，学校に配置される教職員は職，業務内容，採用（任用）形態，勤務形態それぞれの面において多様化してきている。その状況下で政策的に描かれている学校像は，ボランティアなども含めて多様な教職員が業務を分担しつつ「チームとして」協働する学校である。協働（コラボレーション）は，個業の限界を超えるために，一定の専門化を前提に何らかの相互作用が行われることを指し，学校経営研究においては「所与の目的を効率的に達成するのではなく，目的自体を創造する協働のあり方が探索されている」(11)。

ここで問われなければならないのは，多様化した教職員が何のために，何を共有して協働するのかである。学校における協働については，学校のビジョンや目標の共有の重要性が指摘される。しかし，学校に多様な背景をもつ教職員やボランティアが関わるようになれば，人に関わる職としての根底的な哲学を共有する必要がある。多様であるからこそ，協働するためには根底において理念や価値すなわち哲学が共有される必要があるのである。哲学的基盤を共有したうえで，個々の学校のビジョンや目標を創造するところから多様な教職員の協働が立ち上げられなければならない。その哲学として近年の学校教育を巡る議論で注目されているのが「ケア」である。

いじめ，不登校，ハラスメント，自殺，教育格差，文化的背景や障がい，性による差別など，学校では児童生徒に関わるさまざまな問題が発生している。これらの問題はたまたま学校という場で起きているのではない。これらの問題のいくつかは子どもの学校不適応の問題と言われたりするが，それも間違っている。これらの問題は学校の仕組みあるいは学校という仕組みが生み出しているのである。子どもが学校に不適応なのではなく，子どものニーズに学校の構造が適応していないのである。いま求められているのは，子どものニーズに学校の構造を適応させる学校の構造転換であり，それを支える哲学が「ケア」である。柏木は，「子どもの生と学びの保障を一体的に捉える理論の提示が必要」であり，それが「ケア」であるという(12)。

近代の学校制度は，機能的に分化した社会において教育機能を担う機能システムである。それは公権力によって組織化され，国民形成と労働力形成を主たる機能としてきた。一方，「ケア」は，社会システムの合理性ではなく，人の人格や人と人の関係性の望ましさを追求する。ノディングス(Noddings, N.)は，学校の施設設備を整備し適切な資源配分をしなければならないのは，テスト成績を上げるためではなく，それが「品位の問題(a matter of decency)」であり「正しいこと(right thing)」だからであるという(13)。

では，機能システムとしての学校とケアの関係をどう考えればよいのだろうか。ノディングスは，ハイデガー(Heidegger, M.)がケアは人間生活の存在そのものであると捉えていることに注目している(14)。ここで「ケア」と言われているのはドイツ語の「Sorge(気遣い)」であり，ハイデガーはさらにそれを「配慮」(Besorgen)と「顧慮」(Fürsorge)に分けている(15)。田中はハイデガーの議論を，「配慮は，しばしば，方法が目的に短絡的に結びつく「成果追求」や，なんとしても目的を達成しようとする「目的合理」といった態度に連なるだろうし，顧慮は，多くの場合，方法が情況の根底にまで深く根を下ろしている「情況内方途」や，良心の呼び声に応える「呼応的方途」とでもいうべきふるまいにも，さらにハイデガーが暗示するように，自分を「もっとも固有な［存在］可能性」へと自分を開き続ける敢然性にも連なるだろう。」と敷衍している(16)。「配慮」は機能システムとしての合理性の追求につながり，「顧慮」はここで「ケア」と呼んできた人格や人と人の関係の望ましさの追求につながると言えよう。さらに田中は，「根本問題は，社会の有用性志向自体ではなく，まっとうな有用性を〈よりよく生きようとする〉力が支えているという事実を無視することである。したがって，現代の社会構造再生への道は，私たちの生の存在論的了解にかかっている。」という(17)。

だとすると，「ケア」によって学校の構造転換を図るという課題は，機能システムとしての学校の「有用性」の根底に，それを支える「〈よりよく生きようとする〉力」を再確認し，「有用性」の内実を転換していくことを要件とする。今日の学校におけるいじめや不登校，さまざまな差別や不条理な状況は，「私たちの生の存在論的了解」を迫っているのである。近代公教育が保持してきた「教育」という概念の拡張が，教職員の多様化という現象をもたらしているということもできよう。鈴木は学童保育において「外的に求められる〈教育〉の論理とは異なり，子どもたちのありのままを肯定する〈ケア〉を前提としたうえで，〈ともに居続ける〉場における意図的な働きかけとその更新による共生教育の実践」の重要性を指摘し，そのような学童保育実践が学校との連携や協働を深めることが重要であり，「共生を志向する学童保育実践の周縁性・異質性が，学校の中に「多様な形の暴力からの自由を保障する」(同上)〔仁平(2018：47)—引用者注〕ような空隙を生み出すことで，〈教育〉を抑制することになるだろう」という(18)。

以上のような「ケア」の哲学は，子どもに関わる仕事が教育と福祉さらにはさまざまな専門職へと分化する以前にある共通基盤である。「教育的関係が家庭やコミュニティにおける子育てという次世代育成機能のもとにあった時代には，他者への配慮としての〈ケア〉は教育的関係の中に含みこまれていた」といわれている[19]。スクールソーシャルワーカーとの関係でいえば，根底には「教育と福祉の不可分性」があり，教員の専門的力量に福祉的な視点が求められるだけでなく，児童福祉サービスの中に学習権保障の視点が必要なのである[20]。多様化した教職員には，多様化したからこそ「生きづらさとしての困難経験への共通感覚」[21] が求められる。多様化した教職員が協働し，学校教育の諸問題を解決できるかどうかは，このような意味での「ケア」の哲学を共有できるかどうかにかかっているといえよう。 【水本　徳明】

〔注〕

(1) Cakir Murat「日本における学校支援ボランティアの現状と課題」『関西外国語大学研究論集』(109)，2019 年，135〜149 頁。2005 年 1 月 13 日の中央教育審議会教育制度分科会地方教育行政部会の「地方分権時代における教育委員会の在り方について（部会のまとめ）」では，「保護者・地域住民等の学校への協力」の項で「このような学校の求めに対しては，保護者・地域住民は，学校を含めた三者で子どもを育てていくという観点に立ち，子どもの教育における家庭や地域としての役割を果たしつつ，学校の教育活動に積極的に協力していくことが望まれる。」とされている。この部分は，同部会の第 15 回会議（2004 年 11 月 22 日）までは，「保護者・地域住民は，地域で学校を育てていくという観点に立ち，学校の教育活動に積極的に協力していくことが必要である」とされていた。ボランティアという自発性が公権力によって「必要である」といわれ，制度化される事態が何をもたらすかについては慎重に検討される必要がある。このことについては，池田浩士『ボランティアとファシズム－自発性と社会貢献の近現代史』（人文書院，2019 年）が示唆に富む。

(2) 東京都教育委員会ホームページ「教員の任用」(https://www.kyoiku.metro.tokyo.lg.jp/staff/personnel/screening/assignment/about.html　2023 年 10 月 9 日確認)

(3)「チーム学校」は，教育予算を確保したい文部科学省と財政支出を抑制したい財務省が折り合いをつけられる政策アイデアとして採用された。

(4) 日本の教育における公的負担は低い水準にある。中澤によれば，日本の財政危機は，「基本的には過大な歳出というより，より根本的には税収不足に起因する」(196 頁）のであり，「教育費の公的負担の問題を考えるならば，教育の公共性や公的利益という側面を広く社会に訴える必要がある」(347 頁)。中澤渉『なぜ日本の公教育費は少ないのか』勁草書房，2014 年。

(5) 文部科学省「「教師不足」に関する実態調査」2022年1月。
(6) 文部科学省「「教師不足」への対応等について（アンケート結果の共有と留意点）」2023年6月。
(7) 庄井良信「多職種協働カンファレンスの位相転換—臨床教育学の視座から—」『日本教師教育学会年報』(32)，13頁。
(8) 松原信継「スクールロイヤーと教職・教育関連専門職のあるべき連携協働—岐路に立つスクールロイヤー制度—」『日本教師教育学会年報』(32)，66頁。
(9) 保田直美「常勤での多職種協働と教員役割」『教育社会学研究』110，2022年，191〜209頁。
(10) 保田直美「学校における職業的境界の形成と専門知識・技術」橋本鉱市編『教育領域における専門業務のアウトソーシングと教育専門職の変容に関する実証的研究（最終報告）』（2017〜2020年度科学研究費補助金・基盤研究（B）一般最終成果報告書），2022年。
(11) 水本徳明「協働」日本教育経営学会編『教育経営ハンドブック（講座現代の教育経営5）』学文社，2018年，6〜7頁。
(12) 柏木智子「子どもの生と学びを保障する学校づくり—「ケア」に着目して—」『日本教育経営学会紀要』63，2021年，35〜50頁。
(13) Noddings, N., *When School Reform Goes Wrong*, Teachers College Press, 2007, p.2.
(14) ノディングズ，N.著，佐藤学監訳『学校におけるケアの挑戦』ゆみる出版，2007年（原著1992年），42頁。
(15)「現存在の存在とは，自分に先んじつつすでに（世界の内に）在るかたちで（世界の内部で出会う存在するもの）のもとに在ることを意味する。現存在のこういった存在が気遣いという名称の意味するところであり，これはあくまで純粋に存在論的かつ実存論的に用いられている。（中略）世界＝内＝存在が本質的に気遣いであるからこそ，これまでの分析でも，手許のもののもとでそれにかかずらう在りようを配慮として，世界の内部で出会う他者たちとの共同現存在とともに在るのを顧慮として捉えることができたのだった。」（ハイデガー著，高田珠樹訳『存在と時間』作品社，2013年（原著1927年），287頁）
(16) 田中智志『共存在の教育学—愛を黙示するハイデガー—』東京大学出版会，2017年，104頁。
(17) 同上，450頁。
(18) 鈴木瞬「子どもの放課後支援における〈教育〉と〈無為〉の位相」『日本教育行政学会年報』48，62〜79頁。引用文中での仁平(2018)は，仁平典宏「〈教育〉の論理・〈無為〉の論理—生政治の変容の中で—」（中国四国教育学会編『教育学研究ジャーナル』

(22)，2018 年，43〜49 頁）である。

⒆ 矢野博史「目的的行為としての〈教える〉と〈ケア〉の接続」丸山恭司・山名淳編『教育的関係の解釈学』東信堂，2019 年，127 頁。

⒇ 瀧本知加「「チーム学校」政策におけるスクールソーシャルワークの展開と教員の役割―教員の教育的力量における福祉的専門性に注目して―」『日本教師教育学会年報』(32)，51〜52 頁。

㉑ 鈴木庸裕「教育と福祉の境界を超える専門職の育成―スクールソーシャルワーカーへの期待―」『日本教師教育学会年報』(32)，38 頁。

第 *6* 章　教師の仕事

1　教師の仕事の多面性

教職は複雑で多面的な仕事である。児童生徒の立場からは，授業をしたり，学級担任をしたりする教師の姿しか目にとまらないものだが，その裏では実に多種多様な職務が組織的に行われている。

教師が独立した教室で行う授業や学級経営は，企業家や職人のような「個業」的性格の強くみられる活動である。「教育の論理」に基づき，一人の教師と特定の児童生徒という当事者間のパーソナルな関係の中で行われるこれら活動では，組織的な業務遂行をさほど必要とはしない(1)。むしろ教師個人のもつ専門的力量やパーソナリティが，業務遂行の良否を大きく規定する。一方，組織的に取り組むべき業務については，教師間で「分業－協業」体制を築いて取り組んでいかなければならない(2)。学校で働いているのは，事務職員や用務員・専門スタッフなどの少数の職員をのぞき大部分が教員であるから，教育活動を支えるさまざまな職務を分担して担うことが必要となる。公立学校の教員の場合には，さらに公教育を担う教育公務員としての特別な義務や服務も課される。以下では，これら諸特性に基づきながら，教師の仕事を整理していくこととしよう。

2　「個業」としての教師の仕事

1．授業者としての教師

教師の仕事の中心は教育であり，教育という営みの中核は授業である。どの職業についてもいえることだが，職場で居場所を確保するには，「その職場が必要とする技術・技能，仕事力を発揮する」[3] ことがたいへん重要である。授業の腕前の善し悪しは，職業人としての教師の自信ややる気と密接に結びついている [4]。授業ができる教師は児童生徒や父母からの信頼を得ることができるし，同僚からも一目置かれる存在となる。学校という職場に必要とされるのは，授業力だけでなく，のちに触れるように学級経営や組織運営上の技術・技能や能力など多岐にわたるが，こうした授業以外の仕事も児童生徒の教育という営みに結びついてこそ，はじめて意味をもつものなのである。

①「わからせる」技術　それでは，授業の腕前の善し悪しは何によって決まるのだろうか。まず素人でもすぐに気づくのが，知識を伝達する技術の善し悪しであろう。わかりやすく教えてほしい。この児童生徒の願いに応えるには，教室で発する声，黒板に書く字そのものが児童生徒にとって聞き取りやすく，読みやすいこと，そして話されている言葉，書かれている字や内容が理解しやすいことが欠かせない。また，内容を提示する順序が児童生徒の思考にそったものになっていること，児童生徒の興味を引き出すような構成が工夫されていることが肝要である。授業を計画する力，よい授業案をつくる能力は授業の腕前の善し悪しを決める重要な要素の一つである。

「魅力ある，子どもをひきつける知的な授業をするのがプロの仕事である」[5] として，授業の腕をあげるための「教育技術法則化運動」を組織した向山洋一は，児童生徒がわかり，できるようになるためのプロの教育技術を，法則として抽出しようと試みた。彼が法則化した教育技術は無数にあるが，なかでも有名なのが 15 分以内で子どもに跳び箱を跳ばせる技術である。向山式指導法の核心は，腕を支点とした体重移動を体感させることにある。それを何段階かのステップを通して体感させることで，実に 95 %の子どもに跳び箱を跳ばせることができるという。きのう大学を卒業したばかりの新任教師にでもできるノウハウが簡単に身につくというわけだから，実にたくさんの教師がこの運動に飛びついた。

だが，この方法にも限界はある。授業で教える内容の中にはマニュアル化できるものもあれば，できないものもあるし，何よりもそうして習得された断片的な技術や能力が積み重なったところで，思考力や創造力といった主体性のある学びに結びついていく保証はない。「わからせる」技術の習得は，教師の自己満足の域を出ない場合も少なくない。

②見通す技術，理解する力　「わからせる」技術は，教師という行為者の一方向的なコミュニケーション能力を問題とするがゆえに，本来の主役である児童生徒が蔑ろにされやすい。しかし，現実の授業は教師の設計通りに進むことは稀で，教師が予想しなかったような反応や質問が子どもから返ってきて，当初の目論見どおりには進まなかったり，ふとした偶然から急に授業の新しい展開が生まれたりする。授業場面はそこにいる学習者と教師との対話や相互作用によって，そのつど生み出される創造的な場としてイメージされるべきなのである。

授業中に生起する偶発的出来事を創造性に結びつけるには，そのための力量が必要である。教育実習生の授業過程を，クラス担任である経験教師と授業者以外の教育実習生に観察させて，両者の授業認知の違いを分析した研究によれば，経験教師は実習生と比べて認知の数において大きく開きがあるだけでなく，実習生が認知できない部分を数多く認知していた(6)。実習生は声が小さいとか，騒がしいとか，事象を見えるがままに即時的に認知しており，表面的で対処的認知にとどまっていた。それに対して経験教師の認知は，学習の成立を本時と次時を見据えた視野で見る，子どもの発言や行動を授業の中核的役割となるか否かの視点で判断する，子どもの思考を深めるための多様な手立てを代案として示す視点をもつ，などの傾向が特徴的であった。

教師は授業の過程で子どもの学習の様子を見ながら，さまざまな問いかけを行い，学習を支援する。子どもを授業にひきつけるための動機づけや習得状況の確認はもとより，子どもの思考を掘り下げ発展させたり，子どもが安心して授業に参加できるように受け止め，勇気づけたりもする。新学習指導要領のもとでは，対話的な学び（アクティブラーニング）を深めるために，思考の補助線を入れるなど，子どもたちの探究を助ける高度な学習支援も求められるようになった[7]。しかし，これら学習支援が有効に機能するうえで成否の鍵を握るのが教師の授業認知であるということは，いつの時代でも変わりはないはずである。

③授業実践の「一人称性」　授業者としての教師にとって教室で向かい合っている子どもたちは，「子どもとは一般的にいってこれこれの性質をもつ」という抽象的な形で存在するのではない。つねに「目の前のこの子どもは私(たち)にとってこういう存在である」，したがって「私，あるいは私たちはあなた(子ども)に対してこうありたい」，あるいは「こうせざるを得ない」といった形で存在している[8]。一人称としての教師が，二人称としての目の前の子ども(あなた)にとってどういう意味があるのかという観点から教材や教授法をつくり，解釈し，授業として構成する。

授業実践の「一人称性」は，「私－あなた」のモードというだけでなく，授業者の自己の問題でもある。『授業入門』を書いた斎藤喜博は，「授業が生きて働くようなものになるためには，教師の人間の問題が大きな要素となってくる」として，第一に「教師が，自分自身を大切にする人間になること」が重要であると指摘した[9]。斎藤は，子どもにあばれられてしまったり，反抗されてしまったりする先生の特徴として，解釈力とか洞察力とか感じ方とかが弱いこと，「頭がいたくなり，いらいらするような，くどい話し方」をすること，そして自分というものがないことがあると指摘した。

「そういう先生たちは，絵か文章をかくばあいも，自分で感動し，自分で訴えずにはいられないようなものを，脚本とか絵とか文章とかにかいたりしないで，生のもの，自分のものになりきらないものを，ひどくひややかに書いている。自分でセザンヌとかマチスとかルオーとかゴッホとかに感動しないで，他人の評価によってみるような人が多い。」[10]

教師が扱う教材の大部分は，学習指導要領によって規定され，教科書としてあらかじめ与えられている。他の授業者が創造した授業案や授業実践に学びながら，授業過程を組むことも多いだろう。しかし，たとえ教材自体が他で用意されたものであっても，それが授業者を通過して授業として現れるとき，意識されるか否かにかかわらず授業者自らの生活史や人間観，世界観，美意識などと切り離すことができないものとなる。

2．学級担任としての教師

小・中学校の教師は教諭として教壇に立てば，自分の学級をもち，その学級の教育活動（授業や学級運営）を担当するのが当たり前とされている。学級担任をはずされて損害賠償を請求した例[(11)]もあるぐらいで，教師にとって学級経営は重要な意味をもつし，またその成否によって自らの力量を問われることにもなる。

学級経営は４月から３月までのサイクルで動く有機的な流れである。担任教師は４月の「学級びらき」に始まり，さまざまな創意工夫を注ぎ込んで「学級づくり」を行う。その過程で学級の児童生徒が自らの学級を準拠集団と考え，学級で行われる活動すべてに活き活きとした意味を見いだせるようになれば成功である。担任教師は学級全体が目指す目標を掲げ，児童生徒を組織化し，自主的な活動が活発に行われるようにサポートする。

児童生徒の学習・生活指導や相談活動，学級事務，父母との連携や教室環境の整備などは，すべて学級経営に密接に関わってくる。ときには経営に失敗して学級内の教育活動が破綻してしまうようなこともあり（いわゆる「学級崩壊」），学級経営には細心の配慮が必要とされる。学級担任が「学級びらき」に当たって，学級経営案を作成して学級内の児童生徒の実態や特質，学校全体の方針などを考慮したうえで，一年間の学級経営の目標や基本方針をあらかじめ設定して臨むのも，学級をよりよく運営していくための一方策である。

①学級経営の包括性　下村哲夫は学級経営概念に関する諸説を，「学級経営と学級教育との関係」という視角から次の三つに分類している[(12)]。

ア．学級経営・機能論：学級経営を学級教育の目的を効果的に達成するため

の条件整備と捉える立場（宮田丈夫，吉本二郎など）

イ．学級経営＝経営主体活動論：学級経営を学級教育から教科指導を除いたすべての活動，すなわちアに特別活動をはじめとする訓育の機能を加えたものとする立場（細谷俊夫など）

ウ．学級教育＝学級経営論：学級を単位とするすべての教育活動および学級担任としてのすべての職務を総称するものと捉える立場（いわゆる「学級づくり」論はほぼここに含まれる）

学級担任が学級における教育活動のほぼすべてを担当する初等教育段階では，ウの立場が教師の実感に即しているだろうし，教科担任制に基づく中等教育段階ではアやイが妥当するかもしれない。しかし，いずれにしても学級における教育を，教授活動にとどまらず，そこにおける人間形成機能まで包括するもの（「学級教育」）と捉えたうえで，その「運営」の在り方を問うのがわが国の学級経営論の特徴であり，授業の円滑な運営を阻む要因（渋滞要因）の研究から端を発するアメリカ流の教室経営（classroom management）(13) の考え方とは，かなり様相が異なるものといえる。

学級経営の包括性は，何よりも安定的持続的な教師と学習集団との関係を前提とする。そもそも，「学級編制等ニ関スル規則」（1891 年）のもとで学級が初めて制度化されたときから，学級とは「一教師」「一教室」のもとでの「一団ノ児童」を示す概念であった。こうした教師と児童集団，あるいは児童相互の緊密なつながりは，ときには「学級王国」とも呼ばれて，その閉鎖性・排他性が批判されることもあるが，総体的にみれば学級規模などの条件面における不利を補う，効果的な教育方法と評価されてきた。

学級を担任する教師が道徳や生活指導を担当するのが原則とされるのも，日頃から児童生徒の実態を最もよく理解しており，また児童生徒に対する影響力が強いために，教育効果が高いと考えられているからである。道徳にしても生活指導にしても，授業の時間内で達成されるものではなく，日々の生活のさまざまな場面の中で機会を捉えながら行われる必要がある。学級経営とはいわば，そうした学級担任による臨機応変的な教育活動の場ともいえるのである。

最近頻繁に報告されるようになった「学級崩壊」やいじめ，不登校などのいわゆる教育病理は，こうした学級経営の訓育的側面を忌避する児童生徒の実態を浮き彫りにしている（森田洋司のいう「グレイゾーン」の存在など[14]）。従来型の学級経営の見直しを迫る声もしばしば聞かれるようになったが，こうした声は，ともすれば現行の制度的枠組みを維持したままで，何とか教師の「頑張り」で解決するといった安易な結論にも結びつきやすい。個別最適化が叫ばれるのと同時に「心の居場所」（文部省「登校拒否（不登校）問題について」の調査研究協力者会議最終報告より）が要請されるといった情況が続く中で，依然として学級経営への期待感は根強く維持されているのが現状である。

②学級経営の効果　学級は学校の最も基礎的な学習集団であり，学習活動の多くは学級で行われている。小学校では学級担任教師が学級の授業のほとんどを担当しており，学級経営との関連性が強くなるのは当然であるが，教科担任制をとる中学校でも学級経営の良否が授業の成果を左右する側面が強い。片岡徳雄によれば，授業活動（インプット）によって生じる教授効果（アウトプット）は，学級の集団構造・集団規範と密接な関わりをもつ[15]。例えば，互いに相手のよさを認めようとする規範をもった学級集団の中では活発な授業が展開するであろうが，逆に相手の欠点や弱点を非難するような場合にはのびのびとした活動は望めないということである。

この学級集団の構造や規範などを総称して，雰囲気や風土，文化などと呼ぶこともある。学級風土は学級を構成するさまざまな要素の相互作用によってつくり出される。児島邦宏は，学級風土を生み出す要因として次の四つを挙げる[16]。

ア．意図的・制度的な文化：学級目標，級訓，学級のきまり，日課表，指導内容など

イ．教師のパーソナリティ：教師の教育観・指導観・子ども観・指導法など

ウ．児童・生徒（集団）のパーソナリティ：学習活動，人間関係，生活のルー

ルなど

エ．教室環境：施設・設備・教具，掲示・展示，学習コーナー，地域環境など

学級集団の雰囲気やモラールは，リーダー，すなわち学級担任の行動様式の特性に規定されることが多い。レヴィン（Lewin, K.）は，「民主的」リーダーの集団はモラールが高く協同的，友好的であり，リーダーが不在のときでも自主性，独立性を示すとして，集団の凝集性，生産性のどちらにとっても最も望ましいとした[(17)]。フランダース（Flanders, N.）らは，教室内での教師と生徒の発言をカテゴリー分類によってコード化し（表6－1），学級風土に影響を与える教師の型を抽出している。それによれば，「間接的影響」の教師，すなわち子どもを支持し受容するはたらきかけ（発言）をする教師の学級では，子どもの積極的な学習態度が促され学習効果が高まるという。

③教師の無意識的教育行為　授業効果に影響を与えるのは，教師が意図的に行う「経営」ばかりではない。教師のなかば無意識的な教育行為が，授業の円滑な遂行に重要な役割を果たしている。例えば授業場面では，教科の知識という正式なカリキュラムとともに，退屈な時間を黙って耐えること，教師の期待するように反応することなどが暗黙のうちに要求され，伝達される。ジャクソン（Jackson, P.W.）はこのような仕組みを潜在的カリキュラム（hidden cur-

表6－1　フランダースらによる授業分析のカテゴリー

教師の発言	間接的発言	1	生徒の気持を受け入れる
		2	賞賛し，勇気づける
		3	生徒の考えを受容し，使用する
		4	質問する
	直接的発言	5	講義する
		6	指示や命令を与える
		7	生徒を非難したり，教師の権威や行動を正当化する
生徒の発言		8	教師の指名による生徒の発言
		9	生徒の自発的発言
その他		10	沈黙と混乱

出典：小野浩「集団としての学校」湯沢雍彦ほか編『社会学セミナー』第3巻，有斐閣，1972年，317頁

riculum）と命名した。潜在的カリキュラムは，顕在的カリキュラムを伝達する際の「潤滑油」[18]として，授業が「正常」に成立するうえでの前提的約束事となっている。その一方で，特定の文化的価値や人種・性・階級などの差別が，「当たり前」意識のもとで暗黙のうちに伝達されることも多く，マイノリティの進路選択の幅を狭めることなどが問題視されている。

教師がもっている判断枠も，意図せざる教育効果を及ぼすことがある[19]。教師が判断枠を用いて児童生徒を何らかの類型化によって把握し，それに応じた指導を行うことは，多くの生徒を同時に処遇するための，いわば必要悪ともいえる方法である。しかし，こうした教師のもつ判断枠が「よい生徒」や「問題児」をつくり出してしまうことがある。ピグマリオン効果の実験は，教師の生徒への期待が予言の自己成就として機能し，実際に生徒の学業成績を向上させることを明らかにした。その反対に「問題児」と類型化された生徒は，ますます細かく態度を注意されることから，やがて誰の目にも「問題児」と映るようになり，それが「事実」として認定される。このような，逸脱のカテゴリー付与が逸脱者を生み出す社会過程はラベリングと呼ばれている[20]。

教師が類型的な児童理解や，「良い」－「悪い」といった一元的評価傾向に陥りやすいのは，そもそも集団としての児童生徒，それも 30 ～ 40 人の集団を対象とするときに，そのすべての子どもに同様の注意を配分し，個別の理解を形成することが困難なためである。しかも限られた時間内で一定の教育課程を消化するには，教師の授業展開を援助できる子どもを使いながら授業を進めざるをえない。このため，学業成績の高い子どもを軸にした授業の展開や集団運営がなされ，反対に「できない子ども」はいっそう固定化されてしまうことになる[21]。ただし判断枠も教師によって個人差はあり，枠組みが「学力の優劣」などに限定されている（ものさしの数が少ない）教師と比べて，枠組みの数が多い教師のほうが，「ある枠組で劣位に置かれた子供が他の枠組では優位に置かれる，という可能性が増大する」などの積極的側面がみられることが指摘されている[22]。

3 「分業－協業」としての教師の仕事

1．学校組織の中の教師

現実の学校は，教え，指導するという狭義の教育活動のほかにも，しつけ・生活指導や進路指導，青少年の健全育成，環境美化，広報活動，経理・庶務活動，生涯学習，社会福祉，地域振興などの多様な活動に否応なく従事させられている。こうした仕事を個人や委員会組織に割り振り，分担・責任の所在を明示するのが校務分掌である。

校務分掌には「個業」以外のいわゆる雑務を分担するという消極的な意義だけでなく，学校が組織的効率や効果を達成するための組織的合理化という積極的意義もある。小規模校を除いて多くの学校では，校長・（副校長）・教頭→主任（主幹）→教職員という命令系統（ライン）と，保健主事，生徒指導主事，進路指導主事，研修主任などの助言・参謀系統（スタッフ）とを組み合わせた「ラインとスタッフの組織（line and staff organization）」を基本原理とした校務分掌が組まれている[(23)]。ライン組織のメリットが命令系統の一貫性であるのに対して，スタッフ組織は専門家による「創造的役割」の発揮が身上である。「ラインとスタッフの組織」は，公教育という公的職務の適切な遂行と，教育という創造的営みの双方が要請される，学校という組織の特異性に見合った組織形態と考えられている。

授業や学級経営といった「個業」的な仕事についても，組織の中で「協業」的に取り組まれる部分がある。学校内で教師相互が授業を研究し合う校内研修の取り組みや，同一学年の学級担任教師がともに取り組む学年経営，そして学校行事など学校全体で取り組む教育活動などがそれである。生活科や「総合的な学習の時間」などで学校内外の体験的活動を組織したり，外部講師を招いたりする機会も増えており，また小学校高学年への教科担任制の導入が進められるなかで，複数の教師や学級が共同して授業に取り組む必要性はますます高まっている。

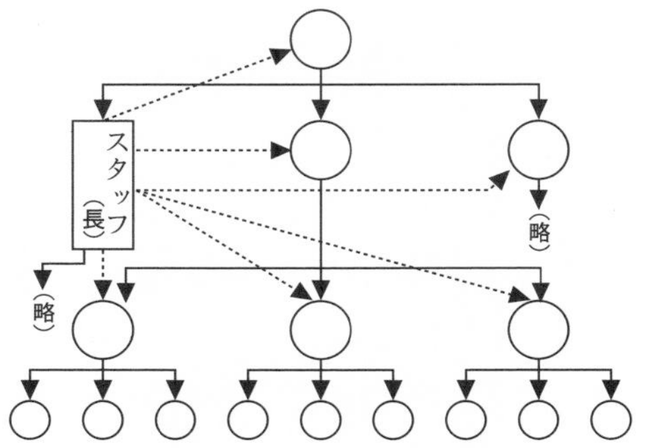

注：実線は命令系統，点線は助言・勧告の系統を示す。

図6－1　ラインとスタッフの組織

出典：原澤芳太郎「組織の構造」高柳暁・飯野春樹編『新版経営学(2)管理論』有斐閣，1991年，54頁

①校務分掌組織　校務分掌について現行法は，各学校において「調和のとれた学校運営が行われるためにふさわしい校務分掌の仕組みを整えるものとする」（学校教育法施行規則第43条）と規定している。分掌組織の名称等は学校によってまちまちだが，大概の学校には次のような組織が設けられているようである[24]。

ア．職員会議，各種委員会，学年会など学校の意思決定にかかわる組織

イ．学習指導，生活指導，保健安全，教育事務など教務・教育活動にかかわる組織

ウ．庶務，会計，管理事務など教務外の事務にかかわる組織

エ．研究，研修にかかわる組織

学校にはこれらの組織を細分化した単位業務が，学校規模の大小にかかわらず60ないし70もあるといわれる[25]。そのため同一の教員が学年主任を務めるほか，企画委員会・学校保健委員会のメンバーとなり保健給食部のチーフをやり，研究部では生活，視聴覚部に属し，生活指導部では安全指導，標準検査を担当するなど，さまざまな役割を同時平行でこなすといった状況が生まれてくる。企業や官庁の組織が一人一役主義をとり，営業部長が総務課長を兼任し

たり，工作課の係長だったりということはありえないことを考えると，上に述べたような「一人多役主義」は，学校組織特有の業務遂行のスタイルといってもよい。

以上述べてきた業務遂行スタイルが教職員の勤務を質量ともに増大させて，子どもと関わる時間を圧迫していることについては，これまで繰り返し批判されながらも，大きな動きにはつながることはなかった。しかし 2010 年代後半からの「働き方」改革は教育界にも多大な影響を及ぼし，教師の仕事の在り方にも変革の兆しが見えてきている。

②「働き方改革」と業務改善の現在　教員がいわゆる本務とされる教育指導面以外に，校務分掌を含め多様な仕事を担わざるを得ない状況については，「働き方」改革の文脈でいわゆる「ブラック教職問題」がクローズアップされたことなどにより，一定の改善が進んでいる。一つは，第 5 章でも詳しく紹介した，新たなサポート・スタッフの導入である。日本の学校組織は，諸外国と比べても教育職が占める割合がきわめて高い。教員が児童生徒の教育指導面だけでなく福祉的な役割まで担うのは，日本型学校教育の強みであるとも言われる(26)。しかし，多様化・深刻化する児童生徒の課題に対応するためには，教育や生徒指導の専門性を有するだけでは十分対応できないことも多い。近い将来にAI やロボットの発達により特定の職種では雇用が減少することが見込まれる一方で，Society 5.0 の実現のための「持続可能な社会の創り手」を育むことが要請されるなど，教員の専門性だけでは十分に対応できない現代的課題も山積している。課題対応への専門的なサポートに加えて，教員の業務を補助するスタッフの配置も徐々に進んでおり，教員が本務により多くの時間を割くことができる環境は整備されつつあるといえる。

第二として，教員の労働時間の管理の必要性が強く認識されるようになり，具体的な取り組みも進められていることがある。2019 年に策定された「公立学校の教師の勤務時間の上限に関するガイドライン」では，教員の時間外勤務の目安は 1 か月で 45 時間，1 年間で 360 時間以内とされており，これは改正労働基準法の定めと同程度の規制内容である。公立の義務教育諸学校等の教育職員の給与等に関する特別措置法が適用される公立学校の教員の場合は，いわゆる「超勤 4 項目」以外の時間外労働は行なわないこととなっているが[27]，現実には 4 項目以外の時間外勤務が「自発的勤務」として行われてきた経緯があった[28]。今回の改革では，労働基準法における「労働時間」にはあたらない教員の勤務を「在校等時間」として新たに把握し，法的罰則は伴わないまでも他の労働者の「労働時間」並みの時間規制を適用した点で，労働条件の改善に大きな前進が見られたといえる。

じっさい 2022 年度に文部科学省が行った教員勤務実態調査によれば，平日 1 日あたりの勤務時間は公立小学校教員が 10 時間 45 分，公立中学校教員が 11 時間 1 分で，いずれも前回調査（16 年度）より約 30 分短くなり，土日の勤務時間も大幅に減ったことがマスコミ等でも大きく報じられた。主な要因は部活動指導と学校行事に関わる時間が減少したことで，部活動指導員の配置促進や休養日の設定，土日の部活動の地域移行などの一連の改革が効果を上げはじめたものと評価されている。一方で，超過勤務が，「過労死ライン」に相当する月 80 時間を超える教員が依然として小学校で 14.2%（前回比 19.2ポイント減），中学校では 36.6%（同 21.1ポイント減）存在することや，国の指針で上限とする「月 45 時間以上」の教員が中学校で 7 割を超えることが課題とされた。コロナ禍での行事見直しが一時的なものである可能性や，業務改善が期待されるほどは進んでないことも課題視されており，デジタルトランスフォーメーション（DX）を本格化させて，紙の書類作成を他国なみに省力化していくことが業務効率化の鍵を握るとの指摘もなされている[29]。

「働き方」の改善は，組織の問題であるとともに，教師の意識改革の問題でもある。教員の「働き方」改革について検討した中教審は，その答申の冒頭で次のように述べている。「‘子供のためであればどんな長時間勤務も良しとする’という働き方は，教師という職の崇高な使命感から生まれるものであるが，その中で教師が疲弊していくのであれば，それは‘子供のため’にはならないものである。教師のこれまでの働き方を見直し，教師が日々の生活の質や教職人生を豊かにすることで，自らの人間性や創造性を高め，子供たちに対して効果的な教育活動を行うことができるようになるという，今回の働き方改革の目指す理念を関係者全員が共有しながら，それぞれがそれぞれの立場でできる取組を直ちに実行することを強く期待する」（2 頁）。

中教審が新たに示したワーク・ライフ・バランスを大事にする働き方は，かつては「でも・しか」や「サラリーマン」教師などと揶揄されることもあった。しかしながら，生活上のさまざまな制約や節目を乗り越えることで教師として一まわりも二まわりも成長し得るという，キャリアプロセスの考え方には適合的であると筆者は考えている。

③教師のキャリアプロセス　教職にはさまざまなターニングポイント（転機）がある。私立学校教員には職場が変わることはほとんどないが，公立学校の教員は数年ごとに人事異動があり，勤務校が変わる。40代ぐらいの中堅教員ともなれば，教務や生徒指導上のリーダー的な役割を果たす主任になったり，指導主事などの行政職を経験したりする者も多くなる。なかには教頭，校長などの管理職になる人もいるだろう。また結婚や育児経験などプライベート面の変化もある。こうしたターニングポイントは教師に新たなステージを用意し，力量形成や教育観の見直しなどのきっかけを与えてくれる。

山﨑準二らが教師としてのターニングポイントについて教師を対象に行った調査によれば，それまでの指導方法や技術が通用しないような子どもたちに出会ったり，校内暴力等の荒れに遭遇するなどの新たな状況に直面したりするなどの「教育実践上での経験」と，「学校内でのすぐれた先輩や指導者との出会い」の 2 項目に対して，力量向上の契機となったとする回答が集中した[(30)]。経験年数の比較的多い教師になると，「プライベートな面での変化」や「職務上の役割の変化」の項目への支持も増加する。「プライベートな面での変化」として，とくに重要なのは育児経験である。自分の子どもが生まれたことによって，自らの教育実践に変化があったと回答した教師は非常に多い。女性教師については，家事や育児の負担が増して離職するなどの「変化」も含まれる。

「職務上の役割の変化」は，学年主任，教務主任などの各種の主任職，校長，副校長，教頭，主幹といった管理職，あるいは指導主事や教育委員会事務局などの行政職の勤務経験などが大きい。子どもに対する指導だけでなく，同僚教員に対して指導や助言を行う立場に立たされた経験，学校組織の全体や地域の教育行政にまで視野を広げて考える経験などが，授業者としての力量に加えて学校経営面での力量を身につける契機となっている。その意味でも，主任等のキャリアを負担増加と考えるのではなく，中堅教員が自らの資質を向上する契機として，積極的に捉えていく姿勢が大切であろう。

2．教育公務員としての教師

①服務義務　公立学校の教師は，教職という職務を遂行することに加えて公務員，とりわけ教育という特殊な職務に携わる教育公務員としての，特別の服務義務が課される。公務員としての服務義務は，大きく職務上の義務と身分上の義務に分けることができる。

職務上の義務は，主として勤務時間内に職員が職務を遂行するにあたって守らなければならない義務である。服務の宣誓を行い，全体の奉仕者として公共の利益のために勤務する，公務員としての雇用関係に入ることを受諾すること，法令等および上司の職務上の命令に従うこと，勤務時間内は職務上の注意力のすべてを職務遂行のために用いるべきことなどが，法律に定められている。このうち職務専念義務は，法令や条例に基づいて例外的に免除されることがある。例えば，休職・停職，任命権者の承認を得て教育に関する他の職に従事する場合や所属長の承認を得て研修を行う場合などがそれである。

身分上の義務は，勤務時間の内外を問わず，職員がその身分を有するかぎり，職務の遂行とは関わりなく当然に守らなければならない義務である。信用を失墜するような行為の禁止や，職務上知りえた秘密を漏らしてはならないこと，ストライキやサボタージュなどの争議行為の禁止は，地方公務員に共通する義

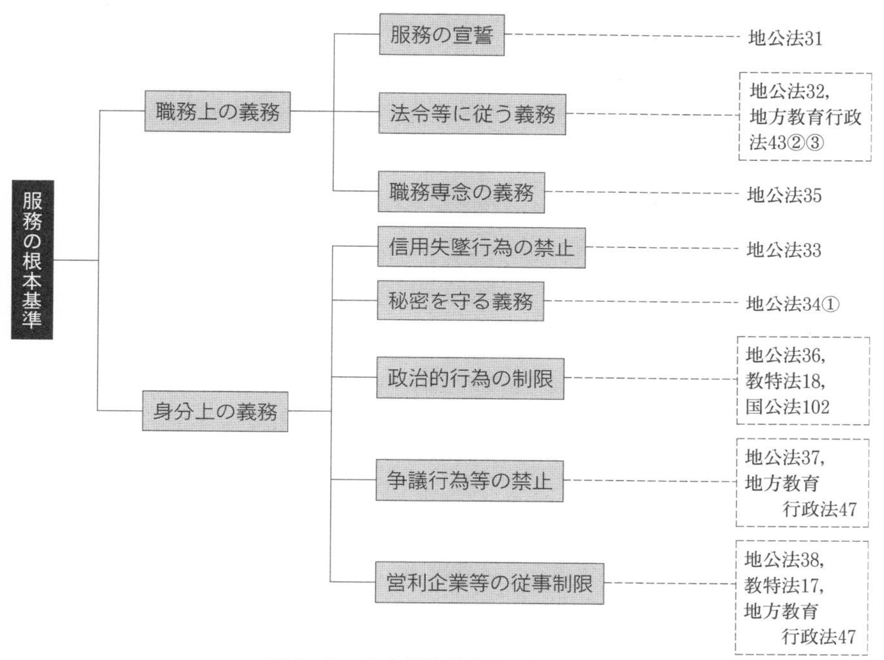

図 6－2　公立学校教職員の服務義務

務である。教育公務員の場合は，これらに加えて，政党その他の政治的団体の結成に関与したり，役員となったり，団体への勧誘運動をしたりする「政治的行為」について，国家公務員なみの制限が加えられる。一方，「営利企業等の従事制限」は教育公務員に対する特例が認められており，教育に関する他の職を兼ねたり，教育に関する他の事業・事務に従事したりする際に，他の公務員のような人事委員会の定める基準による必要はなく，任命権者限りの判断で許可できることになっている。

公立学校以外の教職員については，当然のことながら公務員関連法規に規定された服務義務は適用されない。他の労働者と同様に労働組合法が適用されるので，争議権も保障されている。ただし，業務命令に従うことや職務に専念することなどは，一般雇用関係でも就業規則等によって規定されており，正当な理由なく拒否したときに処分の対象となることは避けられない。

②分限処分と懲戒処分　服務義務等の法律上の規定に基づき，一定の事由がある場合には，教職員の意に反する身分上の変動をもたらす処分がとられる。処分は分限処分と懲戒処分の大きく二つに分かれており，前者が職員の道義的責任を問題にしないのに対し，後者がそれを問題とするのが大きな違いである(31)。

分限処分は，公務の能率の維持向上の見地から行われるもので，その事由についてとくに本人の故意または過失によることを要しない。事由としては，勤務実績不良，心身の故障，職に必要な適格性を欠く場合等が，地方公務員法第28条に法定されている。処分の内容には，免職，降任，休職，降給がある。

懲戒処分は，公務員の義務違反に対して課す制裁であり，教職員にとって重大な身分上の不利益処分となるために，その行為が本人の故意または過失によることを要する。懲戒の事由は，法令違反行為，職務上の義務違反・職務怠慢，全体の奉仕者たるに相応しくない非行のあった場合に限られる。処分の内容には，免職，停職，減給，戒告があり，停職や免職は退職手当等の支給に影響する場合がある。

不利益処分については，不服申立てや訴訟も可能である。また処分の厳密かつ公正な運用を期するために，その事由は法律または条例で定められなければならないとされている(地方公務員法第27条)。したがって，法定された事由のいずれかに該当しないかぎり，みずからの意に反する不利益処分をうけないという意味では，身分保障の役割を果たすものでもある。

③人事行政の新しい動き　その一方で，過度な身分保障のために，教職を遂行するうえで不適格な教員の存在が見過ごされているという指摘が，近年多くなされるようになった。勤務実績の悪さや不適格を理由として降任，免職の分限処分を受けた事例は全国でも毎年10件程度にとどまっており，教育現場の実態と比べて少なすぎるというものである。こうした批判に応えるために，中教審は1998(平成10)年9月に「教員としての適格性を欠く者」が子どもの

指導にあたることのないよう人事上の措置をとるとともに，教育委員会において「継続的に観察，指導研修」を実施し，必要に応じて分限制度を運用すべきと答申し，また教育改革国民会議は 2000（平成 12）年 12 月の「教育改革国民会議報告―教育を変える 17 の提案―」の中で，指導等が改善されないと判断された教諭などについて，他職種への配置換えを可能にする途を広げ，最終的には免職などの措置を講じることを提言した。2002 年度からは，地方教育行政の組織および運営に関する法律の一部改正によって，指導不適切な教員の行政職などへの配置換えが可能となったが（47 条の 2），判断基準のあいまいさや運用面の難しさなども課題となり，あらためて中教審は 2005（平成17）年 3 月と 2007（平成 19）年 3 月の答申において，指導が不適切な教員の人事管理の厳格化等に関する提言を行った。

以上のような経緯を経て 2007（平成 19）年 6 月に法制化されたのが，指導改善研修である（教育公務員特例法第 25 条）。この制度のもとで任命権者は，児童生徒への指導が不適切であると認定した教員に対して，指導の改善を図るための研修を実施することが義務づけられることとなった。研修の期間は 1 年間（特に必要があると認めるときは 2 年を超えない範囲で延長可）とし，研修を受ける者の能力，適性などに応じて計画書を作成して研修を行い，研修終了時には指導の改善の程度に関する認定を行う。認定にあたっては，教育委員会規則で定めるところにより，教育学，医学，心理学などの専門的知識を有する者や保護者の意見を聴くことが義務づけられており，公正さや適正さを確保するよう配慮もなされている。そのうえで指導の改善が不十分でなお児童等に対する指導を適切に行うことができないと認められた場合には，免職その他の必要な措置を講ずることを任命権者に義務づけたのである（25 条の 2）。改正法施行にあわせて文科省は，各教育委員会が改正法の趣旨に則った人事管理システムを整備して全国的な教育水準が確保されるように，2008（平成 20）年 2 月に「指導が不適切な教員に対する人事管理システムガイドライン」も策定している。

指導が不適切な教員に対する施策を国が制度化したことによって，それまで懸念されていたような校長や教育委員会による恣意的な判断や一方的な評価が行われるおそれはある程度解消されたといえる。しかし，研修という形はとられていてもやはり教員の身分保障に関わる制度である以上は，慎重な運営が行われているか今後も注視していくことが必要であろう。いずれにしても，教師一人ひとりは制度による外からの圧力をまつまでもなく，自律的に指導力向上に努めていくということが重要である。　【平井　貴美代】

〔注〕

⑴ 榊原禎宏「学校経営の組織構造」堀内孜編『公教育経営学』学術図書出版，1996年，115頁。
⑵ 堀内孜『学校経営の機能と構造』明治図書出版，1985年，109～114頁。
⑶ 森清『仕事術』岩波書店，1999年，149頁。
⑷ 前原武子「教師の効力感と教師モラール，教師ストレス」『琉球大学教育学部紀要』第44集Ⅱ，1994年，341頁。
⑸ 向山洋一『授業の腕をあげる法則』明治図書出版，1985年，118頁。
⑹ 生田孝至「授業を展開する力」浅田匡ほか編『成長する教師』金子書房，1998年，43～44頁。
⑺ 経済産業省「『未来の教室』とEdteck研究会　第1次提言」2018年6月，11頁。
⑻ 宮崎清孝「心理学は実践知をいかに越えるか」佐伯胖ほか編『心理学と教育実践の間で』東京大学出版会，1998年，70～76頁。
⑼ 斉藤喜博『授業入門』国土社，1960年，73頁。
⑽ 同上，278頁。
⑾ 下村哲夫『事例考察「事件」の中の教師たち』教育開発研究所，1991年，2～9頁。
⑿ 下村哲夫『学年・学級の経営』第一法規，1982年，5～12頁。
⒀ 児島邦宏「学級経営」奥田真丈・河野重男監修『現代学校教育大事典』第一巻，ぎょうせい，1993年。
⒁ 森田洋司「私事化社会の不登校問題」『教育社会学研究』第49集，1991年。
⒂ 片岡徳雄『学習集団の構造』黎明書房，1979年，134～137頁。
⒃ 児島邦宏『学校と学級の間』（「シリーズ教育の間」第八巻）ぎょうせい，1990年，41頁。
⒄ 小野浩「集団としての学校」湯沢雍彦ほか編『社会学セミナー』第三巻，有斐閣，1972年，317～320頁。
⒅ 田中統治「潜在的カリキュラム，顕在的カリキュラム」前掲『現代学校教育大事典』

第四巻。
(19) 油布佐和子「教師の対生徒認知と類型化」『教育社会学研究』第 40 集，1985 年。
(20) ベッカー，H.S. ／村上直之訳『アウトサイダーズ』新泉社，1978 年。
(21) 秦政春「学歴社会と選抜制度」日本教育経営学会編『講座日本の教育経営』第一巻，ぎょうせい，1987 年，60～64 頁。
(22) 近藤邦夫「児童・生徒に対する教師の見方を捉える試み」『千葉大学教育工学研究』第 5 号，1984 年，9 頁。
(23) 吉本二郎『学校経営学』国土社，1965 年，146～147 頁。
(24) 水本徳明「校務分掌」岡東壽隆ほか編『学校経営重要用語 300 の基礎知識』明治図書出版，2000 年。
(25) 下村哲夫『定本・教育法規の解釈と運用』ぎょうせい，1995 年，108～110 頁。
(26) 中央教育審議会「『令和の日本型学校教育』の構築を目指して ～全ての子供たちの可能性を引き出す，個別最適な学びと，協働的な学びの実現～（答申）」，2021 年 1 月 26 日，7 頁。
(27) 教育職員の時間外勤務について，「次に掲げる業務に従事する場合であって臨時又は緊急のやむを得ない必要があるときに限る」との政令の定めが「歯止め」とされる。①校外実習その他生徒の実習に関する業務，②修学旅行その他学校の行事に関する業務，③職員会議に関する業務，④非常災害の場合，児童又は生徒の指導に関し緊急の措置を必要とする場合その他やむを得ない場合に必要な業務。
(28) 中央教育審議会「新しい時代の教育に向けた持続可能な学校指導・運営体制の構築のための学校における働き方改革に関する総合的な方策について（答申）」2019 年 1 月 25 日，45 頁。
(29)「日本経済新聞」朝刊，2023 年 4 月 29 日。
(30) 山﨑準二「教師のライフコースと成長」稲垣忠彦ほか編『日本の教師文化』東京大学出版会，1994 年。
(31) 下村，注（25）前掲書，294 頁。

〔参考文献〕

浅田匡ほか編『成長する教師』金子書房，1998 年
今津孝次郎『教師が育つ条件』岩波書店，2012 年
児島邦宏『学校と学級の間』〈シリーズ教育の間 第 8 巻〉ぎょうせい，1990 年
佐伯胖ほか『心理学と教育実践の間で』東京大学出版会，1998 年
下村哲夫『学年・学級の経営』第一法規，1982 年

第7章　教師の日常世界

1　新任教員は何を学ぶか

1．日米の新任教員が一年間に学ぶこと

日米の新任教員がいかにして「教えることを学んでいくのか」を，詳細なエスノグラフィーによって明らかにした研究がある。*Learning to Teach in Two Cultures: Japan and the United States*(1)は，英語で出版された外国人向けの著作だが，著者の島原宣男と酒井朗は日本で生まれ小・中学校を終えた，日本の事情に明るい研究者である。二人は1989〜1991年の期間，日米の小学校に赴任したばかりの教員数名ずつを選び，それぞれ一年間ずつ継続的な観察とインタビューなどを行って，この著作を完成させた。

この研究を読みながら驚くことは，日米の新任教員が一年間にたどる道筋の類似性と，その過程で学んだ「教えること」に関わる信念やノウハウのいちじるしい違いである。

日米双方の新任教員は小学校に採用される／赴任すると同時に，学級のコントロール(学級経営)の問題に直面する。特に最初の数カ月は，それまで体験したことのないような強烈な予測不可能の状況に置かれ，絶え間なく起こる多様な出来事に「即座に」対応を迫られる。アメリカの新任教員の多くは修士課程を修了し，実習も十分にこなしているが，このときの衝撃はそれほど変わらないようである。この強烈な緊張状況にたった一人置かれたとき，そこで必要とされるのは科学的な知識や技術ではなく，実践の中で生まれ，多くの教師によって引き継がれてきた「実践的知識(practical knowledge)」である。この知識を学び適用することによって，新任教員は教室の活動をルーティン化し，安定性や一貫性を確保することが可能となる。

「教師になってはじめて，教えることが何であるのかがわかりはじめた気がする」(53頁)。これはアメリカの新任教員のセリフであるが，この感覚は日本の新任教員にも共有されている(むしろ強いかもしれない)。こうして新任教員の当面の関心はもっぱら実践的知識の習得に向けられ，養成段階の知識はあまり有用でないと感じるようになる。ときには，実践的知識へ急速に傾くあまり，それまでの養成過程で培ってきた知識が「洗い流されて(washing-out effects)」しまったかのようにもみえる。

実践的知識は実用的であるというだけでなく，その時々に必要に応じて得られるため，パッケージ化されたマニュアルよりも役に立つ。しかも，先輩教師との日常的な会話や観察によって伝達されるために，得られる情報は具体的であり，教室でまさに進行中の出来事に適用するうえでたいへん有益である。大学で得られる抽象的で一般的な性格を有する理論的知識とは，正反対の知識ということもできる。

2．日米の実践的知識の違い

このように類似した過程をたどる日米の新任教師たちではあるが，そこで学ばれる実践的知識は対照的ですらある。その顕著な例は，教室内のコントロール方式の違いであろう。この問題は，日米いずれの場合も新任教員たちにとって主たる関心事となっているが，用いられる方法はずいぶん違っている。

アメリカの事例校では，学年開始時に学習や教室内の行動に関する細かい取り決めを，児童とともに話し合いながらつくったり，あるいは丁寧に説明したりして理解させる。この取り決めの中には，ルールに従い望ましい学習態度をとれば報酬が与えられ(キャンディひと摘みや自由時間が与えられるなど)，従わない場合には罰が与えられること(違反１回：警告，……，違反４回：放課後の居残り，三者面談など)も明示されている。このことは生徒だけでなく，親にも学年最初の保護者会で説明される。

アメリカの小学校の児童が教師の厳しいコントロールのもとに置かれている

ことは，私たちには意外であるが，これは事例校に限らず広くみられる現象のようである(2)。事例校の児童は，昼休みの時間を除けば休み時間といえども教師の許可なしに教室を出ることはできないし，体育館やキャフェテリアなどへの移動時にも教師の指示に従って誘導される。日本に較べると，アメリカの教室が整然として静かなのは，この方式のためであろう。ただし，ルールを決めるだけでは教室のコントロールは実現されない。運用の在り方が問題である。

> 「一たび賞罰が定められた以上，児童にルール違反を宣告する際には首尾一貫し，感情を差し挟まないこと。児童には行為の結果とは何であり，何が起こることになるのかを，厳密に分からせてやらなければならない。」(83頁)

この先輩教員の言葉に示されるように，ルールを公平に首尾一貫して適用することがポイントであり，その妨げになるような関係を生徒との間につくらないこと，すなわち「生徒と友だちにならないこと」は，効果的運用に不可欠な実践的知識となっている。

それに対して日本の教室内のコントロール方式では，望ましい生活習慣を確立させることによって，秩序を維持しているのが特徴的である。例えば，児童が背筋を伸ばして座り，目と本の間に正しい距離を保つ姿勢をとることは，「基本的」かつ「道徳的に正しい」ものであると，日本の教師たちは当然のことのように受け止める。こうした認識は教師の口から児童に伝えられ，さらに全校集会や学校行事などの集団活動の場を通じて実践されて定着する。班活動などの児童の自発的集団活動も，教師によるあからさまなコントロール抜きに，教室内のルーティンが維持される装置として機能する。

日米それぞれのコントロールに関わる実践的知識は，内容こそ異なるが，いずれも教室内の秩序を維持するうえで有効なものなのである。

3．実践的知識が維持される仕組み

しかし，なぜ日米の学校ではそれぞれ違う実践的知識が学校内で維持されているのだろうか。その理由は，先に述べたように，この知識が特定の状況（コンテクスト）において極めて有用であり，しかも当該国・地域における教育の目的，学校に対する社会的期待，あるいは文化と深く関わっているからである。アメリカのコントロール方式は，教育の目的（原則に基づき，自己規制する，独立した人格を育成する）や，学校の役割（もっぱら認知的側面を担当，そのほかは家庭の仕事）と整合的である。日本の場合は，それに較べると関連性が見えにくいかもしれないが，包括的教育目標（全人的発達を促す）が集団活動などのさまざまな活動を促し，その集団活動によって身体的コントロールが実現されるというように，やはり密接につながっている。教師と児童，児童と児童の間の「きずな」や「かかわりあい」を重視する「人間関係的」アプローチや，その「きずな」を前提として推進される児童の自治活動も，生徒を学習に動機づけ，集団内の相互依存性や協力を促進するうえで極めて有効な手段である。

このように，有用であるがゆえに学校内に維持されている実践的知識は，新しい成員（親任教員）にも伝達されていく。この過程を著者たちは「徒弟制（apprenticeship）」と呼ぶが，この命名の優れたところは，学校という作業場で伝統的な技術が習得されていく過程を言い当てているだけでなく，日米の違いが「徒弟制」の形態の差異としてイメージできる点にある。例えば，教え方，学び方のスタイルの違い。アメリカの場合には，技術を教え込んだり，新任教員が積極的に聞きまわって会得したりするのに対して，日本では見て覚えることが当然とされ，積極的に教え込むようなことはしない。この日本のやり方は，われわれにはなじみ深い「徒弟制」の親方と弟子との関係を彷彿とさせる。

実践的知識が伝達される際の相互作用の質や頻度についても，日米ではかなり違いがある。日本の小学校ではフォーマル・インフォーマル両面での教師の付き合いが密である。これは職員室があることや，学年や全校単位の行事があることなどの学校の物理的構造や教育形態とも関係する。それに対してアメリカでは，教師は学校に出勤すると直接自分の学級に向かい，授業が終わればそのまま帰る。全校単位の行事はほとんどなく，運動会や遠足などはせいぜい学年単位で行われるだけである。職員間のつながりも小さなグループ単位であり，新任教員は自ら働きかけなければ，先輩教員と接触することも難しい。放っておくと新任教員は必要な知識を学ぶ機会が得られないので，彼らとペアを組む「バディー」という教員を設定することが多い。「バディー」は年齢的には新任教員とほとんど変わらない2～3年程度の経験をもつ教員であるが，新任教員が必要とする実践的知識の主たる情報源となっている。日本の新任教員が多様な場面で，さまざまな先輩教員から情報を仕入れるのとは，対照的であろう。

日本の場合は，教員間に平等主義的エートスが存在するため，新任とはいえども「一人前」の教師に対して，あからさまな指導を加えることははばかられる。その代わりに，新任教員には先輩の技術を見て「盗む」ことが暗黙のうちに期待される。新任教員たちはモデルを日常的に観察し，その技術を必死に習得しようと努めるが，その過程で技術だけでなく先輩教員が保持する文化もそっくり引き継がれている。この過程こそが新任教員たちの「能力」を向上させるのだという信念が，日本の教員間には存在すると著者たちは分析する。

4．学校の日常をしばる文化

一定の社会生活が成り立つには共有された意味世界の存在が前提となる。学校組織の場合を考えれば，教師文化やコードと呼ばれる特定の意味づけの仕組みが，学校の成員の中で共有されていることがこれに当たる。意味世界は行為者がそれを前提として相互作用を行い，あるいは協働活動を行うことによって維持される。新任教員が「徒弟制」と呼ぶ過程を通じ先輩教員から実践的知識を学ぶことは，同時に，その社会（学校）に相応しいメンバーにつくりかえられる過程なのである。

意味世界の共有度は強まれば強まるほど協働活動が円滑に行われるようになるが，そのことは諸刃の剣でもある。新任教員に伝達される実践的知識はかつて自分が生徒であったときに慣れ親しんだものでもあるから，「これにコミットする際に，個人的葛藤やジレンマを感じることはほとんどない」（211頁）。そのため，共有された意味世界を相対化することには困難が伴う。「徒弟制」

的学習形態は，「教師文化に根ざしていないイノベーションを学ぶには非適応的」(54頁）なのである。

「自分が教わったように教えるな」。これは，筆者の大学時代の恩師が繰り返し説かれていたセリフである。実践的知識も教師文化も，役に立つ反面で弊害も存在する。次節では，その両義性について詳しく述べていく。

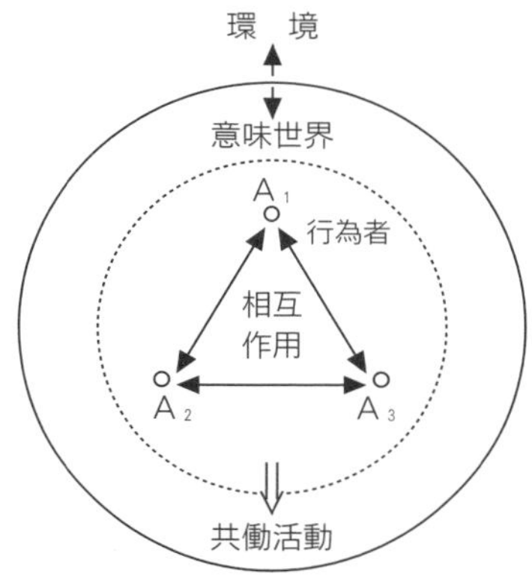

図7－1　社会生活の構成要素

出典：宝月誠『逸脱論の研究』恒星社厚生閣，1990年，245頁

2　文化というシステム

1．教師文化の両義性

久し振りに会った同級生から「教師らしくなったね」と言われたり，旅先で知り合った旅館の仲居さんやタクシーの運転手さんから「先生ですか」と職業を当てられたりしたとき，何となく複雑な気持ちになる教員は多い。他の職業人や世間が抱く一般的な教員のイメージは，真面目で着実だけれどもスケールが小さく，偽善的，権威主義的といったように，ある種の否定的なステレオタイプ化が行われていると感じるからである。

個人のパーソナリティ・レベルの特性だけでなく，学校の教員集団がもつ雰囲気についても，ネガティヴな指摘がなされることが多い。教育内容に対する同僚等による介入を互いに排除し合う「相互不干渉主義」(学級王国はその一例）や，同僚との調和や「足並みを揃える」ことにこだわり，個人の創造的な教育行為を抑制する「共同歩調主義」などは，その代表例である[(3)]。これらの見方は，文化のもつ制約面を過度に強調したものである。

教員集団の文化的特質は，教員という職業に対応する一つの「職業文化（occupational culture)」，すなわち教師文化とみることができる(4)。「すでにその職業にある人々によって共有され理解されているところの信念，慣習，伝統，ものの考え方・感じ方や他人とのつき合い方などのセット」としての職業文化は，当該職業集団の職業的アイデンティティと深く結びついている。教師文化は性向や振る舞い方といった表層的レベルで理解されるべきものではなく，教育実践という「仕事の世界」を支える行動様式や知識の在り方と深く結びついたルールやコードとみる必要がある。

教師の仕事を，「再帰性（reflexivity）」「不確実性（uncertainty）」「無境界性（borderlessness）」の 3 点から特徴づけた佐藤学は，それら特徴から派生する教師文化を次のように分析する(5)。

第一に，「再帰性」が生みだす文化。「再帰性」とは，教えたことがブーメランのように教師自らに帰ってくることを指す。生徒に従順と忍従を教育する教師は，自らを卑屈で権威的な人格に自己教育するというように，教育実践の内容は「再帰的に」教師自らのパーソナリティ形成や教員集団の教師文化を規定する。また教育価値が本来もつ多義性により，いかに優秀な教師といえども，すべての子どもと親を満足させることはできず，理不尽な批判が「再帰する」状態に恒常的にさらされる。学校や教員集団の文化がもつ閉鎖性は，こうした理不尽な批判から自己を防御する「シェルター」の役割を果たすものでもある。

第二の「不確実性」は，教育という仕事の困難さと魅力の源ともいえる特性である。教師の日常である教育実践場面とは実は途方もなく複雑なプロセスであり，教師にはあらかじめ，なにがよい教育か，どんなプログラムが成功するか，いかなる理論や技術が有効かを確信することはできない。こうした不確実な状態に耐えられない教師は，手近な権威にすがる性向をもちやすい。既存の権力や権威への追随，模範授業のあくなき探索，徒党的な同属集団の形成とその集団内におけるボス支配とボス信仰，理論や学識に対する根底的な不信，授業の形式主義とマニュアル主義などは，この性向が生み出す教師文化である。

第三の特徴，「無境界性」は，職業に従事する時間や場所に境界がなく，子どもへの教育や指導のためにやむなく家庭や地域の問題に踏み込み，日曜日や休日を返上して公共的サービスに奔走する教師の現状を示す。すでに述べた「再帰性」と「不確実性」の二つの特性は，教師の職域を無制限に拡張し，その責任領域の境界を拡大してしまう。教育にはこれで終わりということがない。完全なる満足が得られない以上は，よりよい実践，よりよい指導のための努力は果てしもなく続くことになる。加えて日本の場合は，生活指導面や父母との関係づくりを重視する独特な指導観と相まって，学校現場の多忙化や教師の専門領域の空洞化（教材研究に十分な時間をさけない教師，授業よりもクラブ活動に生きがいを覚える教師など）をもたらしている。教師文化の規則主義や形式主義は，「無境界性」による教師の身体的・心理的な負担を軽減するための自己防衛ともいえる。

とはいえ教師の仕事の特徴が，閉鎖性や権威主義，規則主義，形式主義などのネガティヴな教師文化を一義的に生み出すわけではない。教育実践の「再帰性」は，教師が「反省的（reflexive）」に自らの実践を省察し，専門的成長を促す機会ともなり得るし，「不確実性」は教師の仕事が創造的で探求的な性格を有することを同時に表現している。「無境界性」は，校長や教員だけの力で教育の仕事を全うすることの不可能性を突きつけ，子どもや親，学校の利害関係者とともに学校をつくる動機を生み出すことにもつながる。教師文化がネガティヴなものになるかポジティヴなものになるかは，教師個人の性格や置かれた状況によって変わってくる。その一例として，次項では「多忙問題」を媒介に，教師文化の構造的特質とその多様な現われ方について考えてみることとしよう。

2．「多忙感」を生み出す構造

教師の日常は多忙である。1993年に実施された全日本教職員組合（全教）の調査によると，教師の月間仕事時間（239.0時間）は，全産業の中でもトップクラスの長距離トラック（254.5時間）やダンプカーの運転手（239.2時間）などの労働時間と同一水準であった。大阪教育文化センター教師の多忙化調査研究会が，

1994年11〜12月に大阪府の小・中・高校の教員に行った調査では，「授業の準備・教材研究」「テスト問題の採点・作成」「職員会議以外の会議・打ち合わせ」「学校行事の準備」などの仕事について，過去1カ月間に勤務時間を超えて行ったことがあった，と答えた教師が半数を越えていた(6)。

こうした多忙な日常が教師を精神的・肉体的に消耗させ，仕事に対する自信ややる気を喪失させる「バーンアウト（燃え尽き）」状態に追いやっているということは，よく指摘される。しかし，同じように多忙な環境に置かれていても，多忙感を感じるかどうか，感じていたとしてもバーンアウトに結びつくかどうかは，さまざまである。同研究会によれば，「バーンアウト度は多忙実態や多忙感あるいは教育困難との関連性をもつものの，ただそれのみに規定されているわけではなく，別の要因とも関連している」という。その見過ごせないファクターと名指しされているのが，教師文化である。教師文化がいかに多忙感とバーンアウトに関与するのか。その点について同研究会調査報告は次のように説明する。

「多忙化が教育困難を背景に増幅される契機には，多くの教師が時間外の仕事を厭わず子どもの教育困難に立ち向かうことが価値ある行為だと了解するところの志向性＝教師文化があると考えられる。また多忙でありながらもバーンアウト度の低い教師はそうでない教師と比較して教職に対する自律的姿勢が高くまた職場の同僚からの支持や援助を受け入れている場合が多いと指摘されている。」（96頁）

教師がもつ志向性（＝教師文化）や職場の仲間との関係性（同僚性）の二つが，バーンアウト等に関与しているということだが，バーンアウトを誘発する教師文化が教師という職業集団に共通してみられる特性であるのに対して，教師文化の弊害をやわらげバーンアウトを抑制するとされる職場の同僚からの支持や援助は，教師個人の性格や各学校の状態などによって多様な現われ方をする。同僚間で励まし合い支え合う雰囲気（同僚性）が職場内に醸成されていれば，自然と支持や援助を受け入れやすくなるし，そうした関係性が育っていない学校では，お互いが弧立してしまう。次節で述べるように，教師文化と上手につきあう鍵は，このあたりに見つけることができそうである。

なお冒頭で紹介した本の著者の一人，酒井朗は，日本の教師が頻繁に用いる「指導」という言葉の中に，多忙化の鍵は隠されていると指摘している(7)。アメリカの教師は自己の教育行為について，もっぱら teach や instruct という言葉を用いて説明する。teach や instruct に続く目的語は特定の知識やスキルであり（分数を teach する，作文の書き方を instruct するなど），アメリカの教師が自らの役割を教授者としての側面に限定していることがわかる。ところが，日本の教師が頻繁に用いる「指導」は，学習面だけでなく生徒指導面をも含む，広い場面で用いられる。つまり「指導」という言葉が，「学校内のすべての営みを教育的に意味づけ，教師の本来的役割に含めてしまうマジックワード」となり，「多忙な職務の実態は，学校に広く浸透するこのような指導の文化によって維持され」る仕組みとなっているというのである。

「指導の文化」は，学校の機能が知育中心である欧米型とは異なり，本来ならば家庭や地域が担うはずの機能にまで拡張された「日本型学校教育」を，教師に担わせるロジックとして有効に機能してきた反面，日本の教師の多忙や多忙感の元凶ともなっている。教師の働き方を審議した中教審は，日本の学校で慣習的に行われている業務について「業務の優先順位をつける中で思い切って廃止していく」ことを前提に，①基本的には学校以外が担うべき業務，②学校の業務だが，必ずしも教師が担う必要のない業務，③教師の業務だが，負担軽減が可能な業務を，具体的に列挙してみせた（中教審答申「新しい時代の教育に向けた持続可能な学習指導・運営体制の構築のための学校における働き方改革に関する総合的な方策について（答申）」2019年1月25日）。②に含まれる休み時間の対応や清掃，部活動などをはじめ，これまで「指導」の範疇にくくってきた教師の業務を，効果や効率性の観点から問い直す機会としたい。

3 教師文化と上手につき合う方法

1．コーピング・ストラテジー／サバイバル・ストラテジー

教師の日常世界について，本章1では新任教員が当面必要とする「実践的知識」が，教師文化と呼ばれる共有された意味世界とともに伝達される実態を描き，さらに2では，その教師文化が両義的性格を有するものであり，多忙化などの負の作用をもたらす可能性があるにもかかわらず，教師の意識にのぼりにくいメカニズムをもつことを明らかにしてきた。教師文化が負の影響を及ぼすとしても完全に実践現場から排除することは不可能であるし，たとえそうすることができたとしても，かえって教師の仕事の困難さが増すことにもなりかねない。大事なのは，教師文化の可能性と限界とを見定めたうえで，各自がそれと上手に付き合っていくことである。そこで最後に，教師文化と上手に付き合っていく方法について，思いつく限りの視点を示しておくこととする。

まず，「実践的知識」の問題である。新任教員が大学で獲得した知識よりも有用であると認識する，この「実践的知識」の正体は，学校で直面するさまざまな問題に対処し「うまくやっていく」ために生み出された，「おきまりのパターン＝対処戦略（coping strategy）」の集積である。なぜこの戦略が実践的であるかというと，教授ジレンマ（「人格形成」と「社会化」とのジレンマ）や物質的制約，教育イデオロギー（その曖昧さ，役割過剰負担，規範性と現実乖離，権力性と排他性）などの構造的制約のもとに置かれた学校や教室で，成功裡に実現した「教師の苦心の解決策」が「経験」として制度化されているからである（逆にいえば，この構造的制約を前提としない議論は空虚な理想論でしかない）(8)。

例えば，「人格形成」と「社会化」のジレンマに対する「対処戦略」の一例として，「望ましい生徒像」をめぐる戦略がある(9)。教師は生徒に対して「自発的であれ」と語る。しかし，「どんどん質問する」「自分で考え，自分で行動する」といった規範が文字通りに実現されれば，授業は混乱に陥り，学校はたちまちのうちに統制を失うだろう。そこで教師は，自由主義的・個人主義的な

「人格形成」の理想を語るのと同時に，「質問する前に挙手をする」，「自分の学習ペースに合わなくても取り敢えず目の前の授業につきあう」といったルールを設定して，「自発的に教師の望む生徒であれ」というメッセージを暗黙のうちに伝え，対処している。

制約条件がさらにきびしくなり，教師が生存上の問題に直面するような環境に置かれるようになると，「対処戦略」は教育の理念からして逸脱的なものになることさえある。例えば低成績者を抱える学校の場合，正統な教授法でやっていたのでは授業自体が成立することすら難しい。そのため教師は，授業中に冗談を言ったり人気のあるテレビ番組について話したりして，生徒との深刻な葛藤を避けるようなやり方をとる[(10)]。この戦略は，教授行為の遂行を目指すというよりも，むしろ教師が学校組織から排除されずに「生き残るための戦略＝サバイバル・ストラテジー（survival strategy）」とみることができる。戦略のねらいは，生徒ではなく教師自身の「生き残り」に向けられるので，「生徒さえいなければ教えることも悪くない」といった転倒した認識にも陥りやすい[(11)]。たとえ逸脱的であっても，教員集団に共有された文化となれば正当性を帯びてくるし，当事者にはその問題性がなかなか見えてこないのである。

サバイバル・ストラテジーは，教師が当面の危機を回避するうえでは効果的かもしれないが，その意味世界（文化）を共有しない外部から「再帰」する反応により，恒常的な危機にさらされる。「対処戦略」は，あくまでも既存の社会的・教育的構造を暗黙の前提とした「解決策」であるため，その本質は保守的で，環境の変化に対する感度はにぶい。何も考えずに短絡的に繰り返していると，「学級崩壊」のような思わぬ落とし穴も待ち構えている。危機を避けるためには，目の前の教師文化を無条件に受け入れたり，全面的にコミットしたりするのではなく，その中にさまざまな亀裂を見つけて，「些々たる仕方」で抵抗してみせること，自分らしさの感覚を保持し続けることしかないのだと思う[(12)]。

2．「同僚性」と新たな専門職規範

最近の日本では，私生活を優先して考える志向＝プライバタイゼーション(私化)が進み，従来のような同僚間の雰囲気＝同僚性が薄れつつあるが，個人主義的文化が根強く存在する西洋の学校では，協働(collaboration)の精神や同僚性が教育改革を推進するための手段として，広く導入されるようになってきた。ここでいう同僚性推進策とは，具体的には，互いの授業を見せ合って，放課後に教師全員で指導法や教師－生徒関係などについて検討を加える校内研修を行ったり，全教員を教科や学年を横断した分掌に所属させ，職員室内の机の配置もそれに対応させて日常的な交流を促したりするなどの，日本の学校ではお馴染みの手法である。

そうなると，日本の教師文化はやはり正しかった，という結論に短絡しそうだが，同じ「きょうどう」とはいっても，個を尊重した相互連携としての「協働」と，個の自律性を無視して画一性へと拘束される日本のそれは違うと指摘するのが，今津孝次郎である。今津は，日本の「きょうどう」はむしろ「共同」という言葉を当てはめて厳密に区別したほうがいいとし，両者の違いを数式化して説明する[13]。

協働(collaboration)：(1)＋(1)＋(1)＋(1)＋(1)＋……

共同(community)　：1×1×1×1×1×……

「協働」では個の合計値が加算されていくのに対して，積算される「共同」の場合には常に1しか得られない。ただ単に凝集性を高めるだけでは，実りが少ないというわけである。問題はプライバタイゼーションが進んだことではなく，もともと弊害を含んでいた伝統的「共同」文化が崩れたにもかかわらず，それに代わるべき「協働」文化が未確立であり，それに対するわれわれの問題認識も十分ではないところにある。

同僚間の関係は，それが単なる「友だち的な親しさ(friendliness)」にとどまるかぎり，パフォーマンスに結びつくことはない[14]。教師は往々にして，互いを思いやるものの，それぞれの違いについて議論をしたがらない。発言が同僚を攻撃することにつながると感じる場合には，生徒に害が及ぶときでさえ，思い切って発言することを忌避することもある。しかし，同僚間の関係がこのレベルを超えて，学習の内容や教育方法に踏み込んで議論できるようになると，生徒の学習成果にも結びついてくる。こうした本来的な同僚性や協働文化に支えられている学校は，環境の変化や学習者のニーズに柔軟に対応して，耐えざる自己改善を遂げることができるし，その過程で教師は自らの専門性を磨くこともできる。「きょうどう」は，より質の高い内実の伴った「同僚性」へと革新されるべきときを迎えているのである。

「同僚性」への革新を支えるのは，新しい専門職規範，リソースとアイデアを交換し合うだけにとどまらず，「目標や実践について議論すること，評価や達成に関わるデータを再検討すること，足りない点に関して素直に反省すること，さらには違いを表に出しつつ協働することなどに価値を導く，新しい専門職規範」である[(15)]。

従来の医者や弁護士をモデルにした古典的専門職モデルは，その専門性を際立たせようとするあまりに，専門職と非専門職の関係，すなわち教師－生徒，教師－保護者の関係の非対称性を固定化する原因ともなってきた。男性的な伝統の枠内に限定された教職モデルは，外部の非難から教師を守りはするものの，生徒の実態やニーズから遊離し，「［保護者などの］大人からの支持と積極的なフィードバックを遠ざける要因」となる。

それに対して，教師・医師・ソーシャルワーカー・看護婦・カウンセラーなどの職業の共通性に注目した，「援助専門職（helping profession）」という新しいモデルが提起されている[(16)]。これら職業の共通性は，人間の可能性を最高水準に達するよう手助けする点にあり，単に知識や技術を身につけるだけでなく，知識をもって何かを「行う」という実践的側面が重視される。高度な専門的知識のある・なしによって，専門職としての地位の高・低を問題とする発想ではなく，「援助」に関わるさまざまな立場や専門知識をもった人々と緊密に協働しながら，教師自らも援助的役割を広く身につけていく発想が必要とされる。

「援助専門職」として教職を位置づけ直すということは，パフォーマンスやアカウンタビリティといった政策や行政が主導する論理から，「ケア（care）」や「情緒（emotion）」という対抗論理によって教育活動の独自性を救い出すことにもつながる(17)。情緒的「きずな」のみに頼る日本流の「指導」の文化には，バーンアウトなどによる限界点が見えてきているが，だからといって情緒的「きずな」の利点をご破算にしてしまうのは早計に過ぎよう。「情緒的理解は，質の高いティーチングと学習の基礎であ」り，「情緒的きずなは，日本のシステムが何十年にもわたって保持してきた，最も賞賛すべき長所」(18)でもある。この長所を維持していくためにも，「きずな」のみに頼る対処療法を超えた，教育実践そのものの根本的革新が同時に伴われていくことが，重要なのではないだろうか。

【平井　貴美代】

〔注〕

(1) Shimahara, N.K. & Sakai, A. *Learning to Teach in Two Cultures: Japan and the United States*, Garland Publishing INC., 1995. 平井貴美代「学校の日常世界をしばる見えない力と学校経営」『学校経営』第42巻第4号，1997年。

(2) 恒吉僚子『人間形成の日米比較』中央公論新社，1992年など。

(3) 諏訪英広「教師文化」岡東壽隆ほか編『学校経営重要用語300の基礎知識』明治図書出版，2000年。主にその保守性に批判が向けられてきた教師文化だが，「矢継ぎ早の教育改革」によって，「解体の危機」にさらされるようになった1990年代後半以降は，「教師文化の豊饒さを記述し，再発見して，育てる方向」で研究が構想されるようになっている（高井良健一「教師研究の現在」『教育学研究』第74巻第2号，2007年）。

(4) Hargreaves, D.H., *The Challenge for the Comprehensive School*, RKP, 1982, pp.192 193. 久冨善之編『教員文化の社会学的研究』多賀出版，1988年，20〜21頁。

(5) 佐藤学「教師文化の構造」稲垣忠彦・久冨善之編『日本の教師文化』東京大学出版会，1994年，32〜36頁。

(6) 大阪教育文化センター教師の多忙化調査研究会編『教師の多忙化とバーンアウト』法政出版，1996年，90頁。次の引用も同書，96頁から。なお，多忙と「多忙感」とが教師のメンタルヘルスに影響を及ぼすメカニズムについて，「やりがいのない多忙」を鍵概念に近年の研究をレビューした論文として，田上不二夫ほか「展望　教師のメンタルヘルスに関する研究とその課題」(『教育心理学研究』第43集，2004年）も参照されたい。

(7) 酒井朗「多忙問題をめぐる教師文化の今日的様相」志水宏吉編著『教育のエスノグラフィー』嵯峨野書院，1998年，242頁。

(8) 杉尾宏「教師の教育行為の社会学的分析」『教育社会学研究』第43集，1988年，35頁。

(9) 山本雄二「学校教師の状況的ジレンマ」『教育社会学研究』第40集，1985年，130～133頁。

(10) 古賀正義「“Hidden Pedagogy”に関する社会学的研究」『秋田経済法科大学経済学部紀要』第9号，1988年。

(11) Woods, P., *The Divided School*, RKP, 1979, p.159.

(12) ゴッフフマン，E.／石黒毅訳『アサイラム』誠信書房，317頁。

(13) 今津孝次郎「学校の協働文化」藤田英典ほか編『変動社会のなかの教育・知識・権力』新曜社，2000年，308頁。

(14) ハーグリーブズ, A.／西躰容子訳「二十一世紀に向けてのティーチングの社会学」同上書，283～288頁。

(15) 同上論文，285頁。次の引用も同論文より。

(16) コームズ, A.W. ほか／大沢博ほか訳『援助関係—援助専門職のための基本概念』ブレーン出版，1985年。今津孝次郎『変動社会の教師教育』名古屋大学出版会，1996年，63～64頁。

(17) Hargreaves, A., *Changing Teachers, Changing Times*, Teachers College Press, 1994, pp.173–178. ハーグリーブズ前掲論文。なお以下の引用も同論文より。

(18) ハーグリーブズ，前掲論文，292頁。

〔参考文献〕

稲垣忠彦・久冨善之編『日本の教師文化』東京大学出版会，1994年

今津孝次郎『変動社会の教師教育』名古屋大学出版会，1996年

Shimahara, N.K. & Sakai, A., *Learning to Teach in Two Cultures: Japan and the United States*, Garland Publishing INC., 1995.

恒吉僚子『人間形成の日米比較』中央公論社，1992年

油布佐和子編著『リーディングス日本の教育と社会15・教師という仕事』日本図書センター，2008年

第8章　教師にとっての学級担任経験と職能発達

1　教師の新たな学びの姿と職能発達

1．令和の日本型学校教育を支える教師の力量向上の在り方

2022（令和4）年5月，改正教育職員免許法の成立によって10数年にわたって実施されてきた教員免許状更新講習が廃止された。文部科学省（以下，文科省と表記）ではこれを「発展的解消」と位置づけ，更新講習に代わる新たな教師の学びの姿の確立に向けて動き出している。それは，教師個人が研修履歴を記録し，管理職との対話によって今後の研修受講を自ら決定し，自己のキャリアをデザインしていくような学びの姿である。この「研修履歴の記録管理と対話による受講奨励」を軸とする新たな学びの姿を支えるために，文部科学大臣による指標の策定に関する指針の改正や，「研修履歴を活用した対話に基づく受講奨励に関するガイドライン」の策定（いずれも2022年8月），教職員支援機構を中心とするワンストップ型研修システムと受講履歴の管理システム構築など，教員研修支援システムの一体的開発が進行している。

新型コロナ感染症のパンデミックを経験する中で，人々の移動や交流が制限され，2020年以降，学校教育もその在り方の見直しを迫られることになった。2021年1月に中央教育審議会答申で示された，令和の日本型学校教育は個別最適な学びと協働的な学びの両輪で子どもの主体的な学習を保障する学校としてその像が示され，これに続く教師の力量向上の在り方に関する議論も，当事者教師の主体的な学びを重視する方向で進められた。教師自身の主体性を尊重しつつ，学びの履歴をシステム上で記録管理し，何をどのように学んできたのかを視覚化し，ビッグデータを個人の力量向上や人材管理に活用していこうとする発想は，情報科学技術の発展したSociety5.0の社会像にも即応しており，

教師の学びを合理的効率的にデザインするものである。まさに今後の教員研修制度の在り方を示しているといえよう。しかし，この仕組みのみで教師の学びの姿はすべて説明されるだろうか。実際には，もう少し教師の「発達」という事象そのものを丁寧に捉える視点を加味する必要があると思われる。

2．右肩上がりの成長・発達モデル

では，教師の「発達」とは，どのようなことをいうのだろうか。もっとも想起しやすいのは，経験とともに多様な道具や方法を活用しながら子どもの興味関心を引き出す授業をできるようになったり，困難を抱えている子どもに対して的確な心情理解と必要な働きかけをできるようになったりすることであろう。このような時間の経過（経験の蓄積）とともに，右肩上がりに力量や職能が向上していくという発達の捉え方は，西穣司が紹介しているピクルの発達モデル（図 8－1）に典型的に示されている[(1)]。

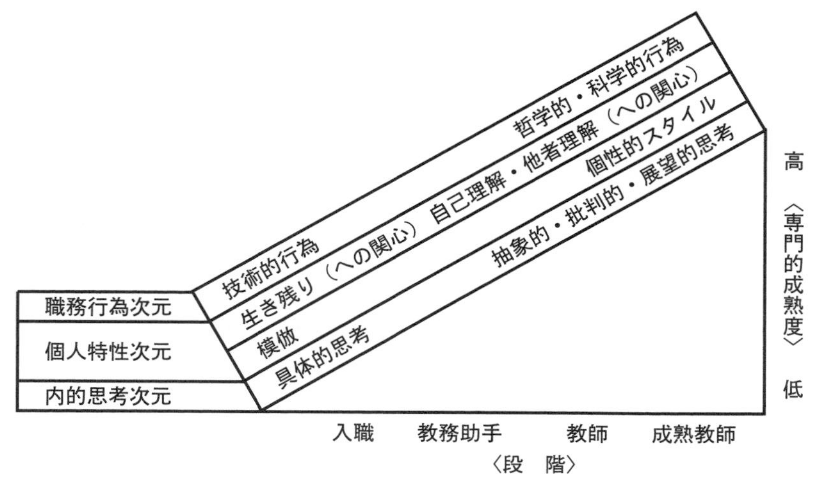

図 8－1　教師の就職前から就職後に至る成熟の発達的諸要因

出典：Pickle, J, "Toward Teacher Maturity", *Journal of Teacher Education.* Vol.36, No4, July-August 1985, p.58.
西穣司「スクールリーダーの養成・研修をめぐる課題と展望」『教育経営研究』第 10 号，2003 年，63 頁

「研修履歴の記録管理と対話による受講奨励」を軸とする令和の新たな教師の学びの姿は，ここでの経験に伴う成熟を研修によって補強するイメージで理解できる。しかし，ピクルのモデル図をきちんと見てみると，それぞれの次元における職務への志向性や態度の成熟は，知識や経験の量的増大という以上に，質的な変容であることがわかる。教師の発達とは，単純に何らかの知識やスキルが修得，蓄積されていくことを意味しているわけではないのである。

3．四つの理念的モデル

そこで「教師が成長・発達する」という現象について，より丁寧にそれが何の変化であるのかを捉える視線が必要になる。これまで，教師の成長・発達に着目する研究は数多く蓄積されてきたが，それらはどのような現象を成長・発達として扱ってきたのか。秋田喜代美がまとめた四つの「教師の発達の物語」に関する理念的モデルを見てみよう（図８－２）(2)。

名　　称	変化方向イメージ	主に研究されてきた面
成長・熟達モデル	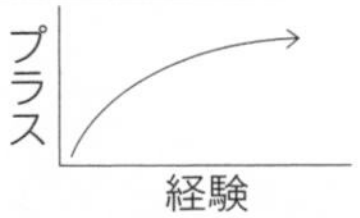 プラス／経験	特定の授業技能や学級経営技能・実践的な知識や思考過程
獲得・喪失両義性モデル	 獲　得／喪　失／経験	知識・思考，生徒との対人関係，仕事や学びへの意欲
人生の危機的移行モデル	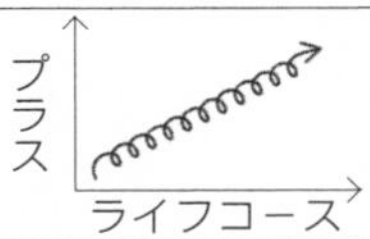 プラス／ライフコース	環境による認知的・対人的葛藤と対処様式，自我同一性，発達課題，社会文化の影響
共同体への参加モデル	 周辺／十全／共同体	集団における地位・役割，技能，語り口，思考・信念様式，共同体成員間の相互作用

図８－２　教師の生涯発達研究の主なモデル（秋田，2002）

出典：秋田喜代美「教師が発達する筋道―文化に埋め込まれた発達の物語―」『授業で成長する教師』ぎょうせい，2002年，28頁

これによると，先のピクルのモデルは「成長・熟達モデル」に該当する。具体的な知識や技能，行動や思考が時間の経過とともに熟達していくことを教師の発達と捉える考え方である。日本では 1970 ～ 80 年代に行政研修の体系化を目指して職能成長研究が盛んに展開されたが，その多くがこの発達観に立っていた。今日の教員育成指標も，経験年数とともに職能期待と獲得すべき資質力量を示しており，まさにこのモデルに則っているとみることができる。同様に，令和の教師の新たな学びの姿も，この発達観が基盤にあるといえる。

一方，「獲得・喪失両義性モデル」は，経験とともに新たな能力を獲得していくことを発達と捉えるけれども，新たな何かの獲得は他の何かの喪失と両義的であるという理解を研究の焦点とする。例えば，冷静かつ的確な指導力の獲得とともに，生徒に対する兄姉的な距離感を喪失したり，主任として分掌チーム全体を見渡す視野を獲得する反面で，情熱のみで突き進んだバイタリティーを喪失したりする状況は想像に難くない。このモデルでは，教師の発達を「できることが増えていくこと」だと単純には考えないのである。

また，「人生の危機的移行モデル」は，個人の人生に着目し，その紆余曲折を経た歩み全体が教師としての発達の軌跡であると捉える。ライフコース研究やライフヒストリー研究では多くがこのモデルに拠っている。人生には良い時も悪い時もあり，起伏に富んだ変化がある。教師として飛躍した契機，一回り人間が大きくなった経験など，人生の危機や転機に着目し，それらを乗り越えていくことが発達を促すと考える。このモデルでは，当事者の主観的な現実の受けとめかた（解釈）こそ重要であると考える。

最後の「共同体への参加モデル」は，学校教育を担う人々の共同体の中で中心的役割を担うようになっていくことを教師の発達と捉えるモデルである。共同体は，学校の他にも学区地域を含む教育コミュニティであったり，自治体全体であったりとさまざまに想定できるが，いずれにしても年齢や経験年数や立場に応じて，周辺的な参加から中心部での十全的参加へと関わり方が変化していく様子を思い描くことができる。

4．行為の変容の繰り返しとしての発達

以上のように，何に注目するのかによって多様な発達の理解がありうる。しかし，いずれのモデルも教師個人の思考や行為の変容を関心対象としていることは共通している。外部から「望ましい発達」や「標準的な発達」についてさまざまに指摘をしたり，研修の受講を奨励したりすることはできるが，それが実際の指導場面での思考や行為の変容につながるか否かは，最後には「本人の受け止め方次第」というフィルターを通すしかない(3)。そこで，人々が世界を認識する枠組みに関心を寄せることが意味をもつ。教職の制度的・構造的な制約や教員文化の影響を受けながら次第に形成されていく教職アイデンティティが，教師の発達に関わることを踏まえなければならないのである。

ハーグリーブスは，教師がさまざまな制約の中で，教室や授業場面における相互行為の状況を定義し，その都度考え得るふるまいを戦略的にとっていること，そしてそれに対する生徒からのフィードバックを評価したり反省したりしながら次の行為に反映させていることを図 8－3 のような形でモデル化した(4)。

このモデルは，相互行為が成立する一場面の成り立ちを比較的長期的な時間経過の視点も含めて整理しており，相互行為の連続的な展開の中で経験が蓄積されたり，繰り返し生じる同様の問題に対して，対処様式がルーティン化されたりする仕組みを説明可能にしている。このように行為の変容過程を捉えてみると，教師の発達とは結局このような「状況の定義と行為の決定サイクルの自覚化」そのものであるといえる。つまり，自らの認識枠組みを相対化し，そこに多々ある「思い込み」を発見し吟味して，改めて主体的に判断した価値・規範に基づいて行動することができるようになる。そうした自らの行為の主体化の過程こそが教師にとっての発達なのである。

このように教師の発達を理解してみると，今日の教師はきちんと発達の筋道を辿っているといえるのであろうか。特に，教職キャリアの初期段階ともいえる学級担任経験は重要であると考えられるが，そこで自らの行為の主体化の過程を辿ることができているか。ここを考えるならば，用意されている研修プロ

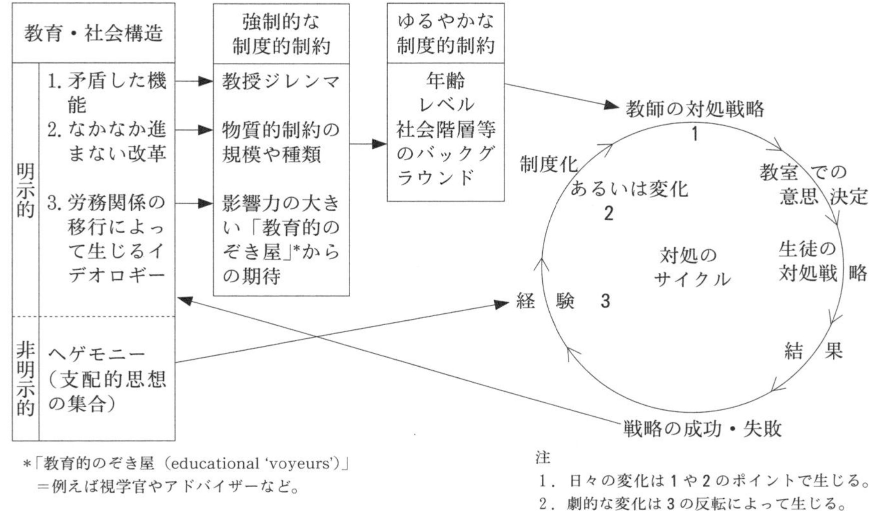

図8－3　ハーグリーブスの対処戦略モデル

出典：Hargreaves,A., "The Significance of Classroom Coping Strategies", *Sociological Interpretations of Schooling and Classrooms,* Studies in Education, Ltd, 1978, p.96.

グラムを選択して「主体的に学ぶ」だけでは十分な教師の職能発達を期待しがたいことは明らかである。以下では，教師がどのように関心事や行為の在り方を変容させていくものなのか，教職キャリアの展開にそって概観してみたい。

2　教師にとっての学級担任経験

1．学級担任：教職キャリアの基礎経験

現行の教員免許状は，学校段階別，教科領域別になっている。中学校一種免許状の場合には28単位以上，高等学校一種免許状の場合には24単位以上の指導法も含む教科に関する専門知識を習得しなければならず，採用された後には授業力量の有無が間違いなく教師としての評価を分ける重要な要素となる。にもかかわらず，日本においては，「教師になること」は必ずしも教科指導のプ

ロフェッショナルになることを意味しているわけではない。教科指導，学習指導が評価されることはもちろんであるが，それとともに教職アイデンティティや教師としての自己肯定感に重大な影響を及ぼしてきたのが，学級担任としての数々の経験である。

教科担任制をとっている中学校や高等学校でも，一般的には学級担任制度を採用している。非常勤の専科教員である場合を除けば，今日の日本では，たいていの教師が学級担任（あるいは，その見習いとしての副担任）から教職人生を歩み始めることになる。学級制度の存在意義について長らく議論が繰り返されているが，それでも，誰もが学級担任から教職キャリアをスタートさせる状況は当面変わりそうもない。そのため，学級担任として児童生徒とどのような関係を築き１年間を過ごすかは，多くの教師にとって重要な関心事である。塾や予備校講師と異なる教師の専門性を語る際にも，学級担任としての役割やその力量の視点は不可欠である(5)。

教職キャリアはその後次第に多様化し，個々の教師ごとに得意分野や専門とする分掌など，学校組織の中での役割は分岐していくが，学級担任は変わらずに継続する。やがて中核的なミドルリーダーや管理職になって学級担任を離れる教師も多いが，逆に退職まで学級担任であり続ける教師も少なくない。そう考えると，学級担任経験は教職キャリアにとって初期の経験であるばかりでなく，あらゆる教師役割の基盤を支える基礎経験であるといえる。

2．学級経営の原理

①学級経営の意味　学級担任になったときに，教師がはじめに直面する課題は学級経営である。学級での出来事や友人とのさまざまなやりとりは，善くも悪くも鮮明に記憶に残る。子どもたちの学級での生活の有り様を左右するのは直接的にはメンバーである児童生徒間の相互行為の展開であるが，その相互行為の有り様に大きな影響力をもつのが，担任による学級経営である。

とはいえ，教員養成カリキュラムの中でも「学級経営」は必ずしも体系的に位置づけられていない。学級経営の重点や目指すべき目的，それを達成するための教師の職能や指導技術など，さまざまな学級経営の実践に関する知の蓄積はあるが，それらは，個々に職人技ともいえる独自の子ども観や教師観を基盤とする学級像に基づく方法論である。教職キャリアの初期段階にある若い教師にとっては，方法論の表面的模倣ではなく，具体的な指導技術の背景にある理念や哲学を理解し，体得するような学級経営の学びが必要である。

そもそも，学級経営とは何か。実は，これ自体が明確に定義できるものではない。学級は，学校教育の目的を達成するために編制された，学級担任と児童・生徒からなる学校における最も基本的な指導組織の単位である。学級の経営とは，第一義的には，この指導組織を管理し系統立てて運営することである。しかし日本では慣習的に，集団の管理運営という意味だけでは理解されていない。学級経営は学級担任の職務全般を意味しており，当然にそこには教育作用が想定されてきた。本書第6章においても，下村哲夫による概念整理を紹介しつつ，「いずれにしても学級における教育を，教授活動にとどまらず，そこにおける人間形成機能まで包括するもの（「学級教育」）と捉えたうえで，その『運営』の在り方を問う」(6)点に特徴があると，学級経営概念の包括性を指摘している。

こうした特徴の源流には1912（明治45）年に出版された澤正の『学級経営』がある。彼は，「学校教育の基礎は学級の経営にあり。学級経営に対する努力を問わずして学校を経営せんとする人はかつて教育を充実せしめ得ざるべし」といい，まず学級担任が責任をもって考え配慮すべき事項を網羅的に論じた(7)。学級における教育実践の展開を，学校教育の有効性を問うための核心問題と捉えて学級の経営を論じたのである。

②学級経営の日本的特徴と今日的課題　これ以降多くの学級経営論は，学級の存在を所与として，学級における教育活動の効果的展開を目指して，学級担任の立場から記述されてきた。しかし，「学級をどのように経営するか」という問題は，必ずしも学級の存在を前提とする必要があるわけではない。習熟度別編制や男女別編制，流動的な小集団編制，あるいは思い切った無学年制の

実践など，柔軟な集団編制を検討することも学級経営であり得る[8]。新型コロナによる一斉休校を経験した学校では，GIGA スクール構想の加速化により短期間で一人一台端末の整備が進み，オンラインでの授業参加やオンデマンド学習を取り入れたハイブリッド型授業など，学習形態の弾力化，柔軟化が急激に進行した。個別最適な学びについては，学校の小規模化や子どもの生活環境の複雑さなども背景として，時間や空間の多様性まで含めた検討が課題となっている。子どもの学習権保障の観点から学級集団をどのように編制するか，そこに何人の教師がどのように関わるかなどを検討することも，学級経営の問題として捉えなければならない。

にもかかわらず，多くの学校ではいまだに，学級経営は学級が編制された後に学級担任が行う働きかけであると一般的に理解されている。そして，多くの学級経営論が，学級の児童生徒を自立した個人へ，また学級集団を自律的な集団へと育て上げるための，学級担任による指導の方法や手続きについて論じている。この点は，日本的な学級経営観の特徴であるということができる[9]。今日でも河村茂雄や赤坂眞二は，個々の子どもを育てることとともに，子どもたちを集団（チーム）として育てることで，個性と社会性をバランス良く育成していくことの重要性を強調している[10]。彼らは，日本の教師が描く理想の学級像に依拠しつつ，実践的ノウハウを理論的に論じているが，いずれも，子どもたちに集団を学ばせる，すなわち，疑似的社会経験を提供する機能を学級集団，ないしは学級活動に期待している点で共通している。

しかし，このような日本的な学級経営観は，今日さまざまな困難に直面している。それは第一には地域社会の崩壊（地縁の希薄化）や家庭の価値観・生活様式の多様化に起因する，学級集団を構成する子どもたちの同質性の希薄化であり，第二には発達上の困難を有する子どもや外国にルーツを持つ子どもの増加，子どもの貧困や虐待など，子どものたちの抱える問題の複雑化である。第三には，このように同質性を期待できない多様な課題を抱えた子どもたちを一つの教室で引き受けながら，それぞれの子どもの育ちに対して個別に責任をもって取り組むことを学級担任に期待するインクルーシブ教育の動向である。これらの社会的な状況変化とそれへの対応として学級担任へ寄せられる期待の膨張は，当然に教師たちに多様な葛藤を経験させることになる。

3．学級担任の葛藤とそれへの対処

①学級担任の役割と求められる力量　学級担任は元来学校の中で非常に広範囲の役割を担ってきた。例えば柳治男は，そもそも外国から輸入された制度として始まった近代学校で，保護者の了解を取り付け，子どもを学校や学級につなぎ止める仕事を担ってきたのが学級であり，学級担任であったと指摘する(11)。大正期に広まったお誕生会やお楽しみ会のような「学級文化活動」が，学校を機械的な知識伝達の場としてだけではなく，子どもたちをつなぎ，人として育てる場であると捉えることに貢献してきた。学級担任は，こうした歴史的経緯の中で，学習指導だけでなく多様な活動を仕組み，児童生徒間の人間関係に目を向け，個々を学校や将来の社会へとつないでいく生徒指導も担うものと了解されてきた。佐藤暁・守田暁美は子ども同士をつなぐことで，個々の子どもの学校での居場所をつくり，安心安全を保障することが学級担任の重要な役割であることを論じている(12)。これらも踏まえて，今日学級担任に期待されている役割を整理するならば，次の 3 点が特に重要であるといえる(13)。

第一は，児童生徒の健康と安全の管理，言い換えるならば子どもたちの多様な形での集団への所属を保障することである。例えば天笠茂は，児童生徒理解が全ての学級経営の出発点にあると位置づけているが(14)，これは単に子どもたちの性格特性を理解するということにとどまらない。アレルギーや生得的な疾患についての理解，発達状況の理解，家庭の養育環境の把握なども含まれる。1 人ひとりのニーズへの丁寧な理解と対応が求められる。

第二は，学級集団として目指したい姿の目標設定と，それを達成する実践である。ここまで述べてきたように，学級担任は個々の子どもの理解に基づいて，さらに現在の学級集団の課題を発見し，次のステップへ進むための学級活動を仕組み，直接的，間接的な働きかけを工夫しながら集団づくりをしなければならない。学級活動での話し合いや，年間の学級経営計画などはこのためにあると考え，有効活用する自覚が必要になる。

第三は，学級内のコミュニケーションを編集する役割である。学級活動には，扱うべき内容や題材，教員の働きかけなど定石があるようでない。その中で間違いなく大切なのは，学級担任がさまざまな関係者間でのコミュニケーションを媒介し，人と人との間をつないだり，関心事を結びつけたり，課題を設定し直してみたりすることである。誰かがそうした役割を担わなければ，集団の質は高まっていかない。最終的にはそうした役割を自分たちで担っていく自治的な集団の育成を狙っているとしても，そのための道筋として，まずは集団全体を俯瞰できる教員がそれを担うところから始めることが必要である。学級担任は，学級内のコミュニケーション環境に積極的に関与することで，学級活動の実践に迫るものと考えなければならない。

②学級経営をめぐるさまざまな葛藤　しかし，このような学級経営は，教科書や指導書のない教育活動であるがゆえに，若い教師にとっては始めにぶつかる困難となる。新任期の教師の特質は，不安と模倣という二つの言葉に集約される。ピクルの発達モデル（図 8－1）の個人特性次元では「生き残りへの関心」と「模倣」とされているが，「生き残りへの関心」というのは，いわば，きちんと職務をこなして一人前と見なされるように必死になる気持ちの有り様を表現しているものである。

多くの教師が新生活への期待以上に不安を抱えながら学校に着任する。教師のリアリティ・ショックに関する研究では，少なくない新任教師がリアリティ・ショックを経験し，そこをうまく切り抜けられないと早期離職に至ることが指摘されてきた[(15)]。これまで抱いてきた理想像が通用せず，より実践的な職業イメージへと修正を余儀なくされるとき，そこには少なからずストレスが伴う。そのような社会的適応のはじめの障壁をリアリティ・ショックの認知とそれへの対処というならば，それは教師にとっても重要な課題であるといえる。

新任教師にとって特に重大な関心事となるのは，教師と児童生徒との間での信頼関係の成立と，学級という半ば閉ざされた空間，メンバー間での規律の維持や集団の統制という問題であろう。これらは学級の日常がいつも通りに展開するために不可欠な前提条件である。しかし，学級が編制された時点でそこに自然に存在するものではない。新任教師はこれらが極めて教師の指導行動に左右されるものであり，実は教師の側から意図的に働きかけなければ成立しないものであることを，身をもって体験する。そして，それらの指導行動には多様な暗黙の知，あるいは実践の知ともいえるノウハウや小ワザがあることを，他の教室を見て気づき，同じような状況で使える切り札をあまりにも持っていない自分と向き合うことになる。

③葛藤解決手段としての模倣：行為の安定化を志向する　そのような葛藤を自覚したときにどうするか。まずは先輩教師への相談や模倣，その中での実践知の獲得，あるいは具体的な指導論の学びといった選択肢がある。若い教師にとって重要なのは，一般論的な研修プログラムでの学習以上に，模倣や学習の対象が存在することである。この意味で，モデルとなる先輩教師の存在は不可欠である。大量退職，大量採用時代の学校では教職員年齢構成の不均衡化が進み，職場での仕事を通した自然なノウハウの伝承が困難になってきていることが指摘されている。今日では職場での意図的なトレーニングを強化するための OJT（On the Job Training）(16)や，教職員間で学び合う実践コミュニティの形成などが課題とされている(17)。

また，模倣や学習の対象として，いわゆる“学級経営論”がある。50 年以上の伝統をもつ班長会議や班づくりを核とする集団づくり論(18)，支持的風土づくり論(19)，構成的グループエンカウンターやソーシャルスキルトレーニングなどのプログラムを活用しながら子ども同士の関係を良好なものへと育てていく心理主義的な学級づくり(20)など，これまでにも多くの“学級経営論”が学級経営の「型」として，教職の入り口に立つ教師を助け支えてきた。

これらは，まず教師ができる具体的な働きかけや，学級活動に利用可能なさまざまな道具とその使い方を示すことによって，新任教師の学級経営に秩序と安定をもたらし，アイデンティティの安定に貢献する。“学級経営論”は，新任教師にとって懐の切り札を増やし，とりあえずでも一人前にやれている感の獲得を促し，初期の不安や葛藤を克服するのに有効なものである[(21)]。教職キャリアの初期段階において，多くの教師が“学級経営論”のようなプログラムに関心を向け，それらを学び，“追試”する形で継承していくこと自体は，重要な発達プロセスの一断面であるといえよう。

3 中堅教師の危機とアイデンティティ発達

1．中堅期とはどのような時期か

先輩教師の模倣と，ときに“学級経営論”を道具として活用するノウハウを身につけ，新任期を乗り越えてきた教師は，次に何に関心を向けていくか。これまでの職能発達研究で繰り返し指摘されてきたのは，「安定」によるマンネリ化の危機である。指導スタイルが安定し，自分なりの仕方で学級や授業中の秩序を維持できるようになったときに，もう少し周囲を広く見渡す余裕が生まれてくる。その時に何を見てどのように考えるのかが問われるのである。

多くの良心的な教師は，いくつになっても少しでもよい教師でありたいと考えて日々試行錯誤を繰り返す。子どもたちのグループ活動が盛り上がって時間内に終わらないときに今一番優先すべきことは何かを考えたり，放課後に生徒が提出したノートをチェックしながら今日のＡ君への声のかけ方はあれでよかっただろうかと思い返してみたりする。さまざまな職務行動が秩序維持や「生き残り」という関心からではなく，子どもにとってどうであったのかに関心が向き，自らの指導行動や判断の是非を問い返す機会も多くなっていく。

このような日々の葛藤，小さな省察の繰り返しの中で，自らが取りたいと考える判断や選択肢とは異なる選択を保護者や行政から期待されたり，その期待に応えたか否かで評価が変わったりする経験を重ねていく。加えて，変わり続ける社会状況の中での家庭や子どもの変化も関わって，今まで当たり前だった指導行動が通じなくなったり，今までと同じように指導していてもさまざまな問題行動が現れたりする事態に遭遇すると，それらの経験が教職アイデンティティの揺らぎをもたらすことになる。

このような多様な状況変化を想起すれば，これらへの向き合い方によって多様な教師の姿があり得ることが理解されよう。もちろん，他者からの多様な期待の存在に無自覚なまま日々の職務を「こなす」仕事の仕方に陥ることは望ましくない。多様な他者が子どもの教育に関心を寄せていることに気づき，同時に立場によってその意味はさまざまに異なっていることを自覚し，それらと自身が実践したい教育の在り方を摺り合わせ，より良い選択をできるようになることが理想である。

とはいえ，あらゆる期待に応えようと頑張り続けることはバーンアウトや過労による健康被害につながる危険があるし，他方であまりにも多様な期待の中で自らが何を目指してどのような教師であるべきなのかアイデンティティが混乱し，職務行動が萎縮してしまうこともメンタルヘルス低下の危機につながる問題となる。高井良健一は，中堅期の教師には精神分析学者のエレンベルガーがいう「創造の病」，すなわち，いわゆるスランプのような活動の停滞が起こりうることを指摘したが(22)，まさに教職経験 10 年前後の中堅期には，これらの経験の変化やそれに伴うアイデンティティの変容を迫る多様な危機があるといえる。中堅期は，これらの危機的状況を意識し，そこを乗り越えていくことを課題とすることになる時期なのである。

2．アイデンティティ発達を促す契機

これらの多様な危機は，いずれも個人の具体的な指導技術や力量の不足に起因するものではない。自身と周囲との関係，教職へ寄せられる規範的期待と自己の位置関係の受け止めかたによって生じる葛藤や困難である。したがって，新任期の困難を模倣と学習によって克服したのと同じ様に，新たな模倣や学習

の対象を獲得することのみによって克服することは難しい。研修受講のみでは十分に教師の学びを描けないというのは，この意味である。この段階の教師にとっては，個人の能力以外にある葛藤の源泉に気づくことと，省察的実践の重要性に気づくことの 2 点が重要になるといえよう。

①状況的ジレンマと社会学的アンビバランス　教師にとって，子どもとの相互作用が成立しないことは大問題である。だからこそキャリア初期の若い教師はあらゆるノウハウを収集し，試行を繰り返して関係構築のための基本的スキルを獲得していくわけである。しかし，相互作用をきちんと成立させることは口で言うほど簡単なことではない。相手から期待する応答が得られない状況での教師の葛藤を，山本雄二は状況的ジレンマと呼んだ。状況的ジレンマとは，「教師と生徒が対面的相互作用を行う状況であって，かつ対面的相互作用を行うべく期待されている教師が，それをうまく実現できなかったり，継続できない状況」であり，「いいかえれば教師のあらゆる行為が『一人芝居』に終わってしまうような状況」である(23)。このような葛藤を，状況的ジレンマとして捉えることによって，この種の葛藤が単に自身に指導力量が無いために生じる問題ではないことが見えてくる。

やりとりがうまくいかないとき，その背景には「教師の話を聞いていない」「言ったことが理解されない」といった他意のない子どものコミュニケーション能力の未発達もあるが，「意図的に無視する」「表面的に従ったふりをする」など，子どもの側の意図が介在している場合も少なくない。相互作用の成立は，教師側からの働きかけが不可欠であるけれども，同時に，もっぱら児童・生徒の出方がそれを決めるという点で，きわめて状況依存的なものである。特に意図的な応答の欠如は，彼らが児童生徒という役割を引き受けていない，または拒否している状態であり，指導によって改善することが困難な危機的状況であることも見えてくる。子どもとのやりとりが成り立たないことは，教師が教師であり続けることを妨げる致命的な問題なのである。

さらに，実際にそのような場面に遭遇した時の教師の葛藤は，相互作用が成立しないことだけに由来するわけではない。そういう状況で，教師としては何を優先すべきか，という点について生じるのである。例えば，意図的に無視されていると感じたとき，子どもの心情に寄り添って黙って隣に座り，相手が話し始めるのを待ってやる必要があるとわかっていても，それが授業中であればそうするわけにはいかない。これは，教職の枠組みが教師の行為を暗に規定しているからこそ生じる葛藤である。表面的には相互作用上の葛藤（状況的ジレンマ）にみえても，きわめて構造的な要因によっていると考えられるので，教職をめぐる社会学的アンビバランスとしても捉えることができる。

社会学的アンビバランスは，マートンとバーバーによれば，「心理的に正反対の方向にひかれるという人間経験」をパーソナリティではなく社会関係の構造的側面から分析，解明するための概念構成の試みである(24)。広義には「社会における地位，ないし地位群に伴う態度，信念および行動の相矛盾する規範的期待」と定義され(25)，図8－4のような複数のタイプが説明されている(26)。

教師は，教師であるがゆえに多様な他者から多様な役割を期待される。それらの規範的期待は時に矛盾しぶつかり合うことがある。児童生徒に寄り添い，理解者となって彼らの自律的成長を支援することを期待されているけれども，同時に学力を向上させ社会に有用な人材を輩出するよう厳しく指導することも期待されている。このような構造的要因に着目することで，葛藤に悩むことは本人の未熟さや性格特性ゆえではなく，教職のもつ社会的役割の規範的特質のゆえであると理解することができる。そうすることで，自身がとらわれていたさまざまな価値規範（例えば，「すべての子どもの心を理解しなければならない」「学級集団は一致団結できなければならない」などの教職観）が客観的に見えてくる。それは，現在の日本社会の中に存立している教職の特質を映し出す鏡にもなるのである。

このように葛藤の源泉がさまざまな他者から寄せられ社会的に構成されている複数の規範的期待の存在にあることに気づくことは，自身が非常に多くの規範的期待を内面化し，達成すべき価値観としてそれにとらわれていたことを対

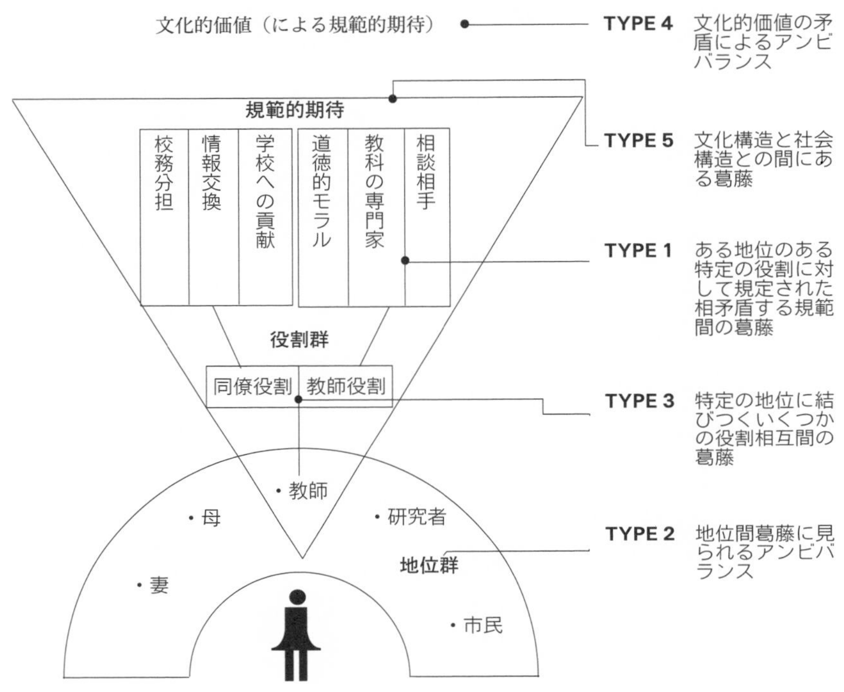

図 8－4　社会学的アンビバランスのモデル（TYPE 1 ～TYPE 5 ）

出典：安藤知子『教師の葛藤対処様式に関する研究』多賀出版，2005 年，49 頁

象化する契機ともなる。今までの自己が拠り所としていた教職観を対象化し，再度自身の教師としての在り方を振り返ることが，新たな教職アイデンティティへと変容・発達することを促すといえよう。

②省察的実践　『省察的実践とは何か』の中で，ショーンは教師の専門性を「行為の中の省察」にあるとしている。高度な体系的・理論的知識を身につけ，それを実践に適用することが専門職の条件なのではなく，実践の場にある複雑な状況や文脈を直感的に感じ取り，瞬時に判断する省察力を持っていることが専門職の条件だという。省察によって理論的な知と経験的・暗黙的な知が

柔軟に連動し，その時々の場面や子どもに最善な実践が可能になるのである[(27)]。このような実践の中で生成される知には，次のような特徴がある[(28)]。

①宣言的知（knowing that）ではなく，手続き的知（knowing how）である。

②理論化よりも内在化・身体化（自分のものとして生きて活用される知となること）が目的とされるものである。

③知識の理論的確かさよりも，実践的適切さが重視される。

④内在化・身体化を目的としているため，同じプロフェッショナル間で共有される直観的・感覚的表現も許容される。

これらの知の特徴を一言でいえば，実践上の適切さを最も大切にしているということになろう。すなわち，頭で考える理論知に依存した学習と模倣のスタイルから離脱し，自身が直面している現実やそこにいる子どもにとって意味のある実践を志向するようになることで獲得されていくものである。学習した指導スキルを模倣して実践してもうまくいかないときに，「難しい子がいるからうまくいかない」「条件が整わないから成功しない」と考えるのか，「指導スキルをアレンジしなければだめだ」と考えるのかの違いである[(29)]。

初期の「生き残り」段階で習得したさまざまな「型」や，収集した使える道具から離脱し，それらを実際の文脈にあわせて使いこなすようになるためには，技術的熟達だけではなく，省察的実践の重要性に気づかなければならない。そこに気がつき，型や道具へのこだわりから自由になることによって，中堅期が充実したものとなっていく。

3．中堅期のキャリア発達

もう一点，中堅期のキャリア発達に関連して理解しておくべき変化がある。それは職務の中心点の移行である。教職の場合は，経験年数を重ねても学級担任や授業担当として学級集団単位で児童・生徒の指導に従事することが日々の職務時間の多くを占める。だからこそ，自身の学級経営や生徒指導，学習指導について多様な他者の期待を認知しつつ省察的実践へと関心を移していくことが重要な意味をもつ。それによって指導の深まりが生まれ，熟練教師へと変容するのである。しかし，もう一面で，学校組織の中で中核的位置を占めるようになることも重要なキャリアの移行として理解されなければならない。

「安定」とともに生じる視野の拡大は，保護者や地域の存在にのみ向けられるわけではない。学年全体，学校全体の課題や，目指す児童・生徒像への関心が生まれ，それにアプローチする指導方法やカリキュラムに興味が移行していくものと思われる。それによって，さまざまな校内の教育実践全般をリードする立場を担うようになっていく。小島弘道のいうスクールミドルというのはこの意味で，何らかの肩書きをもつ立場に付与された呼称ではなく，実質的に実践の中核にあって学校全体の教育の質を高める方向に関与し，取り組みを牽引するスタッフに対して付与された呼称のことであると理解できる[(30)]。

中堅期に「マンネリの危機」を克服し，実質的なスクールミドルになっていくことがキャリア発達の一つの指標となる。教師は研修履歴を蓄積することで教育者としての個人の指導力の深化を図るだけではなく，広く学校全体の教育課題を鳥瞰しつつ，組織的な課題達成へと動機づけられて自身の職務を展望できるようにならなければならない。葛藤の背景に社会学的アンビバランスがあることに気づき，日々の実践を省察的実践へと変容させていくことが重要なのは，このような総合的な営為として教育を捉えることが必要になるからである。それによって，個業と協業の両面をもつ教師の職務の全体を理解し，協業としての教育実践に責任をもって関与できるようになっていくのだといえる。

4　教師の発達と健康を支える学校の課題

1．教師の発達を支援する学校や教育行政の役割

教師にとって葛藤とは何か。葛藤はストレスやバーンアウトの元凶であると捉えられたり，逆に，むしろ教師としての発達の契機なのだと捉えられたりしてきた。ストレスの元凶として葛藤を捉える人々は，葛藤を感じるという経験

自体の解消や軽減を目指して，教師の勤務環境の改善やストレス耐性を高めるスキル学習の必要性を主張してきた[31]し，他方，葛藤が教師として発達する契機であると意味づける人々は，葛藤の解消ではなく，それらの葛藤を乗り越えるための主体的学習に関心を寄せてきた。多くの実践者の新たな取り組みの起点に葛藤経験が位置づけられていることからも，葛藤が教師としての発達の契機になるという受け止め方は実践者にとっては半ば自明の見方となっていることがうかがわれる[32]。

こうした二つの受け止め方があることを踏まえて，最後に，改めて教師の発達を支援する学校や教育行政の役割と課題について考えておきたい。正規採用の後も教師が研究と修養を継続すべき職業であることは，教育基本法第9条や教育公務員特例法第21条，22条に明記されている。教師はその職責に鑑みて学び続けることが不可欠であり，そのために多様な研修プログラムを受講する。任命権者はその権利を保障する責務を負っている。この観点から，新たな教師の学びの姿については，教師自身による研修履歴の記録のみではなく，管理職との対話によって本人に必要な学びをきちんと保障し，キャリアデザインを支援する在り方が重視される。

教育行政による教師の発達支援策としては，初任者研修や中堅教諭資質向上研修など，経験年数に応じた悉皆の年次研修が法定化されている他，2016年の教育公務員特例法の一部改正を受けて2017年から文部科学大臣が教員育成指針を示し，全国都道府県，政令指定都市教育委員会が教員育成指標を作成している。この文部科学大臣による指針は，2023年の更新講習廃止とともに時代にあわせて刷新された。これに準拠して，全国的に教師の標準的な発達モデルが描かれ，これを支える多様な研修プログラムの整備が進められている。

十分な研修時間を持てない教師たちにとって，このような動向自体は，重複や順序性を無視した非効率な学習を防ぎ，受動的な研修受講を防止するために有効であろう。教師が力量向上のために努力すべき領域や内容が標準的に示される育成指標は，個人課題設定の際の手掛かりになりうる。ただし，育成指標が絶対的な達成目標や行動規範として教師を画一化するような拘束力をもってしまうと，むしろアンビバランスとしての葛藤を助長する危険もある。力量向上の目安としての育成指標と，これに基づいて整序された研修プログラムが教師一人ひとりの主体的な学びを喚起するきっかけとなることが必要である。

2．発達の契機となる葛藤を活かす

そのうえで，最も大切なことは，個々の教師が自身の葛藤を発達の契機にできるような環境を整えていくことであろう。悩むことが成長の契機であることを共有し，大いに悩みを語り合える職場風土を学校に醸成することが望まれる。それは，具体的には若手教師を育てるOJTのシステム化であったり，メンター制度の活用であったりするかもしれない。あるいは，校内研修をきっかけとする教師間での学び合いの活性化が，それぞれの気づきや悩みやジレンマを披瀝し合い，支え合いながら新しいアイデアを生み出していく「学習する組織」[(33)]へと発展するかもしれない。変化の激しい現代社会の中にあっては，教師のみではなく，学校組織も環境変化に応じながら教育実践の質を高めていくために発達することが求められる。個人の葛藤も学校組織の困難もともに発達の契機であるとの見方を共有していくことが重要である。

その際に注意したいことは，それが克服することで発達の契機となる葛藤であるかどうかを慎重に見極める必要があるということである。葛藤の質を問題にせずに，葛藤を乗り越えるための教師や学校の側の姿勢や態度にばかり関心を向けてしまうと，その葛藤の背景にある教職の職業的な特質は見えなくなる。何であっても困難や葛藤は克服すべきという精神論的な構えではなく，教職へ向けられる複数の規範的期待には時に矛盾があることに目を向け，応じるべき期待と，応じられないことを明示すべき期待とを交通整理することも重要である。これらは，学校組織内での冷静な状況分析や本質的課題の発見などによって，教師間で共有されるべきものであろう。そのような省察力のある学校組織であることが，教師の発達を支えることになるのである。

3．バーンアウトにつながる葛藤を軽減する

また，バーンアウトにつながる葛藤を軽減することも重要な学校の取り組み課題である。昨今，学校現場では病気休職者が微増を続け，そのうちの半数以上が精神疾患であるという数字が示されている。2021年度の病気休職者数は8,314名であり，このうち精神疾患による休職者教は，5,897人である。文科省でも精神疾患による休職者増を問題と認識し，過去に「教職員のメンタルヘルス対策検討会議」を設置し，対応策を検討している。2013年には予防的支援や復職支援に重点をおいた最終まとめが公表されている。

一方，教師の長時間勤務や多忙の問題については，OECDの国際教員指導環境調査（TALIS）の2013年度調査の結果で，日本の教師が諸外国の教師に比べて顕著に長時間勤務であり，しかも授業やその準備に関する時間が十分に取れていない実態が示されたことが注目され，働き方改革を後押しした。諸外国と比べて長時間勤務となっている状況は同2018年度調査の結果でも大幅には改善されておらず，教師が子どもと向き合い，授業のために十分な時間を使用できるように勤務環境を整えていくことが継続課題となっている。

こうした背景から，学校現場には業務の仕分けや精選，タイムマネジメントの導入，教職員のメンタルヘルスを増進させるような協働体制の構築が強く要請されてきている。2015年12月に出された中央教育審議会答申「チームとしての学校の在り方と今後の改善方策について」は，このような学校の諸課題に対して，多様な専門性を有する人々が参加する多職種構成を基本とする学校組織への転換を提案した。以降，部活動指導員やICT支援員の活用，スクールカウンセラーやスクールソーシャルワーカーの配置拡大などが進められ，学校の課題解決や教師の多忙解消を目指す新たな「チーム学校」の創造へ向けた取り組みが各地で進展している。このような学校組織の刷新を通して，教師にとってネガティブな葛藤を軽減し，教師が健康に職務に従事できる環境を模索していくことが，教育実践の質を向上することと，教師の職能発達を促進することにとって重要な課題である。

【安藤　知子】

〔注・参考文献〕

(1) 西穣司「スクールリーダーの養成・研修をめぐる課題と展望」『教育経営研究』(上越教育経営研究会)第 10 号, 2003 年, 63 頁。

(2) 秋田喜代美「教師が発達する筋道－文化に埋め込まれた発達の物語－」『授業で成長する教師』ぎょうせい, 2002 年, 27〜39 頁。

(3) この点について, 西穣司は外部から教師の発達に対して働きかけるのが現職教育であり, 当事者が主体的に発達するのが職能発達であると二つの概念を整理している。西穣司「教師の職能発達の意義と展望－英・米両国における近年の議論を中心に」『日本教育行政学会年報』第 13 号, 1987 年, 188〜189 頁。

(4) Hargreaves,A.,“The Significance of Classroom Coping Strategies”, *Sociological Interpretations of Schooling and Classrooms,* Studies in Education Ltd., 1978, pp.73-100.

(5) 浜田博文・安藤知子他「新たな学校ガバナンスにおける『教育の専門性』の再定位(2)―小学校教員の専門性認識に関する分析を中心に―」『筑波大学教育学系論集』第 43 巻第 2 号, 2019 年, 1〜24 頁参照。

(6) 平井貴美代, 本書「第 6 章教師の職務」, 111 頁。

(7) 澤正『学級経営』弘道館, 1912 年。

(8) 明治のはじめにも, 例えば澤柳政太郎は, 学級経営をこのような問題として論じている。『澤柳政太郎全集 1 ：実際的教育学』国土社, 1909/1975 年。

(9) 集団や生活を重視する学級経営の日本的特徴については, 高橋克巳「学級に関する二つの概念モデル－『教授効率志向』と『集団づくり志向』－」『名古屋大学教育学部紀要(教育学)』第 45 巻第 1 号, 1998 年, 163〜175 頁を参照。

(10) 例えば, 河村茂雄『日本の学級集団と学級経営』図書文化, 2010 年, 赤坂真二『学級を最高のチームにする極意』明治図書, 2013 年など。

(11) 柳治男『＜学級＞の歴史学』講談社, 2005 年。

(12) 佐藤曉・守田暁美『子どもをつなぐ学級づくり』東洋館出版社, 2009 年。

(13) この部分は, 安藤知子「学校における指導組織と学級経営」『教育の経営・制度』一藝社, 2014 年, 154〜164 頁の指摘に依拠している。

(14) 天笠茂「学級の経営」『教育の制度と経営』学芸図書, 1991 年。

(15) 例えば, 原田ゆきの・中村菜々子「新任教師のリアリティ・ショックに関する予備的検討」『心理相談センター年報』(比治山大学大学院現代文化研究科附属心理相談センター)第 3 号, 2007 年, 9〜13 頁など。

(16) 学校現場で職務に従事しながら効果的に若手教員を訓練するような現職研修が重視される方向にあり, 東京都や大阪府の教育委員会が先導して「ガイドライン」を作成している。

⒄ 例えば，佐藤学が主導する学びの共同体実践や，ヴェンガーらによる実践コミュニティ論などがある。佐藤学『学校の挑戦－学びの共同体を創る－』小学館，2006 年，E. Wenger, R. McDermott, W. M.Snyder, *Cultivating Communities of Practice,* Harvard Business School Press, 2002.（野村恭彦監修・櫻井祐子訳『コミュニティ・オブ・プラクティス』翔泳社，2002 年。）

⒅ 全国生活指導研究協議会『学級集団づくり入門』明治図書，1971 年。

⒆ 片岡徳雄編『個を生かす集団づくり』黎明書房，1976 年。

⒇ 例えば，国分康孝・河村茂雄『学級の育て方・生かし方』金子書房，1996 年など。

(21) 安藤知子「『学級経営論』の展開から何を学ぶか－専門職業人としての教師の実践と研究」『学級の社会学』ナカニシヤ出版，15～34 頁参照。

(22) 高井良健一「教職生活における中年期の危機－ライフヒストリー法を中心に」『東京大学教育学部紀要』第 34 巻，1995 年，323～331 頁。

(23) 山本雄二「学校教師の状況的ジレンマ－教師社会の分析に向けて－」『教育社会学研究』第 40 集，1985 年，127 頁。

(24) Merton, R. K. and Barber, E., “Sociological Ambivalence”, *Sociological Theory, Values, and Sociocultual Change,* The Free Press, 1963, p.91.（金沢実訳「アンビバランスの社会学理論」『社会理論と機能分析』青木書店，1969 年，372～407 頁。）

(25) Ibid., pp.94-95.

(26) 第 6 のタイプについては同じ図への位置づけが困難であるため，図中では 6 つのタイプのアンビバランスのうち，第 5 のタイプまでを示している。安藤知子『教師の葛藤対処様式に関する研究』多賀出版，2005 年参照。

(27) Schön, D. A., *The Reflective Practitioner: how professionals think in action.* Boston, MA: Arena Publishing.（柳澤昌一・三輪建二監訳『省察的実践とは何か』鳳書房，2007 年。）

(28) 安藤，前掲書，2013 年，29～32 頁。

(29) なお，ここでの議論に登場する「行為の中の省察」を，「経験と勘と度胸」によってやり過ごすことと混同しないよう注意が必要である。

(30) 小島弘道は，スクールミドルについて，職位に限定されるのではなく担うべき役割の内実として「一定の経験を経た教員がスクールリーダーの一員としてそれまでの経験や知を生かして学校づくりに寄与するという職能期待」を担う者をスクールミドルとしている。小島弘道「スクールミドルの状況と課題」『学校づくりとスクールミドル』学文社，2012 年，11～12 頁。

(31) 例えば，大阪教育文化センター・教師の多忙化調査研究会『教師の多忙化とバーンアウト』法政出版，1997 年，高木亮「教師のストレス過程メカニズムに関する比較研究」『日本教育経営学会紀要』第 45 号，2003 年，50～62 頁など。

⑶2 例えば，鳥山敏子『からだが変わる授業が変わる』太郎次郎社，1985 年。松田孝志「こだわる教師の試行錯誤」『子どもの成長教師の成長－学校臨床の展開』東京大学出版会，2000 年，273～285 頁。井ノ口貴史「『教師であること』を問う生徒たち」『学校教育研究』第 19 号，2004 年，84～95 頁など，自身の転機が葛藤経験にあったことを語る論稿は数多い。

⑶3 Senge, M. P. et al., *The Fifth Discipline Fieldbook*, Doubleday, 1994.（柴田昌治，スコラ・コンサルト監訳『フィールドブック・学習する組織「５つの能力」』日本経済新聞出版社，2003 年。）

第9章　教師の専門性と力量

1　教師の専門性を読み解く視点

1．令和の教育改革と教職プロフェッショナル

2021年1月の中教審答申「『令和の日本型学校教育』の構築を目指して～全ての子供たちの可能性を引き出す，個別最適な学びと，協働的な学びの実現～」は「日本型学校教育」として内外にそのメッセージを強力に発信してきたその現代版だ。2か月後，初等中等教育局教育課程課は「学習指導要領の趣旨の実現に向けた個別最適な学びと協働的な学びの一体的な充実に関する参考資料」を出している。力の入れよう，思い入れがよく伝わってくる。その思い入れは不安なのか，危機感なのか，それとも達成感なのか。

資料作成の意図，趣旨については次のような説明がある。2030年の社会と子どもたちの未来を見据え，学習指導要領が2017～2019年に改訂され小学校，中学校ではそれぞれ2020年度，2021年度から全面実施，高校では2022年度から年次進行で実施。学習指導要領の公示以降，学校教育の情報化が急速に進展し，2019年の学校教育の情報化の推進に関する法律が公布・施行，その後のGIGAスクール構想により1人1台端末および高速大容量の通信ネットワーク環境の早期実現に向け，学校におけるICT環境整備の取組が進められている。一方2019年度に始まった新型コロナウイルス感染症の感染拡大は，学校においても長期にわたる臨時休業を余儀なくされるなど，甚大な影響を及ぼした。社会全体のデジタル化が推進されるなか，学校においてもICT環境を最大限に活用して学びの保障を進めること，また学校教育の本質的な意義を踏まえ，この事態に対応するためのカリキュラム・マネジメントを展開することが全国の学校に求められたとその理由を語っている。

このような状況を踏まえ，あえて「解説」を出した，もしくは出さざるを得なかったのは中教審の上記答申が強調した資質・能力の育成とその方法，環境の重要性，そしてそれを実現するうえで予想されるさまざまなむずかしさ（難題）をどう乗り越えるかという危機感があったからではないのかとの思いを強くした。また2016年の新学習指導要領の方向性を示した中教審答申以降，急速に進展した情報化は情報活用能力の育成とICT（情報通信技術）環境の整備が急務となり，新学習指導要領の「着実な実施」に向け必要な答申であった。

当然だと思う。なぜなら①〈多様な子どもたちを誰一人取り残すことなく育成する「個別最適な学び」，子どもたちの多様な個性を最大限に生かす「協働的な学び」の一体的な充実〉をどう実施，実現するか，その難しさ，また，②社会全体のデジタル化が推進されるなか，学校においてもICT 環境を最大限に活用した学びをどう保障するかという「超難題」（？）にどう向き合い，それをどう実施，運営するかという課題に向き合い対応しなければならないからであると考えた。いずれもこれまで語られてきた，もしくは話題としてきたことではあるが，その理論と実践を支え基盤をなす資質能力については「未開拓・未知の知」に近いものがあったのではないかという思いがある（筆者の不勉強と言われれば撤回しなければならない）。だから「超」は不要で「難題」という表現で十分かもしれない。いずれも断片的，部分的に語られてきたのだから。「多様な子どもたちを誰一人取り残すことなく育成する『個別最適な学び』，子どもたちの多様な個性を最大限に生かす『協働的な学び』の一体的な充実」は理念，志としては言えても，自らの無知蒙昧を恐れずにいえば，実践となると「超難題」に挑む大事（おおごと）だと思ってしまう。それは杞憂に過ぎないかもしれないが，教師，学校の実践哲学と力量を磨きながら腰を据えて対応の資質能力を磨き高めていく必要がある課題だと考えた。教師の資質力量が問われていることも忘れてはならないだろう。読者の考えはどうだろうか。

答申は冒頭「人工知能（AI），ビッグデータ，Internet of Things（IoT），ロボティクス等の先端技術が高度化してあらゆる産業や社会生活に取り入れられた Society 5.0 時代が到来しつつあり，社会の在り方そのものがこれまでとは『非連続』と言えるほど劇的に変わる状況が生じつつある」と述べている。これは今次学習指導要領の改訂方向を示した 2016 年の中教審答申「幼稚園，小学校，中学校，高等学校及び特別支援学校の学習指導要領等の改善及び必要な方策等について（答申）」でおおよそのことは語られていた。つまり今次改訂の学習指導要領の方向を示した 2016 年の中教審答申を境に学習指導要領の理念，内容，かたちが大きく変化したように思える。その後さらに前述の「学習指導要領の公示以降，学校教育の情報化が急速に進展が急速に進展」した。社会と時代の変化，学校教育（教育課程）の理念・目標・役割・機能，学びと指導の個別化・個性化・多様化，「主体的・対話的で深い学び」（「アクティブ・ラーニング」）の実現，教育方法の刷新，居場所としての学校，学校の福祉的機能，学校のコミュニティ・スクール化など，「学校教育の専門性」を大胆に変革するのりしろ，課題を広げているという印象をもった。これらの多くは強力な軌道修正といえるほどの「超難題」としてよいかもしれない。

こうした「超難題」を克服するためには学校教育の性質と本質を視野に，教師の力量（資質能力），教育条件，学校運営，スクールリーダーシップなど多くの問題や課題が浮かんでくる。例えばこれまで教師の働き方改革が必要な状況として多忙化，子どもたちの変化などがいわれてきた。現在の状況はそれらを含めさらに新たな状況を生んでいる。感覚的に反応したのはここで必要な条件は学級定数の削減，多様な学習と指導のための教職員の増員，こうした学びと指導についての研究条件や環境の確保である。資質能力にはなかなか辿りつけないでいる。

「参考資料」は「学校は，学習機会と学力を保障するという役割のみならず，全人的な発達・成長を保障する役割や，人と安全・安心につながることができる居場所・セーフティネットとして身体的，精神的な健康を保障するという福祉的な役割をも担っていることが再認識された。特に，全人格的な発達・成長の保障，居場所・セーフティネットとしての福祉的な役割は，日本型学校教育の強みであることに留意する必要がある。」と述べている。学校論として興味ある議論だ，発展させるべき議論となるだろう。

本章は以上のような最近の動き，課題を視野に読み込んでもらいたい。

2．教師への期待と変容

戦後初期教育は児童中心教育，問題解決学習，生活単元学習，経験主義教育として展開する(「新教育」)。その考え方，理論，思想は ジョン・デューイ(Dewey, J.)の経験主義教育理論だった。

戦後 1951 年に GHQ の占領が終わり日本が主権を回復して以降，学力の低下や道徳教育の問題をめぐって戦後教育の見直しが教育政策，学術研究，教育運動レベルで活発になった。戦後新教育を推進した梅根悟の『新教育への道』(1947 年)，新教育を批判した矢川徳光の『新教育への批判—反コア・カリキュラム論』(1950 年)などに象徴されるように新教育への反省，批判が日本列島を席巻することになる。「学校死滅論」「這いまわる経験主義」「ごっこ遊び」とする批判もあった。そこでの論点，争点は学力の低下問題と基礎学力，系統学習などのいわば「確かな学力」の育成だった。『山びこ学校』(1956)の著者，無著成恭は「ごっこ遊び」に象徴される新教育を批判し戦前の生活綴方教育に学び，民衆と地域の生活の現実を起点とした生活綴方教育を実践した(1)。保守層は道徳の在り方，その教育にも関心が向かった。

こうした学力低下問題をどうするか。切り札は科学的知識と学問中心の教育内容へのシフトだ。それは「教育の現代化」「教育内容の現代化」として当時の教育界を席巻した教育改革であった。1960 年代後半から 70 年代の「教育の現代化」(運動)は，1957 年ソビエトの人工衛星打ち上げ成功へのアメリカ，西側諸国の「スプートニクショック」を契機に科学教育への関心を強め 1960 年代の学問中心カリキュラムの世界的な教育内容改革運動として展開した。科学教育への関心は「教育内容の現代化」を促し，日本でも 1968 年改訂の学習指導要領の特徴を「教育内容の一層の向上(「教育内容の現代化」)」と銘打った。

J.S. ブルーナー著（鈴木 祥蔵・佐藤 三郎訳）『教育の過程』（1963 年）は「教育内容の現代化」を牽引した。

しかし学習負担増，詰め込み教育，授業についていけない子どもの増加（「落ちこぼれ七五三」）などを生み，1977 年改訂の学習指導要領は「ゆとりある充実した学校生活の実現（学習負担の適正化）」をコンセプトに各教科等の目標・内容を中核的事項に絞った。その後，学力低下などを理由に「脱ゆとり教育」へ転換し，「基礎・基本を確実に身に付けさせ，自ら学び自ら考える力などの『生きる力』の育成」を目指す 1998 年学習指導要領改訂（教育内容の厳選，「総合的な学習の時間」の新設）へとつながる（10章の「学習指導要領の変遷」参照）。

以上の新教育の理論と実践，新教育への批判，学力低下問題，「教育の現代化」の研究は多い(2)。

1980 年代，中学生を中心に子どもの問題行動が大きな社会問題，政策課題となった。それは他方で，こうした問題を生み，また対応しえない教師に批判のまなざしが向けられた。臨教審を舞台とする教育改革をめぐる議論では教師の「資質」が議論の核心，焦点となった。指導力ではなく，8 年間自宅研修などを続けている教師が他人の乗用車のタイヤをパンクさせ逮捕された事件など，「犯罪を犯してはいないが，教師として教壇に立たせることができないような教師」（臨教審部会長メモ）というような“問題教師”問題があった。臨教審の内部からも「教師いじめの軍法会議」だとの批判も出ていた(3)。初任者研修(4)が法定研修として制度化されたのも，こうした雰囲気の中でであった。こうした状況について委員の中学校長より，審議会が教師バッシング一色になっていると憂う声もあった。こうした状況に対して筆者は「教師の教育姿勢や力量に対して広い範囲の国民のあいだから教師全体に向けられた批判，不信の大合唱となっている」と指摘し(5)，「“教師敵論”で渦巻く日本列島」と表現したことがある。

「教育の現代化」はこうして 70 年代に流行語となった「落ちこぼれ」問題(6)を生んだ。それは高度経済成長期における社会の変化とそこに生きる人々と子どもたちの変化が織りなして生んだ面がある。不登校，非行，暴力，自殺，学級崩壊などは社会問題化したことは言うまでもない。教師の体罰，不適切な対処・対応も頻発し教師や学校の「権力化」として糾弾される場面も少なくなかった。学校の“権力化”とは，教育関係において，子ども・親に対して教師・学校の指導の支配的権能が事実上形成され，教師・学校の規範，教育秩序を一方向的に守ることが求められ，そうした関係と秩序が子どもや親に一定の圧力となっている姿のことである(7)。学校の権力化は，教師と子どもの間の教育関係を不安定にし，教育秩序の維持が困難になることから生ずる状況でもある。子どもとの関係で教師の指導が絶対視化される方向で「管理教育」が進行するプロセスだ。以下に述べる「新たな力量」「新たな資質能力」はこうした経験，対応を経て形成された教育改革言説だ。

3．「新たな資質能力」の意義と課題

1970年代後半，少年非行に関して，戦後第3のピークといわれる事態が生まれ，その後ピークは更新され続けた（第1のピークは1951〔昭和26〕年，第2のピークは1964〔昭和39〕年）。敗戦後の社会の混乱と経済の困窮という「貧しい社会」から生まれたモノの窃盗犯を主流とする第1のピーク，経済復興を成し遂げ，高度経済成長を目指す社会の中で人を対象とする粗暴犯，性犯罪，シンナー遊びなどの新たな非行のタイプを特徴とする第2のピーク，そして家庭内暴力，校内暴力，いじめなどを特徴とする非社会的・逃避的な行動が見られるようになる「豊かな社会」での第3のピークにつながった。1988～89年にかけて社会を震撼させた宮崎勤（当時26歳）による幼女連続殺人事件は，新たな問題行動や犯罪行動を予感させた。その後，この予感は現実となり，かつその現実は広くみられるようになった。子どもがマスコミや雑誌などのメディアを通して自己の心につくる仮想の世界（ヴァーチャル・リアリティ），主観的で自己中心的で自己閉塞的な行動，対面・対人行動における自己規範や自己規律の喪失は子どもの間により深刻な意識と行動を生むことになった。

こうした子どもの変化は教師にとってわかりにくいものであり，しばしば子どもの心や世界を知ることを難しくしていった。子どもの世界は「異界」だとする認識も生んだ。そうした書物も出版されたのもこの時期である[(8)]。このため 1980 年代以降，子どもを理解する，子どもに向き合い，寄り添うなどのカウンセリングマインドや技能などを教師が身につけることと，子ども理解に立つ指導を展開する重要性が指摘された。これは「新たな力量」と呼ばれた。1987 年の教育職員養成審議会（以下，教養審）答申は，それを「実践的指導力」とした。

神戸市で起きた中学 3 年生による小学生連続殺傷事件（1997 年），栃木県の市立学校内でのナイフを使った中学生による女教師刺殺（1998 年），学校内外でのナイフを使った殺傷事件の多発，子どもによる親殺害，友人との親殺害（千葉県四街道，1998 年）など中学生による大人の殺傷事件は，「心の教育」の必要性を強調させたばかりでなく，子どものことをわかろうと努力して指導を展開する教師，教職への高い意欲や使命感というような資質能力を教師に対して強く求め重視することとなった。

教養審第 1 次答申「新たな時代に向けた教員養成の改善方策について」（1997 年）は，「今日学校ではいじめや登校拒否など深刻な問題が生じており，教科指導の面でも，生徒指導や学級経営の面でも，教員には新たな資質能力が求められている」というように，「新たな資質能力」と述べ，その育成，向上の必要性を強調している。

以上のことが，教師に必要とされる力量の中で，子ども理解など，つまり子どもを知り理解する，子どもの目線で見る，子どもの立場になって考えるというカウンセリングのマインドや技能を強調させた理由である。また中教審答申「21世紀を展望した我が国の教育の在り方について第一次答申」（1996 年）は，教員に求められる資質・能力について，「生きる力」の育成という「学校教育の基調の転換」に向けた教員の意識改革は極めて重要であり，その観点から「豊かな人間性と専門的な知識・技術や幅広い教養を基盤とする実践的な指導力を備えた教員」の育成と「教科指導や生徒指導，学級経営などの実践的指導力の育成を一層重視することが必要であると考えられる。特に，今日のいじめや登校拒否などの深刻な状況を踏まえるとき，教員一人一人が子供の心を理解し，その悩みを受け止めようとする態度を身に付けることは極めて重要であると言わなければならない」と指摘していた。『子どもの社会力』(門脇厚司，1997年)が出たのもこの時期である。

4．教師の専門性と「適格性」

東京都教育委員会は1980年代の「新たな力量」に対してカウンセリング・マインドや技能の研修で対応した。1990年代の「新しい資質能力」に対しては指導力不足教員問題として位置づけ，いっそう厳しい対応で臨んだ。

1997度末から校長の申請で指導力不足と認定された「問題教員」に対して3年間校長の監督のもとで研修を義務づけ，その間に改善が見られない場合には教師としての適格性に欠けるとして教諭職からはずすことや免職もなしうるとする制度を創設した。

ここで指導力不足の教師とは，授業そのものを成立させることができない教師や板書しかしない教師，また子どもとうまくコミュニケーションをとったり関係をつくることができない教師である。授業で教師と子どもの関係が崩壊し，学級が崩壊している現実があった(「学級崩壊」)。子どもとのつながり，関係を結ぶことができず，両者の間に信頼とコミュニケーションをつくることができない教師が問題とされていく。1980年代，犯罪は犯していないが，教師としてふさわしくない教師が「問題教師」として話題となったが，それは臨教審を舞台とする教育改革の最中，教師の適格性が大きな話題となったことが背景にある(2．教師への期待と変容を参照)。教員以外の職に配置換えする，教員免許更新制の導入(1988年，2022年廃止)[9]，教職大学院を設置して教員の資質能力の向上・高度化を図ることなどを視野にその問題を解決しようとして展開してきた。地方教育行政法改正(2001年)では，指導力不足教員を，①「児童又は生徒に対する指導が不適切であること」，②「研修等必要な措置が講じられたとしてもなお児童又は生徒に対する指導を適切に行うことができないと認められること」のいずれにも該当する教員とした。

指導力不足教員に対する行政側の対応は，中教審答申「今後の地方教育行政の在り方について」(1998 年 9 月 21 日）によって加速され，具体化した。つまり，「適格性を欠く教員等への対応」について，「子どもとの信頼関係を築くことができないなど教員としての適格性を欠く者や精神上の疾患等により教壇に立つことがふさわしくない者が子どもの指導に当たることのないよう適切な人事上の措置をとるとともに，他の教員に過重な負担がかかることのないよう非常勤講師を任用するなど学校に対する支援措置を講じるよう努めること。また，教員としての適格性を欠く者については，教育委員会において，継続的に観察，指導，研修を行う体制を整えるとともに，必要に応じて『地方公務員法』第28条に定める分限処分の的確な運用に努めること」のように提言した。ここでの「子どもとの信頼関係を築くことができないなど教員としての適格性を欠く者」は「指導力不足教員」と呼ばれた。

2005 年度全国で「指導力不足」と認定された公立学校教員は 506 人。認定者の 72 %が男性教員。年代別では 40 代 45 %，50 代 37 %などとなっている。前年度と比べ 60 人減ったものの 2 年連続して 500 人を超えた。うち辞職した教員は 111 人，新規認定教員は 246 人（文部科学省調べ）である。

「指導が不適切な教員」に対しては教育職員免許法及び教育公務員特例法改正（2007 年）で不適切な教員と認定された教員は「指導改善研修」を受けなければならないとした。「指導が不適切な教員」の事例は下記の通り[(12)]。

①教科に関する専門的知識，技術等が不足しているため，学習指導を適切に行うことができない場合（教える内容に誤りが多かったり，児童等の質問に正確に答え得ることができない等）

②指導方法が不適切であるため，学習指導を適切に行うことができない場合（ほとんど授業内容を板書するだけで，児童等の質問を受け付けない等）

③児童等の心を理解する能力や意欲に欠け，学級経営や生徒指導を適切に行うことができない場合（児童等の意見を全く聞かず，対話もしないなど，児童等とのコミュニケーションをとろうとしない等）

2 教師の資質と専門性

1．根本にある子どもとの関係

教師の専門性や力量を論ずる場合，常に付いて回るものは教師の資質とは何かということである。

教師の資質については多くの人が語ってきた。そこで共通項といえるもの，もしくは共通に確認できることは，子どもが好きであるか，子どもの目線や興味・関心に立ってともにものごとに取り組むことができるか，子どもの満足や達成感をわがことの喜びとすることができるか，さらにいえば子どもの成長を助ける仕事に喜びと満足，そして誇りをもち，そのために使命感をもつことができるかである。

このようにいわれる資質は，実は優れた教育実績を残してきた人たちによっても語られてきた。例えば，金沢嘉市は，著書『ある小学校長の回想』（1967年）の中で次のように述べていた。教師になり，40 年間も教師であり続けてこられた理由は，「子どもが好きであったということにつきる」「教師になろうとする者に対しては，子どもが好きでなかったらぜったいにならないようにと言っている」と述べた後で，いい教師とはどのような条件を備えていなければならないかということについて，①教師は子どもとともに遊び，子どもとともに語り合うことができる人間であること，②新鮮さ，若々しさ，の二つを挙げている。そして「感覚も摩滅し，感動もなくなり，成長も止まった教師は年齢のいかんを問わず教育の仕事はもはや不向きになったと考えなくてはならない」(10)と述べている。

金沢は，資質の核，真ん中に子どもを置き，子どもに対する教師の距離・感情の在り方を資質としている。中学生が荒れた 1980 年代，中学教師であった太田昭臣も，「教師として生きていくために最も重要な，子どもをどうとらえるのかという基本的な発想」[11]，つまり教育実践における子どもへのスタンス，子どもと向き合う姿勢を教師の条件だとした。教師，校長の実践を通して記した『教育は死なず』の著者で知られる若林繁太は，「子どもたちを愛する心情」であるとした。荒れた学校での実践，そこでの生徒に対応する中から生まれたそれは抽象的で一般的ではない。「いかに厳しくとも，偽りなく」，これが教育の醍醐味だとしている。「正しいことを正しいと言い，叱るべきを叱る毅然とした態度は，必ず生徒たちの信頼を生むものである。これこそ，教師の心すべきことであろう。」[13]

また大村はまは，国語の中学教師として同じ教材を二度と使わないという姿勢で授業を行ってきた。授業を教師にとっての勝負どころとすれば，そこで“壮絶な闘い”が展開されていたことになる。そうした大村だからこそ，「研究することは『先生』の資格だ」と言いえたのである。「研究している先生はその子どもたちと同じ世界にいるのです。研究をせず，子どもと同じ世界にいない先生は，まず『先生』としては失格だと思います」と述べていた[14]。

知識の世界に子どもをいざない，そこで子どもの学びの活動をデザインし，支援するのは教師の仕事の核心である。知識を教師が教え，それを子どもが学ぶという一方向の関係は現在の，そしてこれからの教育の在り方ではなくなった。知識は子どもにとって自己の世界（人格）の外側にある。この世界は意識的であれ，無意識的であれ，これまでの人間の実践と認識を通して形成されたものである。ここに新たな知が入り込むためには，子どもが知と向き合い，知を加工し，意味づけをし，自己の世界に取り込む作業が必要となる。子どもが新たな問題や課題に直面したとき，取り込み，蓄積した知を取り出して対応し，解決しようとする。ここに新たな知がくっつき，その知が蓄積され，知に膨らみと深みが生まれる。授業は，こうした知を媒介にして子どもたちがそれを取り込む過程を計画し，指導する作業であり，プロセスだ。

教師は，子どもが学び，生きる夢や目標を語ることができることへの共感者，共振者，支援者でありたい。夢や目標というような，でっかいものでなくても学ぶ喜びを共有しうる教師であればよい。こうした関係を取り結ぶものは知のレベルを超えた人間の世界が介在している。影響し合う関係，相互作用し合う関係といってよい。

以上にみるように，教職に身を置いた人たちからは，教師であるために最も基本的で，最も大切なものは子どもへのスタンス，関係のもち方であるといわれている。敗戦後の日本における教育政策ともいわれる第一次米国教育使節団報告書（1946年）が教育の出発は子どもであると指摘したことが想起される。

2．教師の資質は変化し，形成される

「資質」というのは，一般にはその人に生まれつき備わっているところの，ものの感じ方や考え方，行動の傾向性，さらにはものごとの判断と解決の仕方の傾向性である。それは，その人となりを示す個人的な判断，行動，問題解決能力の傾向性である。教師という職業は，長期にわたる大学教育を受け，さらにその後は職務を遂行する過程で得られる専門的な知識や技術を背景に成り立つもので，その知識や技術は，教師個人の「資質」とは独立した，それ自身客観的な体系をもっている。

しかしながら，教師という仕事の実際では，この客観的な体系を子どもの変容を目指して展開しうる力が必要になるが，そこでは何よりも子どもの心をつかみ，動かし，学びへのアクションをもたらしうる教師個人の影響力が不可欠になる。この影響力を構成する要素の核心こそ，教師の「資質」というべきものであろう。その人となり，人柄，パーソナリティなどといわれるもので「信頼」を生む条件である。適性もここに含まれる。教師の力量や能力といわれる中に資質を含めて考える傾向にあるのは，個人的な部分，要素が教師の職務遂行に大きな役割を果たす，力をもつからである。多くの教職者が子どもが好きかどうかを教師の資質の中核に置いたが，その意味は，子どもが嫌いである，

子どもとの関係をつくることが煩わしいと思う者は，教育関係，信頼関係をつくることはそもそもできない，つまり子どもに影響する人間にはなれないということを意味する。人との関係で，そして子どもとの関係の中に成立する仕事は大なり小なり，こうしたことがいえる。医師や弁護士でも個人的な要素は相当に大きな役割を果たすが，彼らの職務遂行能力では基本的に専門的な知識と技術（臨床的知）が支配的になる。医師の資質，弁護士の資質ということはあまり聞かれないのはこのことと無関係ではないのである。これら伝統的な専門職と比べて教職は人柄，人間的なものが大きな位置を占める。教師の人柄や人間的なものと結びついて影響力となる。これは教職の特殊性といわれるものである。教師の場合，「資質」という言葉が比較的自然に使われるのは訳があるのである。

以上を単純化していえば「人間力」かもしれない。人間力は教師だけに求められる資質能力ではない。現在，一般に人間の在り方，社会人の生き方として人間力が語られ，大切にされるようになっていることを付記しておきたい。

教師の資質について語るとき，しばしば使命感が強調されることがある。

使命感，それは自分の職務に課せられた課題についての自覚，責任感といってもよい。使命感については，障害児学級を担当したときや困難な生徒指導場面に出くわしたときに使命感が湧き出るのを感じたとする教師は多い。教師の仕事の原点を感じ，または発見するのはこうした場面である。教師冥利を感じるのもこうした場面だ。その意味で教職における使命感というのは問題解決の過程で培われ，育まれてゆく。使命感とはつくられるものといってよいかもしれない。

生徒指導の中で教師としての考え方が変わり，さらに深まり，かつ教師であることの喜びや自覚をつかむことができたと，ある高校教師は自らの実践を振り返って次のように述べている。

「数学教師としての最初の4年間は福岡市のある私立高校で過ごした。初任校の 4 年間は，どちらかと言えば進学指導に重点を置いた教育観に支えられ，授業を教師主導型，受験テクニックの指導に時を費やす毎日であった。思えば，客観的技術体系の面に重点を置いて教師としての資質を捉えていたと言える。2校目は熊本県立のある工業高校だった。ここで教育の原点を垣間見た。それは，赴任して半年たったある日をきっかけに取り組むことになった登校拒否生徒との関わりにおいてであった。その生徒は，規則もきちんと守り，目立たない生徒であった。登校拒否をしはじめてから，家庭訪問の毎日であった。部屋の扉を閉ざしたまま出てこない日が続いた。ある時は，部屋の前で話しかけ，ある時はドアに手紙をはさんで，学校へ来るよう促した。堪忍袋の緒を切らした父親が鍵を壊して中に入るや否や，その生徒は，すごい形相で飛びかかってきたこともあった。その生徒を押さえ，落ち着いたところを見計らって学校への復帰を説得したが，生徒は泣き，ただうなだれるだけだった。

そうこうするうちに，クラスの生徒達が授業のノートを届けたり，朝から誘いに行ったりすることが見られるようになった。私も，数学を個人指導することを通して，心の扉を開いてくれるのを期待した。最初，ほとんど反応を示さなかった生徒が，うなずいてくれるようになった。私の目を正視してくれるようにもなった。そんなある日のことである。その生徒は，私の帰り際に，数学のノートの端に，『先生，明日から学校へ行きます。』と書いてくれた。私はうれしさの余り，彼を抱きしめた。そして，彼の開かれた心の扉からほとばしる熱いものを感じたような気がした。そのノートのことをクラスの生徒たちに紹介したとき，そして，彼が学校に戻ってきたときの拍手と歓声は今でもはっきり耳に残っている。彼の姿が学校に戻ってきたのは，それから2，3日してからであった。実に，70日に及ぶ長い時間であった。

私には長い長い日々であった。いや，その生徒にとっては一日千秋の思いであったに違いない。未だに登校拒否の原因は定かではないが，今となってはそれはどうでもよいと思っている。教育の営みは原因・結果にあるのではなく，そのプロセスにあると信ずるからである。私にとって，支えとなったのは常に担任をし続けたということである。担任をするということは，生徒との出会いの場に恵まれる。いわば毎日がドラマである。指導過程の中で私の価値観，教育観は揺らいだりもしたが，それに勇気を与えてくれたのも生徒達であった。このことを通して，私の教師としての自覚，使命感は一歩前進したことも事実である。」[15]

使命感はそれ自身，仕事の中身に伴う感情である。したがって教師の使命感は教育という仕事それ自身が含む価値であり，さらにそれに対する教師の思い，感情である。教師の使命感は教育の何たるかをつかんだ時に生まれる。だから厳密にいえば，それは教師になる前にすでにあるというものではない。

使命感は実践のプロセスで形成され，また使命感はよりよい，かつ新たな実践や力量を生み出しもすることを考えれば，使命感は教師の資質能力の一角を構成するものとして考えてよいかもしれない。

しかし教師の専門性を資質で語ることにはおのずと限界がある。つまり，子どもが好きとか，愛するということは教師であることの重要な資質，要素であるといえても，こうした人間的な要素が客観的なものと結びついて行使されないかぎり，厳密な意味でそれは教師の「資質」とはいえないだろう。だからそれは生まれつきもっているものと考えるよりは，さまざまな問題にぶつかりながら，試行錯誤を繰り返しながら解決し，つかんだものが積み重なり，自分なりの教師スタイルとなっていったものこそ，教師個人の「資質」というにふさわしい。リーダーシップについても同じようなことがいえる[16]。

人間一般の能力にいえることだが，人間は生まれつきもっている能力と，それをベースに，生まれてからさまざまな経験や問題解決の過程で身につけた能力をもっている。言い換えれば，遺伝的な能力はそれ自体が定められ，固定したプログラム（fixed program）である。人間と動物の違いはこのプログラムの在り方，進化にある。人間の場合，そのプログラムは固定して動かないように思えても，外部環境との関係において，つくりかえることはできないにしても，いろいろに反応させ，対応させることができ，その過程で能力といえるものが形成される。さらには，こうした能力をベースに，外部環境との関係の中でそれに適応し，対応するプログラムをつくることができる能力をもつようになる(17)。だから，生まれつきもっている能力と，その後に形成した能力を明確に区別することは実際のところ難しいが，生まれつき備わっている能力を否定する人はいない。と同時に，それとて完全に固定して動かないものかどうかとなると，そうともいえない。環境に対して柔軟に反応，適応し，自らの問題を解決する力こそ，人間の能力であるからだ。

3．学校が教師を伸ばす —— 教師集団は第二の学校

大学では教える教科と教育に関する専門的知識を獲得した。教育実習では多少の実践経験はしたが，それ以上ではない。若い教師にとって最初に勤務した学校は大学に続く第二の学校である。こうした認識は教育界では常識であったし，現在でも変わりなくそう受け止められている。

大学は彼らに多くの科学的な知識や技術を与えた。教師の仕事をきちんとやっていくだけの力量は，おおよそ身についたかに思える。しかしそれはあくまで教師としての基礎的，基本的な基盤としての資質能力であって，それ以上のものではない。実際の指導場面の中で，これらの知識や技術を適用し深め生かすワザはこれからだ。子どもに対して働きかける方法，教育実践の過程を組み立て，それを指導として展開していく力は大部分これからだ。自分なりの指導スタイル，自分なりの研究スタイル，つまり自分なりの教師スタイルはまだもっていない。子どもと向き合い，子どもとの関係をつくりながら指導を展開する力量の多くは今後に残されたままだ。指導の場面ではさまざまな問題や課題に直面して，それを解決する過程で実践知を蓄積しながら力量を向上させ，教師として成長していく。自らの向上意欲を前提に子どもとの関係や同僚教師・教師集団，校長などとの関係の中で形成されることのほうが多い。一般に学校が教師を変える，教師を育てるのである。とりわけ同僚・先輩教師，そして学校文化は教師の自己成長，自己変革を促すうえで大きな力となる。そういうプロセスが準拠集団の転移を促し，言わば自己変容，自己成長の環境を経験する(18)。

最初の学校で，どんな先輩，同僚教師に出会ったか，校長先生がどんな対応をしてくれたか，学校の雰囲気，人間関係がどのように包んでくれたかは若い教師の意欲，モラールに計り知れない影響力をもつ。それというのも，若い教師は客観的に多くの配慮と助言を必要とし，また主観的にも求めている存在であるからだ。教師集団の中に暖かい援助と励ましを感じることができなければ，失望するだけである。若い教師が最初の学校でやる気をなくすか，もしくは意欲をかきたてられるかは最初に勤務した学校の雰囲気，対応で決まってしまうと言っても過言ではない。

群馬県島小学校の校長に赴任した斎藤喜博は，教師は授業で勝負するものだとの立場から学校の授業をベースとした研究集団にまで高め，教師の授業力向上に努めた。島小の実践は学校，県を越えて日本中が注目するところとなり，教師に強い影響を与えた。斎藤は，授業研究，それを通した学校づくりによって，授業研究を中心にした教師集団を形成し，学校内外の多くの教師が影響を受けていった。斎藤は強い個性の持ち主であったが，斎藤のこうした実践と理論は広く受け入れられ，これに触れ，学ぶことがどれほど教師の自信となり，授業の向上の気持ちを促す力になったかは計り知れない。

研究や研修の力がいかに大きいかについて，ある小学校教師は次のように述べている。新任教師として赴任して以来 12 年間勤務した小学校は，当時，巷間これを「教員養成学校」と呼ばれていた。そして「教師としての私を決定づけてくれたこの学校を忘れることができない」と回想している。ここでの経験を通して得たものは，①子どもたちを，本気でかわいがっているか，②子どもの心を深く理解しようと努めているか，③子どもたちを，どんな人間に育てようとしているのか，そのビジョンをもっているか，④子どもの個性を見つけ出し，それを伸ばしてやろうとする指導に心を砕いているか，ということを視野に置いての「子どもの心にとびこむ教育」である(19)。ここでは，まさに赴任校，とりわけ初めて勤務した学校は第二の学校であったのである。

3 教育実践の協働と専門性の変容

1．専門性の変化――協働の専門性，開かれた専門性

教育活動は基本的に教員一人ひとりの仕事であり，その意味で個業であるし，個業を支え，促し基盤となる知としての専門性である。同時に，その専門性はそれぞれを補い合うという部分や性質をもっている。協働としての専門性だ。日本の学校では教育活動であれ，校務分掌であれ，一緒に考え，取り組むことを特色としてきた。それは協働の文化として日本の学校教育を特色づける「令和の日本型学校教育」として鎮座するまでになった。実は1984年の日本教育経営学会で共同研究「日本の学校経営様式に関する研究序説」（共同研究）と題して発表したことがある。大学院ゼミをベースとした研究であったが，「日本型学校教育」研究としても共感，共有できる概念，メッセージだと思う。

学校力を高めていくためには，教員の協働は不可欠な条件だ。協働とは目標を共有し，その目標を達成するために関係づけられた人々によって行われる仕事のかたちである。チームをつくり，チームを通した活動といってもよい。専門性はここでは各教員の活動として存在しながらも，協働の文化がこれを支え，色づけて「協働の専門性」を生み出す。

学校における専門性は関係する教員が有する専門性との関係，つながりの中で形成される協働として存在し，また協働の中で専門性が息づき，色づく。それはまた「開かれた専門性」でもある。保護者・住民の学校参加が現実のものとなっている中で，教師は保護者・住民の期待と要請を受け止め，連携し一緒になっていい教育を実現することを専門性のカタログに加える方向として理解したい。とすると，これまでの専門性の認識では収まり切れないものが出てくる。今次改訂された学習指導要領は，予測困難な時代における社会的変化に生きる子どもたちに「よりよい社会と幸福な人生の創り手となる力」を学校教育を通じて育成することとし，その教育課程の在り方，理念を学校と社会が共有し，社会と連携，協働してその実現を図るということを「開かれた教育課程」

とした。これについても「開かれた」とは教育課程の編成，実施での学校と保護者や地域住民の連携，協働にとどまらず，世界的視野，地球的視野，人類史的視野における学校教育の構築，教育課程の開発として議論を深めたい概念でありうるし，同時に，そうした観点から揺らぐ専門性の議論を深める必要がありそうだ。

2．教育実践の協働 ——「対する関係」から「つながり協働する関係」へ

教師の仕事は，何よりも子どもたちに人間的，社会的，職業的自立の基盤となる資質能力を育成することにある。教育の社会的機能という観点からすれば，それは国家や社会の発展のために必要な機能であり，また一般的には文化を次の世代に伝えるという機能である。こうしたいわば社会発展のためとか，将来に向け備えるための教育だけでなく，同時に今を生きるため，人生を生きるために，つまり生を充実させるために必要な基盤となるものを学び，そうした可能性のある学びもまた学校教育の大切な役割だ。それは学校種，学校段階を問わない。学校教育は社会とか将来というような，子ども自身の中にではなく子どもの外に教育の目的を置き，そのために教育を計画，実施するということは，教育として避けられない。そうであっても教育は今を生きる子どものためにも存在しなければならないはずである。

それはこうである。子どもは小さな大人ではない。また大人になるために今を生きているだけではない。今を生き，今の生活の営みの中に今を生きる実感と充実を確認し，また求める存在でもある。ルソー（Rousseau, J. J.）もそうであったし，「子どもの権利条約」の精神に大きな影響を与えたポーランドの精神科医，ヤヌシュ・コルチャック（Korczak, J.）も，このことを強調していた。「子どもの権利条約」はまさにこうした子ども観を求め，また前提にしている。塚本智宏『コルチャックと「子どもの権利」の源流』（子どもの未来社，2019 年）が参考になる。このことは，子どもがその時々の発達課題を大切にし，その時期にしかできない経験，その時期に必要な体験を充実させる必要があること

を示唆している。遊びを通して判断力や理性，協調性や社会性が育っていく時期に，それをしないで知育偏重の育て方をしていくと，キレる子どもや，けんかや暴力にすぐ走ってしまう子どもになってしまうとする脳科学者からの警告もある。

学校の役割は，こうした教育を計画し，実施，運営することで教育の目的を達成していくことにある。この中にあって教師の専門性は，子どもが身につけるべき資質能力の育成を教科やその他の指導を通して行う仕事にある。中学校や高等学校の教科担任教師の場合は言うまでもなく，全教科もしくは複数教科の指導を担当する小学校教師にあっても学校として子どもに身につける資質能力のうち，その一部を担当し指導していることでは変わりはない。しかもその指導は，教科だけでなく，人間性や道徳性など人間の生き方や在り方に関わる人間的成長といった部分を抱え込んでいる。教科の指導を通して，そして教科の指導と並んで人間的成長に必要な教育的働きかけを職務の核心に置いている。わが国でも学校週5日制の完全導入などの理由から学校をスリム化して，できるだけそうした機能を学校から解放（排除）しようとする考えがあった（経済同友会「学校から『合校』へ」1995年）。しかし他方で現実に存在し，起こっている子どものさまざまな問題行動や子どもの意識や行動の変容を受けて，さらには学校という子ども社会を子どもが生き生きと学ぶ時間・空間・居場所とする観点から教科指導にとどまらない指導，そして学校づくりが語られてきた。教師の専門性はこうした指導に関わる知や技だ。

教師の専門性は，個別性，個業性が強く，個人技・芸，職人技・芸，つまり個人の指導力，力量に多く依存する。専門性とは，そもそもそういうものである。しかしその専門性は，①指導そのものが個別的な業務として行うだけでは十分でなく，協力したり分担したりして行う必要，②学校教育目標の達成との関連で個別業務をそれ以外の業務との関連で理解し，行う必要，③したがって組織活動の一環として個別業務を組織し，実施する必要によって，その姿とかたちを変える。専門性における協働，協働における専門性だ。

協働が生まれ，必要となるのは，達成すべき具体的な課題を共有している自律的な人間が，その解決の，解明のために個人ではあるがゆえにもつ制約を克服するために複数の人間が協力し関係し合って行動するためである（関係的自律)。この協働は協力と区別する必要がある。協力は，組織活動において分担した仕事を担う成員の関係の仕方に対して向けられる表現で，校務の分掌業務のように，業務の体系として組織され，秩序づけられた分担業務，個別業務の上に組み立てられた概念であり，相互に助け合う，補い合う関係というイメージである。これに対して協働とは，分担とか協力というような業務の割り振りや関係にとどまらず，仕事を通して人と人とを結びつけ，そこに協働意欲と協働関係が生まれ，共有する規範や文化を生み，精神的な一体感をつくり出す状態，イメージだといえる。協働という行為は学校運営の次元だけでなく，教育実践の次元でも成立し，必要とされる。そこでは教育実践における専門性・自律性と協働との関係が論点となる。

協働がこうした教師の在り方を展開させるためにも不可欠な要素，条件であり，かつ協働は教師のそうした在り方をさらに発展させる機能とエネルギーを有する。同時に得意分野を強調するがゆえに，軽視され，おろそかにされがちな活動，また個性を強調するがゆえにおろそかになりがちな組織活動を補強するために協働の必要がいわれている。

協働は，このように教師の力量をさらに発展させる機能と補う機能をもっている。教師として必要な最低限の資質能力は身につけなければならないが，それをベースに一緒にする必要のある教育活動や一緒に行ったほうがよい教育活動ではできるだけそうしたやり方を採用して，補い合いながら自己の得意分野を伸ばしていくということが重要になる。学校と教育の新たな環境と課題に向き合う専門性の在り方を協働で補い，得意分野を向上させることでさらなる自己開発につなげていくという考え，戦略である。したがって協働意欲と協働関係をつくることは，これからの教育実践と学校運営を展開発展させるうえで不可欠な戦略だと理解することができる。それは「対する関係」から「つながり協働する関係」の学校づくりとその思想への大きな一歩，プロセスになる。

2017・18年告示の学習指導要領では特にこの面を文化として教育目標，組織目標の達成のために必要不可欠なものとして位置づけている。

3．協働の文化

わが国の学校には協力し合って仕事をするという教育活動のスタイルや文化が息づいている。それは協働の文化といってよい。学校文化，組織文化，教員文化といってよいのかもしれない。そこには教育活動上の実際の必要から自生的に協働がつくられる面と，学校運営の必要から教育目標達成に向けて意図的に協働がつくられる面がある。戦後教育では前者が協働が発生する主たる理由となっていたが，今日では学校運営の観点から協働を求める意味合いが相当に強くなってきている。

教育活動や校務分掌において，それに関わる部門組織がつくられ，部門活動における協働，協働を通した部門活動が重視されてきた。そこには自生的なものと意図的なものが織りなし融合して協働を成立させている。成員は部門の仕事を介して相互に関わり，つながりをもち，日常の問題や課題の処理と解決を行うとともに，部門の目標を達成する。これをリードするのが部門のリーダー，ミドルである[(20)]（図９－１）。さらに学校運営の観点から，個人に対する関係を重視しながらも，同時に部門組織や部門リーダーとの関係を重視し，部門を介した関係を組織運営の原則とする。欧米の学校組織，校長と教師の関係との違いはこうしたところにあるし，図９－２のようにこれが特徴となっている（日本型学校運営モデル）。

協働性は校内研修・研究（校内研究）においても確認できる。校内研究はこれもわが国の教員文化，学校文化のひとつであり，戦前からその活動，文化，仕組みがつくられてきた。教師は学校で成長する，学校は教師を育てるともいわれてきた。教師の資質能力は，子どもとの関係や同僚教師・教師集団，校長などとの関係の中で形成される。学校の雰囲気，人間関係は教師の意欲，モラー

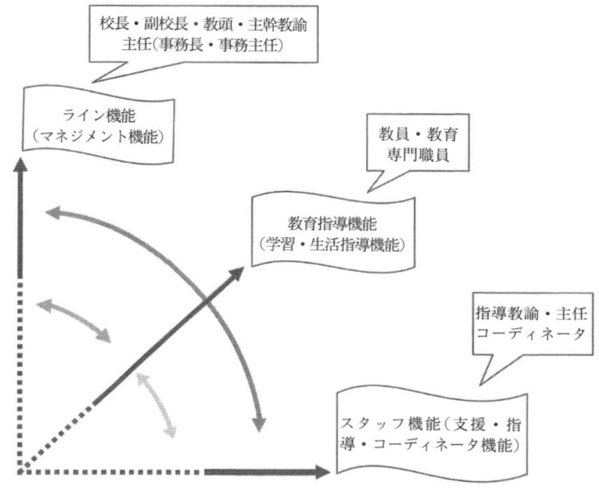

図9－1　スクールミドル―機能・職能・職制

出典：小島弘道・熊谷愼之輔・末松裕基『学校づくりとスクールミドル』学文社，2012年，23頁

ルに計り知れない影響力をもつ。

一般に学校が教師を変える，学校が教師を育てるといわれる。この変える力，育てる力は暗黙知，潜在的カリキュラム(hidden curriculum)として空気のように作用して教員の自己成長，自己変革を促す力となる。学校は教師の最たる成長環境である。これがわが国の教員文化，学校文化として語り継がれてきた。校内研究は，これも学校運営の必要からと，教育活動の必要から行われる自主的な研究までさまざまである。例えば問題や課題の解決に当たっての研究，自分たちの力量を高めるための共同研究，新たな課題や環境に対応するための開発研究などがある。これも広く協働性の一面として確認しておきたい。こうしてわが国の学校には協働が教員文化，学校文化，組織文化として息づいている。

OECDはじめ多くの国が日本の校内研修，とりわけ授業研究(lesson study)に関心と注目を寄せているが，教育活動を個業として受け止められがちな欧米社会は日本の学校の特色としての協働の文化を評価している。こうした国際世

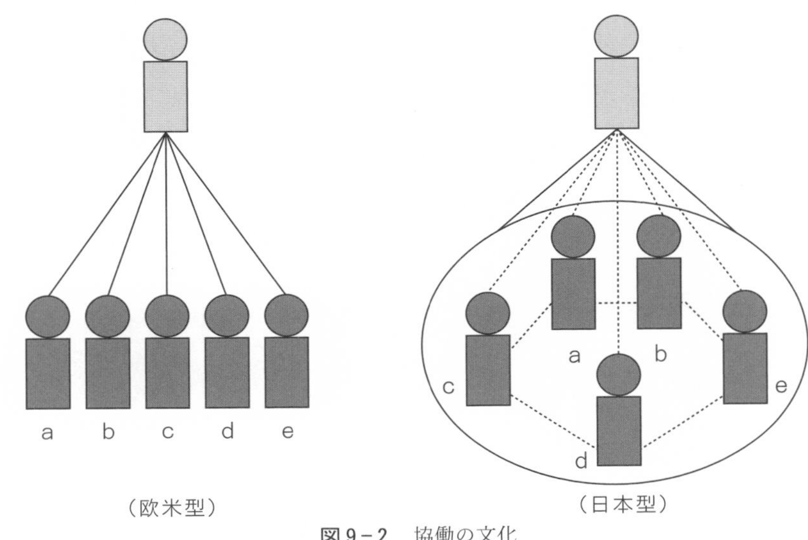

図 9－2　協働の文化

相や世論を受けこれを世界に誇りうる日本の学校文化とし成長戦略と位置づけ，新たな輸出ビジネスモデルとして世界に発信，推進した（「日本型教育の海外展開推進事業（EDU-Port ニッポン）」。2016 年度から官民協働のオールジャパンで，日本型教育の海外展開を推進する事業）(21)。

4．専門性の再定義

教師の専門性の確立を強調し，それを職業的自由ないしは専門職性に絡めて論じるという問題意識を生み出した背景には，教育と学校に対する国の統制に対して警戒感をもつようになったという事情がある。他方それは，教師の仕事の個業性をいたずらに強調し，全校的な教育問題や課題への関心を弱め，またその解決に積極的に対応する姿勢を弱めてきた。それは学校教育の問題や課題に対して組織的に対応し，解決することを難しくもした。さらには専門性への関心は，学校の内と外において他者の視線や視点が入り込む余地を小さくしてしまうという状況を生む。その結果，学校が抱えるさまざまな問題や課題に対応することを困難にさせ，新たな問題や課題に対応する学習力をもった専門性を弱め，時代から取り残され，問題の解明力と解決力の弱い専門性に変質してしまう。個業モデルに立つ専門性論は，もはや現代の学校のさまざまな問題や課題を処理，解決するに当たって有効性をもちえなくなったのではないかとの懸念も生まれる。個業モデルの限界である。学校教育が抱える問題や課題は，ある一つのことがらが原因となっているものではなく，いくつかの要素が織りなして構造が作り出される。個別に対応するならば専門性を膨らませたり，視野を広げることで十分であろう。しかし個別の対応が難しいならば，それまでの専門性の枠を取っ払って新たな枠を設けて対応しなければならない。いずれにしても，教師の仕事を枠づけてきた専門性について，現代の学校が抱える問題や課題を解決する観点から吟味し再定義する必要が生まれる。本章冒頭で述べた個別最適な学びと協働的な学びを学習指導要領の大きな枠組みとし，それを「開かれた教育課程」を視野に実現するためにはまさにこうした再吟味，再定義のプロセスが不可欠だと思う。

教師の専門性の核心は子どもに人間的，社会的，職業的に自立し生きる力を育成するために必要な知（知識，技術，文化など）を教育的観点から構成して指導することにある。それは教科指導の専門家として制度化されてきた。伝統的な専門性がここにはある。それに対して，「総合的な学習の時間」のように，伝統的な専門性を超え新たな知に向き合う場合，学校知の性質，それを指導する方法も異なってくる。環境，福祉，国際理解などのテーマを「総合的な学習の時間」で行う場合には，そこでの総合性という知の性質に即して指導を展開することになり，おのずと協働の必要，意義が生まれる。一般に従来の専門性の枠にこだわっていては指導を展開することは難しくなったのである。ボランティア活動や奉仕活動の指導であっても同様なことがいえる。

「チーム学校」構想では，協働化が今後の学校教育の問題や課題を解決し，また教師の専門性を発展させるうえで必要，かつ重要だとされる。ただ，多様な職員，多様な働き方，地域の学校支援などは協働が成立する風土を生まれにくくしている。こうした現実にあって専門性を息づかせ，機能する協働はどうしたら可能なのかを問う必要も出てきている。

専門性の再定義はさらに次のことからも必要になろう。

第 10 章で指摘するような現代社会の抱える課題と今後の社会像を見通した学校教育の課題への対応，第 4 次産業革命時代における AI リテラシーやデジタル教材など新たな教育課題や教育指導への対応などを踏まえ，そこで求められる，また必要な専門性の構造とかたちを摑み取り，専門性を“書き換える”，つまり再定義することが求められている。その際，大切なことは教職に誇りをもち，魅力を感じられるような労働の条件と環境の整備，構築だろう。また教員養成の改革もそうだ。教員養成教育から始まる教職の生涯にわたって「教員育成指標」を通して育成する資質能力が専門性の育成，高度化にどうつながるのか，またそうしたシステムに教員養成の未来を託すことができるのかという視野からの吟味が求められる。改めて教師の仕事の性質と本質とは何かを視野に協働の専門性と開かれた専門性を探究し解明していくという作業がこれまでにも増して必要になってきた。こうした課題解決にとっても今次学習指導要領の理念とされた「開かれた教育課程」は教師の専門性にどのような変容を求めているのか，必要としているのかの研究にチャレンジする価値は十分にあると思う。

2022 年 12 月，中教審は「『令和の日本型学校教育』を担う教師の養成・採用・研修等の在り方について～『新たな教師の学びの姿』の実現と，多様な専門性を有する質の高い教職員集団の形成～」と題する答申を提出した。その動機は 2021 年 1 月の中教審答申「『令和の日本型学校教育』の構築を目指して～全ての子供たちの可能性を引き出す，個別最適な学びと，協働的な学びの実現～」で「令和の日本型学校教育」の在り方が「すべての子供たちの可能性を引き出す，個別最適な学びと，協働的な学びの実現」と定義されたことと，ICT 環境の整備と少人数によるきめ細かな指導体制の整備を両輪として進め，個別最適な学びと，協働的な学びによる「令和の日本型学校教育」を実現するための教職員の養成・免許・採用・研修等の在り方が今後の検討事項とされたことだとしている。答申では，①教師に求められる資質能力の再定義，②多様な専門性を有する質の高い教職員集団の在り方，③教員免許の在り方・教員免許更新制の抜本的な見直し，④教員養成大学・学部・教職大学院の機能強化・高度化，⑤教師を支える環境整備，の5つを検討事項としている（第2章第4節4.を参照のこと）。

4　教育実践の構造を読み解く
――「小さな火花」の中に「光の大海」を読む(22)

1．教育実践の構造とは

教育実践に必要な知には次の二つの顔，表情がある。

①教師の実践を成り立たせ，もしくは支え，機能させ，推進させている知。教育実践を支える教育思想・言説や理論，教育政策と行政，学校教育と学校経営，学校の組織運営，意思決定，業務・職務など，研究と実践によって確認され蓄積されてきた教師の思いや意思とは関係なく自分を超えて存在する，いわば客観的，制度的な知，そういう性質をもった知。

②教育実践に必要な知で，自らの教育実践の思いや意思の実現に関わる知で，教師の信念・意思や思想，問題や課題の解明と解決に関わる意思と力量にかかわる知。

いずれの知も，その時代を生きた人たちが，こうありたい，こうあるべきだとして求め，創り出し，実践し，蓄積してきた思い，言説，理論，思想を引き継いでいる。またこれらの知は別々のものでなく，実践を推進，機能させ，これを達成することに関わる知として相互につながり，関連し，構造をなし一体として存在し機能しているものである。

教師の実践課題とは，教師に期待された使命と職務に関わる課題である。それは教育実践に関する学校内外からの願いや要求，意思や期待，学校を取り巻く保護者・地域住民，政策・行政，メディア，世論，学術知など各方面から発せられる願いや要求を背負いながら，学校と学校教育の使命を踏まえ，職務を遂行し，その過程で生まれ，直面する解明，解決が求められる日常的な問題や課題である。また一定の関係，状況，環境の中にあって，それを成り立たせ，機能させている多くの知とともにある。実践課題はそれらと関係し合い構造をなして存在している。さらにそれは特定の課題を超えたところでの社会的，歴史的文脈において生起し，通底するマクロな課題でもある。

したがって注目したいのは，課題は特定の知で解明，解決できるというほどシンプル，ピュアなものではないということだ。なぜならその課題は具体的な子ども（子どもたち）との関係としてリアルであり，またそれは学校現場における，ある特定の関係，状況，環境において生成しているものであるとともに，政治的，社会的，歴史的文脈における取り組みであるからだ。言い方を変えれば，教育実践に関わる知は教師個人の知でありながら，その知はさまざまな知によって加工され，組織され，調整され，統制された知でもある。したがって一度その知を解きほぐし，できるだけピュアでシンプルなものにしてみる。すると統制している知と統制の意思や形の原型がくっきりと浮かび上がり，課題が明確になる。

実践課題は限られた時間空間での出来事であり，それを「小さな火花」に例えれば，それを多くの火花が取り巻き，そして支え，構造をなしてつながって「ものを言う」力となっている。その構造をつくっている火花という要素を切り取り，ほぐし，そして紡ぐことにより「小さな火花」を取り巻く他の「小さな火花」と結びついて形成されている構造が見えてくるなど「光の海全体」の存在に気づく。言わば個を支え，包み，関連づけている他の個と，それら個とのつながり全体を明らかにすることで，ミクロでありながらマクロな課題の世界や宇宙が見えてくる。一つの小さな火花は，些細なことがら・ものごと・出来事のようであるが，それは他の多くの火花，そして光の海によって包まれ支えられ関係している。したがって小さな火花の中に実はことがらの本質，またそれを解く鍵があり，他方，大海の中にそれを息づかせ活性化させている豊饒な多数の火花がある。これらの間において自己組織化が繰り返され，光の海全体を持続させ，また，そこに進化を生む。ここにある多くの火花を集約，整理し，そして選択，関連づけることで知の構造と力を読み取ることができる。小さなある行為・事象はその他のいくつかの行為・事象の間で展開される相互作用の中で化学反応が生まれ，または引き起こし，相当なエネルギーをもった光の海（組織・体制・世界・宇宙など）が誕生する。普段，平穏にある組織を光の海とすれば，その中で何かのある行為がとんでもないエネルギーをもつようになり組織の浮沈に関わる作用をする事態が生まれることがままある。これを事例にそのメカニズムを読み取り，読み解くことで組織を診断することができるし，また組織変革への知見を得ることができる。

自己の教育実践，授業を改善，変革するために大切だとした「小さな火花」の中に「光の大海」を捉えるという発想，問題意識，アプローチは筆者なりに到達した，もしくは獲得した経験的思索を通して得た発見，研究成果であったと思う。「どんなに小さな教室の出来事も，学校全体の複雑な関係の網の目のなかで生起している」（佐藤学：教育方法学）や「一部から全体を見渡す勇気，コップ一杯の海水をくみとり，海の全体を語る」（加藤秀俊：社会学）などの指摘は，どこか相通ずるもの，共有するものがありそうだ。「動的平衡論」（福岡伸一：生物学）もそうだ。

一般に知は断片的なものから，断片がいくつかくっついて（くっつけて）つくられたものまである。くっついてつくられる知は，人々が問題の解決過程で個々の知の意味を超え，つながりをもった断片の集合として新たな意味を帯びた知である。それは関係，構造をもった知に変質し，さらにそれを越えて質的に異なる新たな知のかたちへと化学反応を起こす。客観的な知的体系・教材体系として存在するこれらの知は教え，伝え，そして学び，記憶し，蓄積し，自分なりの知の世界を形づくる。知の断片（機能）は，それ自身，人間と社会の認識と行為の縮図，小宇宙であり，関係する知と結び合って宇宙や世界を生み出し，また機能する。その変化を導くもの，自分なりの知の世界をつくるものは好奇心，知りたいという欲求に支えられた戦略的，構造的，総合的な思考力，判断力，言語表現力などの人間の諸能力だ。私たちはこうした能力に関心をもっている。

「組織され，調整され，統制された」とは，人間と社会が生き，存続する必要から誕生した学校の実践，活動は組織され，規定され，制度化されたものであり，それは市民や国民の，組織や機関の，政権政党や国の，そして社会の思いと意思によって統制されていることを意味する。それゆえ実践のこうした性質をクリティカルに捉え，掘り下げ，その構造を解明することが実践課題の解明と解決に寄与し，具体的な問題解決の示唆，インスピレーションをつかむことにつながるのではないか。調整され，統制され，制約された知や実践（「小さな火花」）を問い，その実相と真相を解明し，それを乗り超える知を見つけ，実践の現実や役立つ知を超え，よりよい実践を開発し，学校改革につなげる知となる。そうした認識，方法論への関心を深め，探究を深めていってほしい。

2．教育実践――「小さな火花」の世界

教育実践は個別的であるが，一定の関係，構造，秩序を維持しながら存在し，機能する。その意味で個別的であり，関係的である。こんな事例がある。「百マス計算」の創案者，岸本裕史は生徒の学力は個人的で個別的なものだが，その学力とそれを支える要素，条件，環境をよくながめると，見える学力ばかりでなく見えない，隠れた学力があるように個別でありながらも必ずしも個別といえるものではない。実践，それは一定の意思を背景に目的を達成するために組織され，調整され，統制されたものという性質をもっている。学校内外の状況，システム，そして社会的，文化的，歴史的文脈の中で存在し，またそれらによって形成されたものであることを教えてくれる[(23)]。

実践の吟味，省察，探究という実践研究は実践課題を読み解き，そこから課題解決の方法，ヒントを見いだし，新たな知や実践を創り出す作業である。そ

の過程はインスピレーション，イマジネーションを求め，またそれを生み，それによって当初の課題を超えた知と実践の創造につなげる行為が生まれる。実践研究はまた特定の課題，特定の学校の課題それぞれの課題の中にその歴史的，政治的，社会的，文化的，学校的，そして教師的文脈というストーリーを読み解き，かつ自らそのストーリーをデザインし，演出する作業である。

さらに実践研究は課題とその解明が実践変革の価値，性質を有したものであるかどうかの妥当性を検証する作業でもある。それは先人の研究と実践においてどう語られ，今どうあるかを解明し，その知を塗り替え刷新し，もしくはその知を超える知を自らの思い，意思，探究を通してつくり出す作業である。

今日の実践がどうであったかなど振り返り，その行為を読み解くことで問題や課題を明らかにし，実践改善や変革の糸口，方向を探っていく行為につなげていくことができる。それは自らの実践行為を省察し，問題や課題を解明する資質能力が身体化され，ビルトインされるのだと思う。

教育実践の知は知識や理論をどのくらい獲得しているかを表示するものではない。それらを活用して自分なりの実践の形を形成する能力としての知だ。省察，探究した知識や理論を通して教職プロフェッショナルとして求められる資質能力を身につけていく。それが時を経て識見，教養，品格それぞれに溶け込み，装いを新たに教職員，子どもたち，保護者，住民からの信頼を生む力となっていく。

3．教育実践の自由と裁量

教師の条件を語る場合，大切なことは教育実践の自由，裁量，そして権限についてである。戦後それがどう議論されてきたかを，以下その概略を述べてみたい。

一般に教師の仕事において裁量を必要とし，裁量が求められるのは以下の理由からである。

○職業人として社会人としての生きがい，主体性，仕事を通しての自己実現など，一般に人間として主体的に生きるために必要とされるもので，専門性の高さ，低さとは関係がない。精神医学も明らかにしているように，裁量がやる気を起こし精神的障害を少なくする。

○教育の仕事の性質からくるもので，子どもは人間が創造し蓄積してきた知（科学・芸術・文化などを教育の観点から構成，編成した知としての学校知）を学ぶことで生きる力を身につける。教育内容（教材体系）とその基盤をなす専門的知識は，自ら不断に研究を重ね，その質を高めていく必要がある。また授業では子どもの興味関心や成長発達を踏まえ指導を展開する創意と工夫も必要になる。教育内容と教育方法についての不断の研究と創意工夫，そこから導かれた実践的指導力は専門性の核心をなす。自ら主体的，能動的に取り組むことで，いい教育や指導を生む。

以上のような教育実践の開発研究とそれを基盤として形成した指導力は，教育実践の幅広い自由と裁量が伴ってはじめて可能になるのだと思う。以下，戦後の状況を素描してみたい。

1960 年代 ―― 国家の教育関与に対して教師の自由と権利の防衛のため反対運動が展開された。教育を真理教育とし，そこに教師の専門性を求め，教師は真理を教える専門家と認識された。その根拠を学問の自由に置いた時期。ここでは教育が親・国民から委託されたことを根拠に，学問の自由を自由裁量の現実的，理論的基盤とした。親にかわってその教育権を教師が行使すると理解した時期。1966 年の ILO/UNESCO「教員の地位に関する勧告」は，こうした実践と理論を活性化するとともに，教師を真理の代理者，親の教育権の被委託者として理解する段階から，教育の性質・本質から教師の権限を理解しようとする新たな段階を生み出す引き金となった。

1970 年代 ―― 行政作用を巡って裁量との接点が理論的に問題とされる。裁量が，より純化された形で理論化が図られた時期で，理論の発展，深化の時期といえる。教育の性質と本質，教育の実際に専門性を求め，それにより裁量を主張した時期[(23)]。そこでの目的は子どもの学習権保障に向けられ，そのために教師の力量，創意工夫が専門性の中身を構成するとした。この点で，教師の教育の自由を確認した東京地裁「杉本判決」(1970 年) が与えた影響は計り知れないものがある。裁量の法的な根拠のひとつもここに求めた。ここでは 1980 年代と異なり，また 1960 年代の親の教育権をベースとしたものとも異なり，1970 年代は子どもの学習権が教師の裁量を語る際のキーワードになり，それを実現する指導のプロセスの職務遂行上の自由が根拠とされた。ここでは子どもの学習権保障は，もっぱら教師の裁量の拡大によってなしうると考えられ，教師の教育権限とか，教師の教育の自由が理論と運動において主張された。教職の専門性が学問研究の関心を呼んだのもこの時期で，ここでは教育権限の根拠について，教育学的な考察が展開され，裁量権の拡大が主張された。教育内容の学問研究性や親の教育権を根拠とする裁量から子どもの学習権保障のための教育実践の専門性を論拠とする裁量へと転換した。教師専門職論が活発に，かつ広く議論された時期である。

1970 年代後半は，改訂された学習指導要領のキャッチフレーズ，「ゆとりと裁量」などの影響もあるのか，裁量問題は影に隠れた印象を与えた。また学力テスト事件最高裁判決 (1976 年) で子どもの教育に対しては国，学校・教師，親いずれもがそれぞれの立場・役割に応じて相応の教育権能を有すると判断したことは，1980 年代の教育裁量問題に相当な影響を与えることになった。

1980 年代 ―― 1970 年代の後半から 1980 年代にかけて体罰，管理教育など，教師の指導，学校の対応の仕方をめぐって社会から多くの厳しい批判が相次いだ。この中で，親からの異議申し立てが起こり裁量の在り方が問題とされた。その後，参加と裁量の関係・接点が浮上する。子どもの学習権保障のために主張された裁量は，子どもの人権問題や学校荒廃を背景に父母の教育権・教育参加要求を生み，裁量を制限もしくは圧縮する風潮が出てきた。つまり学習権を保障しきれていない状況が生まれ，学習権と人権保障のために教育過程での保護者や子どもの存在，参加を意識せざるをえない状況が出てきた。教師の裁量の危機という状況である。岐路に立つ裁量といってもよい。学習権保障は教師だけの主要関心事ではなく，いや教師の指導によって，もしくは指導の在り方が学習権を侵害，または制限する事態が広くみられるようになり，それを親の参加，アクセスによって解決しなければならないという関心から運動や理論が展開した。教育裁量への牽制，つまり裁量を拡大していくことが必ずしも子どもの学習権や人権を守ることにはつながらないとする主張が，体罰，校則，管理教育などの問題をめぐって実践化，理論化されるようになった。それは子どもの学習権は教師や学校だけでは守りきることが難しく限界があるとする議論にもつながる(24)。ここでの議論では裁量の濫用とか，権力化という問題意識は表立っていないが，この議論をもっと進めていけば，裁量を十分生かしきれていない，もしくは裁量の濫用があると理解することができる。それを裁量の“権力化”，学校の“権力化”と理解したい。学校の“権力化”とは，教育関係において，子ども・親に対して教師・学校の指導の支配的権能を事実上形成，主張し，教師・学校の規範，教育秩序を一方向的に守ることを求め，そうした関係と秩序が子どもや親に一定の力となっている姿のことである(25)。裁量の権力化は，教師と子どもの間の教育関係が不安定になり，教育秩序の維持が困難になることから生ずる状況である。子どもとの関係で教師の指導が絶対化される方向で指導スタイル，管理スタイルとして進行していくプロセス，これが権力化である。

1990 年代 —— 1980 年代に大きな社会問題になった教師の姿勢，力量をめぐって「問題教師」が，1990 年代には教師の指導力や教職への情熱などの問題として展開した。これに関連し，親・子どもの学校へのアクセス，参加と裁量との接点を求める議論が生まれた。「子どもの権利条約」はその刺激となり，裁量再編の起爆剤となった。これらにより専門的判断・力量を背景にした裁量の内実と教育過程での協働関係の確保が必要とされ，子ども・父母を教育過程に直接，間接組み込むことによって学習権を保障しようとする方向が出てきた。以前は，教師の裁量の拡大によって保障しようとしたが，今度は，そうではなくて，父母などを教育過程に組み込むことによって解決しようとした。大きな変化である。これらと並んで，以下に述べるような子どもとの関係をつくれないでいる教師の指導力や資質がもう一度クローズアップされる。

2000 年代，そして現在 —— 教師の専門職的権限から教育裁量を主張することは，教師や学校に対する世間の厳しい視線を前に難しくなった。実践としても理論としてもそうした方向は影を薄くし，また後退した。教師の専門性，教育裁量についてもこの時期には語られることが少なくなった。その理由は専門性に代わる新たな論理や原理でものごとを考え処理・解決する傾向を強くなったことと関係がある。

新たな論理や原理とは，組織の論理・原理である。日本の学校の意思形成は伝統的に職員会議を軸に行われてきた。そこでは教育活動が協力や協働を通して展開し，また専門性を重視した組織原理が機能していた。専門性と合議制に立つ学校運営である。その専門性と合議制の原理が後退し，それに代わって組織の論理，つまり責任制や官僚制の原理が教育事業の経営体としての学校を運営する論理として深く入り込んできた。「評価に基づく経営」の原理もしかり。主幹教諭など「新たな職」の設置，職員会議の補助機関化はこうした傾向を強めた。この傾向は何も小学校，中学校，高等学校に限らず大学もそうであった。教育機関としての小・中・高等学校と学問研究機関としての大学を区別する管理運営の在り方から，組織一般の管理運営の在り方へとシフトしてきている。

【小島　弘道】

〔注〕

(1) 小島弘道『学校と親・地域』(『日本の教育課題』第 7 巻，東京法令，1997 年）で『山びこ学校』について「生活は現実から相当に離れており，現実の生活は食べるもの乏しく，もしくはなく，働く場所も限られ，子どもは家事労働にかりだされ学校に行くこともかなわず，妹や弟をつれて授業を受けているのが生活の実態であることから，もっと生活を見つめ，生活を変える教育を展開する必要があるとの観点からの実践が生まれた。無着成恭編『山びこ学校』がそれで，一般に生活綴方教育の復活といわれる」と述べた（245 頁)。資料「新教育の反省」として「あとがき」全文を載せている（307 ～ 313 頁)。

⑵ 若槻実「わが国数学教育現代化とその問題点」（長崎大学教育学部教育科学研究報告第23号，1976年），斎藤浩志「学力論と学力問題の今日的課題」（日本教育学会『教育学研究』第45号，第2号，1978年），今井康晴「我が国の『教育内容の現代化』におけるブルーナー教育理論の需要に関する一考察」（『明星大学教育学研究紀要』(23)，2008年），柴田 録治「数学教育の現代化運動とは —数学科教育の科学化の道—」（『数学教育史研究』第22号，2022年）など。

⑶ 小島弘道編著『現代の若い教師の教育実践』エイデル研究所，1987年，23～27頁。

⑷ 1988年教育公務員特例法改正で「法定研修」として初任者研修制度が創設された。「（初任者研修）第二十三条　公立の小学校等の教諭等の任命権者は，当該教諭等（政令で指定する者を除く。）に対して，その採用の日から一年間の教諭の職務の遂行に必要な事項に関する実践的な研修（以下「初任者研修」という。）を実施しなければならない。」

⑸ 小島弘道編著，1987年，前掲書，「はしがき」。

⑹ 瀧井宏臣『「教育七五三」の現場から-高校で7割・中学で5割・小学校で3割が落ちこぼれ』（祥伝社新書，2008年）など。

⑺ 小島弘道「現代の教育問題と教育裁量の課題」『日本教育法学会年報』第22号。

⑻ 門脇厚司『子供と若者の「異界」』東洋館出版社，1993年。

⑼ 2007年の教育職員免許法改正で導入した教員免許更新制（更新制）は10年に1度受講するものだが2022年に下記の理由で廃止された。2023年4月からオンライン研修や研修後のテスト・レポート提出などにより新たな研修制度を新たにスタートさせる予定だが今のところ未着手。

- 当制度は常に教師が最新の知識技能を学び続けていくことと整合的ではないことや，個別最適な学びなど今後求められる学びの姿とは方向性が異なっている。
- 10年に1度の講習は，常に最新の知識技能を学び続けていくことと整合的でない。
- 個別最適な学びが求められる中で，共通に求められる内容を中心とする更新制とは方向性が異なっている。
- 「現場の経験」を重視した学びは更新制の客観的な要件として位置づけることが困難である。

⑽ 金沢嘉市『ある小学校長の回想』岩波新書，1967年，209～210頁。

⑾ 太田昭臣『中学教師』岩波新書，1984年，19頁。

⑿ 文部科学省「教育職員免許法及び教育公務員特例法の一部を改正する法律について（通知）」（平成19年7月31日，19文科初第541号）2007年より。

⒀ 若林繁太『教師よ！』協同出版，1998年。71頁。

⒁ 大村はま『教えるということ』共文社，1971年。106～107頁。

⒂ 小島弘道編著『若い教師とベテラン教師の間—教育指導力の基礎をつくる—』ぎょう

せい，1990 年，15 ～ 18 頁。

⒃ 小島弘道・勝野正章・平井貴美代『学校づくりと学校経営』学文社，2016 年，88 ～ 89 頁。

⒄ 江崎玲於奈・筑波大学学長（当時）の「筑波大学　校長・教頭研修講座」での講演。

⒅ 小島弘道「『若い教師』における力量形成の独自性に関する研究」『筑波大学教育学系論集』第 7 巻，1983 年。

⒆ 佐々木正「子どもの心にとびこむ教育」小島弘道編著『若い教師の力量形成』エイデル研究所，1987 年，201 ～ 202 頁。

⒇ スクールミドルのリーダーシップについては小島弘道『学校主任職の専門性』（全 6 巻）（『教務主任の職務とリーダーシップ』（単著），学年主任，生徒指導主任，進路指導主任，研究主任，事務主任，事務長の各「職務とリーダーシップ」（編著）東洋館出版社，1996 ～ 2003 年）が参考になる。

㉑ 事業内容は次の三柱（理念）。

- 日本の教育の国際化など教育の質的向上（カリキュラムの国際通用性の向上，教職員の資質能力向上，学生/生徒/児童/職業人の資質能力向上，グローバル人材の育成，留学生・研修生の受入れ）。
- 相互理解の促進と国際社会への貢献（親日層の拡大，各国との関係強化，SDGs，ESD への貢献。
- 日本の経済成長への還元（教育関連企業の海外進出や事業拡大，海外進出日系企業のニーズに即した人材育成への貢献）。

㉒ 本節④の 1 と 2 は，小島弘道「教職プロフェッショナル育成における大学院教育の役割」東京学芸大学教員養成カリキュラム開発研究センター主催シンポジウム「これからの学校教育と教員養成カリキュラム（第 19 回）「教員の『学び』と『育ち』を問い直す」（記録集，2019 年 2 月）での報告の一部である。

㉓ 岸本裕史『見える学力，見えない学力』大月書店，1996 年。

㉔ 堀尾輝久『現代教育の思想と構造』岩波書店，1971 年。

㉕ 今橋盛勝『教育法と法社会学』三省堂，1983 年。

㉖ 小島弘道「現代の教育問題と教育裁量の課題」『日本教育法学会年報』第 22 号，1993 年。

第10章　社会の変化と学校教育

1　現代社会と学校教育

1．学校の使命を考える

学校の使命は，社会や時代の変化と課題を踏まえ，現在および未来の社会に生きる子どもたちに必要な諸能力を育成することを視野に，人間がこれまでの社会生活の中で創造し蓄積してきた実践や認識の諸形式（科学・芸術・文化など）を教育的価値（教育内容）として構成，編集し，子どもたちの学びや学校生活を通して人間的，社会的，職業的自立にとって基盤となる資質・能力を育成することにある。社会の担い手・人材をどう育てるか，さらに文化の創造，継承ということも学校の重要な役割だ。急激に変化し多様化・複雑化・高度化する，さらに不確実で不透明な現代社会にあって，学校の基本的な課題はそうした社会に生きる人間にとって必要とする資質や能力を学校知（教育課程・カリキュラム）としてどう設計し，それを教育活動としてどう展開するかにある。その際，大切なことは「子どもたちの人生と未来に責任をもつ」という学校の使命の視座，視野，視点だ。

人間は「生命（いのち）」を維持し生存するために仕事や職業を選択して生活し社会に参加している。人類史的には「生きる」過程で直接的な生命の維持に留まらず，それを超えた新たな「生」を生み，もしくは目覚めその中で人間と社会のさまざまな思い，期待，実践，認識を背景に芸術などさまざまな知，技，かたちを生み出した。それを一括りにして言えば「文化」である。文化とは，人間が「生」の充実を求めて編み出した個人・集団・組織・社会の中で形成されたものの見方・考え方，価値観，規範など人間の実践と認識の有形無形の物心両面を含む，その形式，様式，作法，ふるまいだ。この実践と認識の諸形式の成り立ちやその形成の知，技，かたちを人類史的な視野から読み解き未来の「生」に紡ぐのは学校教育の大切な使命，役割，機能だろう。今問われているのは，劇的に変化する大変革の時代にあって現代の我々の「生」の課題（SDGsなど）をどう描き，その課題解決を未来社会につなげていく学校教育の構築だと考える。それはコロナ禍という状況にあって特に重要なことは生命を維持し，守るだけでなく，それを基盤として生存の維持を超えた自己実現や自己開発の活動，さらに社会へのかかわりを通した「生」の活動，充実という視野から教育の営みを編み込む学校改革だ。大切なことは人間の「生命（いのち）」と生存を起点とする人間の「生（生きる）」と文化を切り口とした学校教育の考察とその構築なのではないかと考える。「パンとサーカス」の議論として考えてみるのもよいかもしれない。

2．学校知の生成・形成・変革と「知の争奪」

人間社会はこれまで自らの存在と存続を目指し，その方法と力を学校教育（学校知）に求め，期待してきた。国はその知の在り方や基準を学習指導要領として教育政策に折り込んでいる。学校は，こうした知とともにある。また学校教育は人間の生存と充実という「生」に深くかかわり，その基盤となるがゆえに，さらに社会生活の在り方やその活動の基盤となるがゆえに常に社会経済と政治と文化の問題，課題として語られてきた。その知の統制・統治については「知の支配と分配」という文脈を通してその社会，その時代なりのバランスをとり調整しつつそれなりの「知の支配と分配」のシステムを形成してきた。今学校は，こうした知とそのシステムとともにある。学校はそうした知とシステムを基盤として組織的，計画的に教育という事業を営む教育機関として展開している。急激に，そして劇的に変化し多様化・複雑化・高度化する「大変革の時代」の現代社会にあって，学校の基本的な課題はそうした社会に生きる人間にとって必要とする資質や能力の育成を学校知（教育課程・カリキュラム）としてどう設計し，教育活動としてどう展開するかにある。

しかしこの知は学校で学ぶ知として自己完結的に存在するのではない。それは社会におけるさまざまな活動（政治，社会経済，世論，メディアなど）との接点，つながりをもち，関係しあって常に緊張を孕みながら息づいている。したがってその知は国，社会，地域，生活，学校それぞれのレベルで再構成，再編集，再定義が求められ，何が大切で何が必要か，どうすればよいかなどをめぐってさまざまな大小の「知の争奪」を経験してきた。「知の争奪」は学校課題の解明と解決における個人的，社会的，歴史的プロセスであるが，その文脈は教育政策の形成と教育行政の過程であり，同時に「子どもたちの人生と未来に責任をもつ」という視座と視野と視点とした学校づくり，学校改革の過程でもある。

こうした状況にあって，よりよい社会像，あるべき社会像を視野に私たちが守るべき価値，実現すべき価値，高めるべき価値，そして創るべき価値は何かという問いは政治，行政，学術，メディアなど社会全体が関心をもって探究を進め，社会的に広がりのある議論を通して展開し深めていくプロセスだ。高等教育機関はもちろん，学校は価値創造の主体として，自らの使命に照らしてあるべき価値を探究し，そこでの知見を基盤として下記の教育目標の実現に向けて実践するところに学校教育の役割（「学校教育の専門性」）があり，教職プロフェッショナルの専門性のコアがあると考える。

・子ども一人ひとりの諸能力の育成，開発と人間性・人格の形成
・人間的，社会的，職業的自立を促す「生きる力」の育成
・社会を形成し，社会を創造する主体者・主権者・担い手の育成
・文化の継承と創造

3．「学校は新しい社会秩序をつくりうるか」

戦後アメリカ教育使節団の一員として来日し（1946 年），戦後のわが国の教育の理念と方向を提言したカウンツ（Counts, G.S.）は，著書『学校は新しい社会秩序をつくりうるか（*Dare the School build a new Social Order?*）』（1932 年）で，児童中心主義教育を批判し，学校は社会をリードし，社会改革の懸け橋

として「社会改造のビジョン形成」という自らの役割，機能を明確にし，その方向に変えていかねばならないと論じた。こうしたカウンツの「社会改造」について筆者は「産業社会体制に直面した社会秩序を伝統的民主主義の再構成を通して個人主義的経済関係から社会的経済関係を基盤とする集合的社会秩序につくりかえることである。その意味で革命的社会変革を志向するものである。」との認識を示した。[1]。

カウンツは，学校は社会の変化に従ってのみ機能する存在ではなく，自ら社会の改造を積極的に推進し，リードすることにその意義，役割があるとした。将来社会の可能性・ビジョンとそのビジョンを実現する能力（社会を方向づける能力）を子どもたちに育成する使命にある学校は，知識のセンターではなく，「新たな知を創造するセンター」，そして「文明の創造のセンター」となるべきだと主張した。古典的な学校論ではあるが，戦後日本の学校論，学校改革論に大きな影響を与えたものである。

当時，カウンツのこうした学校論を受けて勝田守一（教育哲学）は次のように述べていた。

> このような社会過程としての教育は，それではすでにある社会，一定の人々が勢力を持ち，一定の社会体制によって，秩序づけられている，そして一定の考え方が支配している，そういう社会をただ容認し，それにしたがい，それを維持するように子どもを社会化して行うだけのものなのだろうか。教育には，今の社会を越えて，不合理の少ない，もっと進んだもっと高い社会をめざして，子どもたちを高めて行くという目的や責務はないのだろうか。また，たとい教育がそういう理想をめざしても，それは，単なる空想であって，現実の社会では，実現できないものなのだろうか。教師が社会を変革する作用を教育に認めても現実では，いろいろな壁にぶつかり，結局，教育は，社会過程として現実のあとからついて行くことを余儀なくされるのみなのだろうか。
>
> われわれは，こういう問題に当面しているのである[2]。

学校は常に社会との接点，つながりをもち，それから自由ではなく，これからの社会の在り方を視野に教育を論じ，探究し，創造していくことを語ったものであり，その考え方，思想は今日でも私たちに訴える価値と力強さを有し熱量が伝わってくる(3)。佐藤秀夫・寺崎昌男は，勝田について「戦後日本の教育学界で最も理論的達成度の高い業績を残した教育哲学者の一人」であると述べ，勝田の学校論は「学校とは教師と生徒との間の教育的過程の成立する場所」との認識のもと，「おそらく戦後の日本で発表されたもっとも体系的な学校論概説である」と述べ，高い評価をしている(4)。

このように学校教育において私たちが守り伝え引き継ぐべき価値，実現すべき価値，高めるべき価値，そして創るべき価値は何かという問いを抜きに学校と社会の関係，学校教育の使命と役割を語ることはできない。社会の在り方，あるべき社会像の探究抜きに学校教育の考察はありえないからである。高等教育機関はもちろん，学校は価値創造の主体として，自らの使命に照らしてあるべき価値，その姿を探究し展開し教育という仕事をしている。学校教育においては子どもたちを育てるという立場からそれらの価値を問い，自校はどのような教育活動と学校づくりを進めたらよいか，自校の特色，魅力，ブランドなどにさらに磨きをかけ社会から信頼される学校であるために何をなすべきなのかが問われている。

しかしどうしたわけか，こうした視座，視野，視点からの学校論がいつのまにか遠くにいってしまった(!?)。学校という存在と現実を通して社会が抱える問題や課題の解明，解決をめぐって蓄積されてきた知見をベースにしながら，それをさらに進化させ，もしくは超えた学校論の復活，再生，創造が期待される時代になっているのではないか。例えばフリースクール，脱学校(論)，脱学校教育などの視点からの事例研究(子どもたちの学びと活動，指導・支援の在り方，居場所のほか，地域社会とともにある学びと支援・指導と生活・福祉機能を併せ持った居場所としての「学校」づくりとそうした機能を表現した学校建築など)も成り立つのではないだろうか。こうした問題意識は文科省はもちろん総務省にもあり，学校づくり論を政策として展開している(5)。

2　学校教育と新教育基本法の制定

1．公教育としての学校教育

我が国の学校教育は社会の中で生きるために不可欠な社会的条件（生存権の文化的条件・憲法第25条）だと法定され，学校教育をみんなが等しく受けることが権利（教育権，学習権・同26条）として制度化されている。

学校教育は公教育として行われている。学校とは，学校教育法第1条で「この法律で，学校とは，幼稚園，小学校，中学校，義務教育学校，高等学校，中等教育学校，特別支援学校，大学及び高等専門学校とする」と定めている。例えば各種学校はこの「一条校」ではない。不登校などの子どもたちに居場所を用意し必要な支援を行っているフリースクールなどを学校の制度として認めるかは社会的課題となってきた。後述するようにそれは大きく前進してきた。

公教育学校であるために同法2条は，学校を設置できるのは国，地方公共団体，学校法人のみとしている（特区として株式会社も設置できることになった）。ここでは公教育を行うのにふさわしい学校設置者の資格要件をいっている。学校設置者を厳しく制限するのは「法律で定める学校は，公の性質をもつ」（教育基本法第6条）からである。また学校で行われる教育が公益性，公共性を求め，また必要とする事業であるから，そこでは「公の性質」が追究されなければならないからである。

宮寺晃夫は「公の性質」についてそれは「公共性」にほかならず，公教育はその「公共性」（教育の機会均等）によって担保されることで社会的地位の世代間継承を阻止するその再分配装置として“発明”されたとの認識を明らかにしている(6)。

不登校などの子どもたちに居場所を用意し必要な支援を行ってきているフリースクールは学校教育法の「一条校」ではなかったが，構造改革特区制度により「不登校特例校」として「一条校」となる道が開かれ，学校教育法施行規則第56条等に基づき2005年から不登校児童生徒等の実態に配慮した特別の教育課程を編成する必要があると認められる場合，文部科学大臣の指定により特定の学校に置いて教育課程の基準によらずに特別の教育課程を編成することができるようになった。学びの多様化学校（不登校特例校）には「本校型」（独立した特例校），「分教室型」（通常の学校の分教室），「分校型」の三つの型がある。全国の「学びの多様化学校（不登校特例校）」は2023 年現在 24 校（公立 14 校，私立 10 校）。うち本校型は 15 校，「分教室型」は 9 校。神奈川県鎌倉市教育委員会は 2025 年 4 月に全国で初めて分校型を開校することを目指している(7)。

大阪府教育委員会は 2023 年 12 月，府立高校に不登校の生徒が学習指導要領に縛られない特別なカリキュラムで学べる不登校特例校（学びの多様化学校）を設置する方針を明らかにした。

こうしたなか，滋賀県東近江市長が定例記者会見でフリースクールへの公的支援に対して「フリースクールは国家の根幹崩す」，「不登校は親の責任」だと発言した（2023 年 10 月）。

大切なことは学校教育を個人・個別の利害や特定の集団・団体・政党の利害ではなく，それを超えたところで教育の公共性実現という視野，つまり社会的視野に立って公教育を構築しようとする感覚だ。公教育はそれ自身，社会的視野に立つものであるが，「隣の子ども」「まわりの子ども」「地域や社会に生きる子ども」の育成をみんなで考えよう，みんなでやっていこうとする認識を共有し，その実現に国，社会，市民が努力する，これが教育の社会的視野である。子育て，学校教育を社会の問題，課題としそれを国家の責任として考えるということである。学校教育はまさしく「社会的共通資本」(8)なのだから。

学校は社会とともに歩む。しかし学校は社会の後を追い，社会の求めに応ずるだけでなく，学校教育関係者が，そして未来に生きる子どもたちが主体的に社会を変え，よりよい社会を創るということを視野に，そこに自らの使命，役割，課題を置くことが期待されている，また必要とされる。中教審答申（2016 年）は「本答申は，学校を変化する社会の中に位置付け，学校教育の中核となる教育課程について，よりよい学校教育を通じてよりよい社会を創るという目標を学校と社会とが共有し，それぞれの学校において，必要な教育内容をどのように学び，どのような資質・能力を身に付けられるようにするのかを明確にしながら，社会との連携・協働によりその実現を図っていくという『社会に開かれた教育課程』を目指すべき理念として位置付ける」とした（下線は筆者）。これまでの教育政策においてこのような視点，認識はなかった（？），もしくは近年の学校論では注目されてこなかっただけに学校（論）研究の新たな視点，方法として注目したい。

また，こうも述べている。学校教育の中核となる教育課程もまた社会とのつながりを大切にする必要がある。こうした社会とのつながりの中で学校教育を展開していくことは，我が国が社会的な課題を乗り越え，未来を切り拓ひらいていくための大きな原動力ともなる。特に，子どもたちが，身近な地域を含めた社会とのつながりの中で学び，自らの人生や社会をよりよく変えていくことができるという実感をもつことは，困難を乗り越え，未来に向けて進む希望と力を与えることにつながると。

今後そのために人間や社会が抱える問題や課題を解明，解決して主体的に社会の在り方や社会づくりに関心をもち，参加し未来社会を切り拓く力を育成する学校教育を展開しうる教師が求められる。そうした教師は「社会派教師」なのだろうか(9)。

2．新教育基本法の制定

教育基本法は，我が国の教育の理念，目的，方針，運営の基本を定めた教育の基本法である。教育基本法が制定されたのは終戦2年後の1947年。これが2006年に60年ぶりに初めて改定された（巻末資料参照）。「教育基本法の全部」を改定する理由として文科省大臣は「現行の教育基本法については，昭和22年の制定以来，半世紀以上が経過しております。この間，科学技術の進歩，情報化，国際化，少子高齢化など，我が国の教育をめぐる状況は大きく変化するとともに，様々な課題が生じており，教育の根本にさかのぼった改革が求められております。」と述べていた。

新基本法のポイント（主な変更）は，とりあえず①日本人としての自覚や愛国心など「国籍のある教育」と公共心，愛国心の育成を重視（第2条「教育の目標」），②「父母その他の保護者は，子の教育について第一義的責任を有する」と規定し家庭教育への国・地方公共団体の関与，介入（第10条「家庭教育」），③教育振興の総合的・計画的推進のため国・地方公共団体の「教育振興基本計画」の策定を通した教育への行政の積極的関与，介入（第17条「教育振興基本計画」）の三点のように受け止めているが，これはそのまま問題や課題でもある。

このほか新教育基本法について「戦後教育行政改革の諸原理がことごとく否定されてしまった」，「今後，禍根を残すと危惧される規定が新たに設けられた（第5条「義務教育」の規定，第10条「家庭教育」の規定，第11条「幼児期の教育」の規定）」などを指摘する研究などもある(10)。

旧基本法は国家指導者が偏狭なナショナリズムや愛国心によって戦争を導いたことへの反省から生まれたものである(11)。敗戦後，それまでの教育の目的やかたちを解体し，新たな理念と枠組みで学校教育をどう構築するかということが占領政策の中心課題であった。旧教育基本法は前文で「われらは，さきに，日本国憲法を制定し，民主的で文化的な国家を建設して，世界の平和貢献しようとする決意を示した。この理想の実現は，根本において教育の力にまつべきものである。」とした。

文部大臣・高橋誠一郎は教育基本法制定の要旨（昭和22年5月3日文部省訓令第4号）において，さきに憲法の画期的な改正が断行され，民主的で平和的な国家再建の基礎が確立せられたが，この理想の実現は，根本において教育の力にまつべきものであり，その教育は真理を尊重し，人格の完成を目標として行われるべきものである。教育基本法は，教育が，何よりもまず人格の完成をめざして行われるべきものであることを宣言した。人格の完成とは，個人の価値と尊厳との認識に基づき，人間の具えるあらゆる能力を，できる限り，しかも調和的に発展せしめることにある。教育基本法は教育上の基本原則を明示し，新憲法の精神を徹底するとともに，教育本来の目的の達成を期したものであると述べていた。

しかし1951年の主権回復以降，9章で述べた学力問題と並んで教育基本法をめぐって激しい議論が展開されてきた。そこでの議論の核心は，教育基本法の根本価値として規定していた，「教育は，人格の完成をめざし，平和的な国家及び社会の形成者として，真理と正義を愛し，個人の価値をたつとび，勤労と責任を重んじ，自主的精神に充ちた心身ともに健康な国民の育成を期して行われなければならない」（教育基本法第1条）とする教育の目的規定にあった。この目的規定を日本人としての自覚や愛国心など「国籍ある教育」と公共心，愛国心の育成を重視したものに変更することこそ，政権政党である自由民主党結党以来の悲願，宿願であった。

2000年に設置された有識者からなる内閣総理大臣の私的諮問機関の教育改革国民会議は新しい時代にふさわしい教育基本法と教育施策の総合的推進のための教育振興基本計画などを内容とする最終報告「教育を変える17の提案」（2000年）において「新しい時代にふさわしい教育基本法を」と提言した。2001年文科省大臣はこれを受け中教審に「新しい時代にふさわしい教育基本法と教育振興基本計画の在り方について」を諮問，2003年に答申した。答申を受け新教育基本法は2006（平成18）年12月15日，第165回臨時国会で成立，12月22日に公布・施行された。新基本法は日本人としての自覚や道徳性，愛国心，公共心の育成，伝統の継承と文化の創造などの教育（第2条），生涯学習の理念（第3条），障害のある者への教育支援（第4条），大学（第7条），私立学校（第8条），家庭教育（第10条），幼児期の教育（第11条），学校・家庭・地域住民等の相互連携協力（第13条），教育振興基本計画（第17条）など14項目を新設した。旧法にあった「男女共学」の項目はなくなった（巻末資料・教育基本法の新旧比較）。

3 教育政策形成過程の変容

1．政治主導，官邸主導への道

小川正人の研究によると我が国の教育政策の決定は行政府（文部省－文部科学省）が行うという制度と慣行が長い間続き，それは教育分野にとどまらず官僚主導の行政だとして批判の対象とされてきた。そこでは一般に内閣提出法案や予算案などに対する政権与党の事前審査と政治＝政権与党内の調整やチェックという与党審査と党内合意を重視するボトムアップ型政策決定が，政権与党の族議員と中央各省庁（官僚）との結びつきを強化し，その所管行政単位ごとの族議員と所管省庁（官僚）を核にした閉鎖的な「下位政府」（sub-government＝族議員と省庁官僚を核にその関連諸利益団体が集結する縦割り割拠主義の体制）を作り出してきた。しかし，そうした「下位政府」主導の政策決定過程＝構造は，1990 年代以降，政治（内閣）主導，機能の確立に向けた改革が進められ，その中で内閣府の創設は内閣機能の強化として大きな変化であったといわれる。

教育政策決定過程＝構造と政策内容の変化に直接的な影響を及ぼしたのが，内閣府に設けられた合議制機関（経済財政諮問会議，規制改革・民間開放推進会議，地方分権改革推進会議等）だった。それは，旧来の教育「下位政府」の「閉じられた」教育政策決定過程を通じた合意形成とは全く異なる過程と手続きを生み出した。そこには旧来の教育「下位政府」の「閉じられた」教育政策決定過程において政策調整の主導権を掌握してきた文部科学省の姿はないと指摘している[(12)]。

内閣機能の強化については，①内閣総理大臣の「内閣の重要政策に関する基本的な方針」の発議権を内閣法に明記，②その企画立案を内閣官房が担うことを内閣法に明記し，その幹部は特別職として政治任用，③内閣府を創設し（内閣府設置法），行政各部を内閣がリードする体制を強化するとともに内閣府に特命担当大臣を置き企画・調整権限を付与，④内閣府に内閣総理大臣または内閣官房長官を議長とする重要政策に関する企画・調整のための合議制機関を設置し，重要政策を内閣総理大臣主導で機動的に策定し実施していく制度がつくられたからだとしている。

教育振興基本計画については2008年に「第一次教育振興基本計画について～『教育立国』の実現に向けて」の中教審答申を受け，「第1期教育振興基本計画」（平成20年度～平成24年度）が閣議決定された。教育振興基本計画は新教育基本法に示された理念の実現と，我が国の教育振興に関する施策の総合的・計画的な推進を図るため，同法第17条第1項（本書巻末教育基本法の新旧比較参照）に基づき政府として策定するもので「教育振興基本計画は予測困難な時代における教育の方向性を示す羅針盤となるものであり，教育は社会を牽引する駆動力の中核を担う営み」だとその意義を説いている（新たな教育振興基本計画【概要】令和5年度～9年度）。

これまで第1期教育振興基本計画（2008年度－2012年度），第2期教育振興基本計画（2013年度－2017年度），第3期教育振興基本計画（2018年度―2022年度），第4期教育振興基本計画（2023年度―2027年度），第5期教育振興基本計画（2028年度―2031年度）が策定されている。

2．文部科学省の組織再編――「教育振興基本計画」への対応

2018年，教育振興教育基本計画の導入による総合的な教育改革を推進し，そのための機能を強化するために総合教育政策局を新設し筆頭局化する文部科学省の組織再編が行われた（それまでの筆頭局は生涯学習局）。これに伴い教育再生実行会議は廃止。総合教育政策局のミッションは，①学校教育・社会教育を通じた総合的かつ客観的根拠に基づく教育政策を推進，②生涯にわたる学び，地域における学び，ともに生きる学びの政策を総合的に推進。さらに中央教育審議会は「教育振興基本計画部会」の設置を決定した（2022年）。部会の所掌事務は教育振興基本計画の策定と円滑な実施に必要な意見を述べること。教育振興基本計画の担当部署はこの総合教育政策局となる。

旧法での「教育行政の一般行政からの独立」「条件整備としての教育行政」

（旧法第 10 条）から政治主導・官邸主導・省庁間連携による教育政策の形成へとその行政の変化，変容については，教育と教育行政の関係をめぐって教育行政の基本原理，その作用はどうあるべきかという「教育と教育行政」の解明が教育学，教育行政学の本質的（研究）課題として残されているように思われる。

日本教育行政学会・課題研究「教育行政の専門性・固有性の解体と変容―官邸主導改革と教育行政―」（2023 年 10 月），の冒頭報告「教育政策と中央教育行政の変容をどう捉えるか」で「教育と教育行政の区別」という視点から教育行政の在り方を「教育は，子どもの内面形成（価値）と真理（科学）に関わり，かつ，学習者と教育者の相互関係において成立するという本質的性格を持つ」という教育の専門性と普遍性を見据えた教育行政の専門性，振る舞い方が問われるべき研究的・実践的課題だとする提言があった。

思い起こしてほしい。勝田守一の「学校とは教師と生徒との間の教育的過程の成立する場所」との認識を（本章 208 頁）。筆者は「学校教育において私たちが守り伝え引き継ぐべき価値，実現すべき価値，高めるべき価値，そして創るべき価値は何かという問いを抜きに学校と社会の関係，学校教育の使命と役割を語ることはできない」と述べた（本章 208 頁）。これを学校と教育行政との関係として表現すれば，学校教育において私たちが守り伝え引き継ぐべき価値，実現すべき価値，高めるべき価値，そして創るべき価値は何かという問いを抜きに学校と教育行政の関係を語ることはできない。なぜならこれらは「学校教育の専門性」を前提にしない限り議論してはならないからである。「教育行政の専門性」を語るとはこうした「学校教育の専門性」にあるコアに思いを寄せることによって可能なのであり，またこのことを視野に成り立つ概念だと考える。それでは「学校教育の専門性」とはなにか。それは「教師の専門性」にとどまらない，もっと広がりのある概念である。それはどういうことかについて「教育行政の専門性」に関連づけて思索し探究してもらいたい。

4　学習指導要領に「社会の変化と学校教育の基調」を読み解く

1．社会の劇的変化，「大変革時代」の学校教育

これまで，今までの社会とこれからの社会を連続的に捉えるのではなく，断絶とは言わないまでもその間に質的に異なる社会像が描かれているとの思いがあった。しかし21世紀を迎え今までの社会とこれからの社会には非連続といってよい変化があり，それは断絶といってよい変化ができている，またそう考えてもよい現実が起きている。こうした認識の方が今日の社会像の実相に近いばかりでなく，身体感覚，生活感覚，仕事感覚としても納得できる。これはコロナ禍の経験を挟み，以下のような力と作用が人間，社会，世界・地域の在り方，構造，システム，かたちを根本的に変えてきているというのが実感としてあるからである。それほどまでに「社会全体が劇的に変化している大変革時代」になってきたのだと思う。

それは情報通信技術(Information and Communication Technology : ICT)，人工知能(Artificial Intelligence : AI)，ロボット工学(robotics)など科学技術の発達によって社会全体がこれまでの経験からは想像しえないほどに劇的に変容しつつあるという認識だ。サイバー空間(仮想空間)とフィジカル空間(現実空間)を高度に融合させたシステムにより，経済発展と社会的課題の解決が両立するそうした人間中心の社会「超スマート社会(Society 5.0)」という社会像で，そこでは「新しい価値やサービスが次々と創出される」社会だとされる。それは人工知能やロボットの働きによってあらゆる人が快適に暮らせる社会を目指す2016年1月閣議決定された未来社会の構想だ。狩猟社会(Society 1.0)，農耕社会(Society 2.0)，工業社会(Society 3.0)，情報社会(Society 4.0)に続く，我が国が目指すべき新たな未来社会の姿を指すものものとして第5期科学技術基本計画(2016～2020年度)において初めて提唱されたものである。

現代社会についてその特徴，性質，そして可能性について，これまで多くの人がさまざまな語り方，語り口で話題とし，また論じられてきた。

私たちは，社会のかたちや特徴を話題にしたり語ったりする時，「～社会」などと表現する。この「～」はそれによって社会を成り立たせ，特徴づけ基盤になっている「何か」を表現したものである。例えばグローバル社会はヒト，モノ，カネ，情報などが国や地域を超えて世界的規模で結びつき，世界の一体化が進む社会，そういう社会の様(さま)をいうのだろう。それはまたその時々の社会状況・実態を意味づけ，もしくは意義づけてその社会の性質や特徴，課題などを含めて，その社会への思いや期待，課題を表現した社会観，社会論，社会の在り方・システムである(以下，「社会像」とする)。

ここ20～30年を振り返り，語られている社会像のようなものをアットランダムにあげれば次のようなものが思いつく。学歴社会，大衆教育社会，グローバル社会，成熟社会，資本主義社会，市場・競争型社会，脱炭素社会，AI社会，デジタル社会のほか，価値多様・多元社会，知識基盤社会，少子高齢化社会，一億総中流社会，格差社会，全体主義社会，共生・共存社会，市民社会，ポストモダン社会，インクルーシブ社会，監視社会，憎悪・分断社会，忖度・同調圧力社会，withコロナ社会，競争・能力主義社会，Society 5.0，多民社会，など多種，多様な社会像が語られ，また生まれた。

これらの社会像はそれぞれにおいて人間，社会，経済，ジェンダー，人権などの在り方をめぐって多種，多様な問題や課題，話題やメッセージを生んだ。またそうした問題や課題がきっかけとなり多様な社会像が生まれ，語られてきた。

そのため現代社会の状況，状態を言い当てている社会像をひとつに絞ることは無理であり，またその必要はないのかもしれない。社会像とはそもそも各人が頭の中で考え描いたもので人の数ほどあるからだ。しかし語られる多くの社会像は社会的な語りや議論，対話，言説，研究を通して精選，選択，もしくは淘汰され，言わばその一部であれ「何か」が社会的，歴史的，学術的に承認され，もしくは話題，言説となっているものである。その意味では特定の社会像が日本社会全体を描いている，もしくは言い当てているというよりは，実際にはいくつかの社会像が，また一定の問題・課題が織りなし結び合い相互作用を繰り返し，曖昧さを含んだまま一定の社会像が形成されている。広範な社会的な議論や対話を通してさまざまな社会像が擦り合わせを重ね，意味づけや意義づけを経て相対化，抽象化を繰り返し絞られて一定の社会像として編集され語り継がれてきているのだと考えられる。

こうした社会の変化，そこでの課題はいずれも学校教育に多様な期待と課題解決を求める。例えばグローバル化社会にあって国際社会で通用する人材（グローバル人材）をどう育成するか。またさまざまな格差は政治，行政，社会制度，社会運営が生み家庭，学校，地域，社会それぞれにおいて深刻な問題を生んでいる。これらは社会問題にとどまらず，学校教育にとってもきわめて重要な問題であり対応，対策が迫られている。これと並んで環境問題，食料問題，エネルギー・原発問題などのほか領有権問題，歴史認識問題，戦争と平和は避けて通ることができない重要なテーマであり，学校の教育目標，教育内容，子どもの学び，教師の指導，学校運営や学校文化に強く深く作用し影響している。

しかもこうした社会の変化とそれに伴う問題や課題は我が国一国にとどまらず新たな国際的，地域的な広がりと関係を求め，また強め，政治，経済，社会，文化，軍事などの分野で新たな国際連携と国際秩序のかたちを生んでいく。それはまた緊張，憎悪，分断のプロセスでもある。学校教育への影響は広がりを見せている。学校教育は自らの専門性としてこれらにどう対応するか，できるかが問われている（「学校教育の専門性」）。

広田照幸はこれまでの教育学は現実の社会を分析の視野に組み込んでこなかったとし，これからの教育学の課題は「教育システムと社会」という視野，認識が重要になると指摘している。というのは「教育システムが社会の中でどういう役割を果たすべきかについては，教育に内在する論理だけでは構想しえない。どういう社会をわれわれは作ろうとするのかという全体構想の中に，教育は組み込まれているからである」とし，それを解明する方法として教育を雇用や福祉との関連構造の中で捉えていくことが必要だとしている。教育と雇用・福祉との関連構造としたのは「労働市場，家族，国民国家という三つのセクターの連携関係のどの部分にも，教育はかかわっている」からだと説明する[(13)]。

本章は「学校と社会」をキーワードとし，学校は社会からの問い，批判，期待にどう応え向き合うべきかについて，学習指導要領を舞台に，そこに感知される「学校教育の専門性」を浮き彫りにしてみたいとするささやかな作業である。「社会に開かれた教育課程」ということを言葉遊び，概念遊びに終わらせないためにも，「学校教育の専門性」(学校とは，学校教育とは，学校づくりとは，の問い)の再定義を視野に，ここに込められた思い，期待，願いなどを素材にしながら可視化する作業につなげていきたい。

現代社会は混沌とし不透明でつかみどころない社会だといわれる。社会像も描くことが難しくなった。それでもそれぞれの社会像は社会的対話や議論，言説，学術，さらにはメディアや世論に晒され，それらをくぐり抜け，かたちをなし，洗練され一定の価値とメッセージを宿した社会像を生産していることは確かである。社会像の事例，社会像を構成している多様な話題・課題・メッセージなどを参考にしてあなたならどう描くだろうか。一緒に考えてみよう。

2.「知識基盤社会」を超え，その再構成に向けて

学習指導要領は，改訂するたびにこれからの社会の方向，在り方と関連づけ設計されてきた。2008年改訂の学習指導要領は，21世紀は新しい知識・情報・技術が政治・経済・文化をはじめ社会のあらゆる領域での活動の基盤として飛躍的に重要性を増す，いわゆる「知識基盤社会」(knowledge-based society)の時代だとし，そこでは「生きる力」の育成を学校教育の基調とすべきだとした。

「生きる力」について2008年答申は，「生きる力」の育成を学校教育の基本とした1996年の中教審答申「21世紀を展望した我が国の教育の在り方について」を踏まえ，今後の教育の基本的方向について「これから求められる資質や能力は，変化の激しい社会を『生きる力』」だとし，それは①自分で課題を見

つけ，自ら学び，自ら考え，主体的に判断し，行動し，よりよく問題を解決する能力，②自らを律しつつ，他人と協調し，他人を思いやる心や感動する心など豊かな人間性とたくましく生きるための健康や体力からなるとした。さらに「生きる力」は，自己の人格を磨き，豊かな人生を送るうえでも不可欠だとも指摘していた。

1996 年の答申以降，1990 年代半ばから現在にかけて顕著になった，「知識基盤社会」の時代などといわれる社会の構造的な変化の中で，「生きる力」を育むという理念はますます重視されるようになっていった。

「生きる力」について学習指導要領は現代の社会を知識基盤社会と特徴づけるのは，その知が「ある知」や「存在する知」ではなく，未来のあるべき社会像を踏まえ，それを視野に求められる新たな知によって社会が成長し，発展するという認識があるためだ。また「生きる力」の育成のために学力の基本要素を①基礎的・基本的な知識・技能，②知識・技能を活用して課題を解決するために必要な思考力・判断力・表現力等，③学習意欲の三つとした（学力の三要素）。こうした学力観は OECD の PISA 型学力の発想を受け継いだもので，「これまで何を学んだか」から「これから何ができるか」という発想への転換だとしている。

学習指導要領（2008）における知識基盤社会の社会像とグローバル化の急速な進展と展開は新たな枠組みによる学習指導要領改訂の必要を生むことになった。それは以下に示された「社会の変化は加速度を増し，複雑で予測困難」（中教審，2016）という危機感が急速に強まったからである。

> 前回改訂の答申（2008 年，引用者注）で示されたように，21 世紀の社会は知識基盤社会であり，新しい知識・情報・技術が，社会のあらゆる領域での活動の基盤として飛躍的に重要性を増していく。こうした社会認識は今後も継承されていくものであるが，近年顕著となってきているのは，知識・情報・技術をめぐる変化の早さが加速度的となり，情報化やグローバル化といった社会的変化が，人間の予測を超えて進展するようになってきてい

ることである。とりわけ最近では，第4次産業革命ともいわれる，進化した人工知能が様々な判断を行ったり，身近な物の働きがインターネット経由で最適化されたりする時代の到来が，社会や生活を大きく変えていくとの予測がなされている。“人工知能の急速な進化が，人間の職業を奪うのではないか”“今学校で教えていることは時代が変化したら通用しなくなるのではないか”といった不安の声もあり，それを裏付けるような未来予測も多く発表されている。情報技術の飛躍的な進化等を背景として，経済や文化など社会のあらゆる分野でのつながりが国境や地域を越えて活性化し，多様な人々や地域同士のつながりはますます緊密さを増してきている。こうしたグローバル化が進展する社会の中では，多様な主体が速いスピードで相互に影響し合い，一つの出来事が広範囲かつ複雑に伝播し，先を見通すことがますます難しくなってきている。このように，社会の変化は加速度を増し，複雑で予測困難となってきており，しかもそうした変化が，どのような職業や人生を選択するかにかかわらず，全ての子供たちの生き方に影響するものとなっている。

（中教審答申「幼稚園，小学校，中学校，高等学校及び特別支援学校の学習指導要領等の改善及び必要な方策等について」2016 年）

それは「知識基盤社会」の揺らぎとも受け取れるが，そうした認識よりは社会の劇的変化にあって「知識基盤社会」がそれに向き合い，対処しうる熱量をそれなりにもっていたというべきで，答申等に残り引き継がれていく力をもっていたからである。2018 年 6 月 15 日閣議決定された教育振興基本計画では，「現在の社会は知識基盤社会であり，新しい知識・情報・技術が，社会のあらゆる領域での活動の基盤として非常に重要であるが，この知識・情報・技術をめぐる変化は加速度を増している。また，グローバル化の進展等によって，一つの出来事が広範囲かつ複雑に伝搬し，社会の変化を正確に予測することはますます難しくなってきている」と述べつつ，知識基盤社会のリニューアル，進化は「社会の現状や 2030 年以降の変化等を踏まえ，取り組むべき課題」だとした。

政府は大変革社会にふさわしい学校教育改革を推進するため科学技術基本計画（2016.1）を視野に Society 5.0 に向けた人材育成に係る大臣懇談会（主査・文

部科学大臣）・新たな時代を豊かに生きる力の育成に関する省内タスクフォースを設置し，その報告「Society 5.0 に向けた人材育成〜社会が変わる，学びが変わる〜」（2018.6）を公表した。「はじめに」で大変革期の社会を次のように描いている。

> 今，我々はかつてなく大きな社会の変革期にいる。
> 人類はこれまで，狩猟社会から農耕社会，工業社会を経て現代の情報社会に至るまで，生産手段と社会構造の飛躍的な変化を経て社会を発展させてきた。そして今，次の大きな変革として Society 5.0 が訪れようとしている。
> Society 5.0 は，人工知能（AI），ビッグデータ，Internet of Things（IoT），ロボティクス等の先端技術が高度化してあらゆる産業や社会生活に取り入れられ，社会の在り方そのものが「非連続的」と言えるほど劇的に変わることを示唆するものであり，第 5 期科学技術基本計画（平成28年 1 月22日閣議決定）で提唱された社会の姿である。「超スマート社会」とも言われる Society 5.0 の到来に伴い創出されるであろう新たなサービスやビジネスによって，我々の生活 は劇的に便利で快適なものになっていくだろう。
> しかし一方で，このような人類がこれまで経験したことのない急激な変化を前に，漠然とした不安の声も多い。

こうして新学習指導要領の実施で Society 5.0 を確実に実現するよう強く求めるようになり，それが 2021 年 1 月の中教審答申「『令和の日本型学校教育』の構築を目指して〜全ての子供たちの可能性を引き出す，個別最適な学びと，協働的な学びの実現〜」で「子供たちの資質・能力を確実に育成」と「新学習指導要領の着実な実施が重要」だとする思い，認識につながったのだと考えた（下線筆者）。新学習指導要領が掲げた学校教育の目をより確実に，そしてより着実に実現しようとする思いと期待を強くし令和の答申になったのだと思う。それはまた次期学習指導要領の，2020 年代を通した教育施策につなぐ意図をも生んでいったという認識だ。そうした思いと期待が学校教職員の意識，資質，力量の向上と学校の組織と文化の形成という課題につながったのではないか。2022 年 12 月の中教審答申「『令和の日本型学校教育』を担う教師の養成・採用・研修等の在り方について～「新たな教師の学びの姿」の実現と，多様な専門性を有する質の高い教職員集団の形成～」（2022.12）にもそうした思いと期待が綴られている。

日本教育行政学会は課題研究「令和の日本型学校教育下における教師の職務の変容と教師をめぐる専門性の再定位」を 2023 年 12 月 26 日に開催した（オンライン）。そこで話題となったのは次のことである。

- 「空洞化する教師の『専門家としての学び（professional learning）』」，教師の「専門家の学び」概念の不在，「協働的な教師の学び」や「多様な専門性」のリアリティ
- 「ティチャーから伴走者（ファシリテーター・コーチ）へ」など「個別最適な学び」（学習者の視点からの指導の個別化と学習の個性化）の問題，教育の「自由」，「学習化」する教育の問題（「教えることから学習への移行は教師とは何かについての通常の認識を根本的に変えた」），教材研究の空洞化，教育の自由への侵害

多くは令和の教育改革の「超難題」（9 章）が吟味，検討課題となった。また「専門性の再定位」ということは近年，さまざまな機会に語られるようになった。本書もかなり前から「専門性の再定義」として語り論じてきている（9 章 3 の 4 「専門性の再定義」）。文部科学省も「専門性の再定位」を視野に教師の役割，機能，専門性を語り始めた。

3．学習指導要領に組み込まれた社会像と学校教育像

グローバル化の進行は人間社会に多様性をもたらし，さらに急速な情報化や技術革新などの社会的変化は人間の予測を超え進展し人間社会を質的に変化させている。また進化した人工知能がさまざまな判断を行ったり，身近な物の働きがインターネット経由で最適化されたりする時代の到来（第 4 次産業革命）が，社会や生活を大きく変えてきている。こうした社会の変化に対応し，未来を生きる力を子どもたちに育成する学校教育の構築がこのたびの学習指導要領改訂

の動機だった。「前文」は，これについて「（教育基本法の）教育の目的及び目標の達成を目指しつつ，一人一人の児童が，自分のよさや可能性を認識するとともに，あらゆる他者を価値のある存在として尊重し，多様な人々と協働しながら様々な社会的変化を乗り越え豊かな人生を切り拓き，持続可能な社会の創り手となることができるようにすることが求められる」としている。

2008年改訂の学習指導要領と大きく変わっているのは，第一に総則の前に新たに「前文」を設け，そこで2006年に制定された新教育基本法の教育目的と教育目標を示し，それを踏まえ学校教育を実現することが教育課程の使命だとし，これは「総則の抜本的な見直し」だとした。学習指導要領の精神，理念をこの前文に凝縮して示し，教育課程編成するにあたってそれを尊重し，また踏まえ，かつそれから外れないよう求めるものとなっている。公教育目標（教育基本法等）の実現を目指し，学習指導要領と学校の教育計画（教育課程）を一体的に捉え，もしくは一体化させ関係をより密なものにする意図が読み取れる。

第二は，予測困難な時代における社会的変化に生きる子どもたちに必要な資質・能力に対応した教育課程の編成の視点，枠組みとして次の三点を示した。

①“よりよい学校教育を通じてよりよい社会を創る”という目標を学校と社会が共有し，連携・協働しながら，新しい時代に求められる資質・能力を子どもたちに育む「社会に開かれた教育課程」。

②学校，家庭，地域の関係者が幅広く共有し活用できる「学びの地図」としての学習指導要領等。

③各学校において教育課程を軸に学校教育の改善・充実の好循環を生み出す「カリキュラム・マネジメント」。

> 「社会に開かれた教育課程」：①社会や世界の状況を幅広く視野に入れ，よりよい学校教育を通じてよりよい社会を創るという目標を持ち，教育課程を介してその目標を社会と共有していくこと，②これからの社会を創り出していく子供たちが，社会や世界に向き合い関わり合い，自分の人生を切り拓いていくために求め

られる資質・能力とは何かを，教育課程において明確化し育んでいくこと，教育課程の実施に当たって，地域の人的・物的資源を活用したり，放課後や土曜日等を活用した社会教育との連携を図ったりし，学校教育を学校内に閉じずに，その目指すところを社会と共有・連携しながら実現させること。

「学びの地図」の枠組み：①「何ができるようになるか」（育成を目指す資質・能力），②「何を学ぶか」（教科等を学ぶ意義と，教科等間・学校段階間のつながりを踏まえた教育課程の編成），③「どのように学ぶか」（各教科等の指導計画の作成と実施，学習・指導の改善・充実），④「子供一人一人の発達をどのように支援するか」（子供の発達を踏まえた指導），⑤「何が身に付いたか」（学習評価の充実），⑥「実施するために何が必要か」（学習指導要領等の理念を実現するために必要な方策）

「カリキュラム・マネジメント」：カリキュラム・マネジメントとは，学習指導要領等を受け止めつつ，子供たちの姿や地域の実情等を踏まえて，各学校が設定する学校教育目標を実現するために，学習指導要領等に基づき教育課程を編成し，それを実施・評価し改善していくこと。「学びの地図」の枠組みの①～⑥に関わる事項を各学校が組み立て，家庭・地域と連携・協働しながら実施し，目の前の子供たちの姿を踏まえながら不断の見直しを図ることが求められるもので，各学校が学習指導要領等を手掛かりに，この「カリキュラム・マネジメント」を実現し，学校教育の改善・充実の好循環を生み出していくことを目指すもの。（中央教育審議会答申，2016 年）

学習指導要領は我が国の学校教育内容の国家基準であり，それは時代や社会，児童生徒の変化などに対応した学校教育の課題を踏まえ，ほぼ 10 年ごとに改訂される。2008（平成 20）年に改訂された学習指導要領は新教育基本法（2006 年）による教育の目的と目標を踏まえ，さらに知識基盤社会やグローバル化の到来を視野に脱「ゆとり教育」を明確にし，教育内容と授業時数を増やした。そこでは，知識基盤社会における「生きる力」の育成を目指し，脱「ゆとり教育」へのシフトを視野に三つの学力を描き，さらにこれを学校教育法で，①基礎的な知識及び技能，②思考力，判断力，表現力その他の能力，③主体的に学習に取り組む態度のように法定し，これらをバランスをとり育成することが重要だとした（2007 年，第 30 条第 2 項・新設）。

新しい学習指導要領は，幼稚園は 2018 年度から，小学校は移行期間（2018・

2019年度）を経て2020年度から，中学校は移行期間（2019・2020年度）を経て2021年度からそれぞれ全面実施される。これに対応して小中学校の教科書の検定と採択も進められた。高等学校は2018年に告示され2022年度から年度進行で実施されている。

1947年戦後初めて誕生した学習指導要領は「試案」とされ，教師が授業するにあたり参考にするものとされていた。1958年に学習指導要領は学校教育法施行規則で定め告示することで法的拘束性を持たせ基準性を強化した。

1958〜1960（昭和33〜35）年改訂以降の学習指導要領の変遷は図10-1の通りである。改訂ごとの変遷項目・事項メモに注目すると改訂のポイント，狙いが浮き彫りになると思う。その学習，探究は不可欠だ。

「令和の日本型学校教育」答申（2021年）は社会像を社会の在り方が劇的に変わる「Society 5.0時代」の到来，新型コロナウイルスの感染拡大など先行き不透明な「予測困難な時代」とし，新学習指導要領の着実な実施とICTの活用によって一人ひとりの児童生徒が，自分のよさや可能性を認識するとともに，あらゆる他者を価値のある存在として尊重し，多様な人々と協働しながらさまざまな社会的変化を乗り越え，豊かな人生を切り拓き，持続可能な社会の創り手となることができるようにすることが必要だとしている。

そのために「個別最適な学び」と「協働的な学び」を進めるため，これまで以上に 子どもの成長やつまずき，悩みなどの理解に努め，個々の興味・関心・意欲等を踏まえてきめ細かく指導・支援 することや， 子どもが自らの学習の状況を把握し，主体的に学習を調整することができるよう個別最適な学びを促すことが求められるとし，そのための教師の指導と支援の工夫と指導と学びの環境の整備などを指摘している。これまでにない社会の激的変化にあって学校教育のデジタルリタラシー教育の遅れとデジタル環境の整備がなかなか進まないことへの焦り，危機感からの答申だったのではないか（第9章1の1を参照）。すでにSociety 5.0に向けた人材育成に係る大臣懇談会　新たな時代を豊かに生きる力の育成に関する省内タスクフォースの提言「Society 5.0に向けた人

昭和33〜35年改訂	**教育課程の基準としての性格の明確化** （道徳の時間の新設，基礎学力の充実，科学技術教育の向上等） （系統的な学習を重視） （実施）小学校：昭和36年度，中学校：昭和37年度，高等学校：昭和38年度（学年進行）
昭和43〜45年改訂	**教育内容の一層の向上（「教育内容の現代化」）** （時代の進展に対応した教育内容の導入） （算数における集合の導入等） （実施）小学校：昭和46年度，中学校：昭和47年度，高等学校：昭和48年度（学年進行）
昭和52〜53年改訂	**ゆとりある充実した学校生活の実現＝学習負担の適正化** （各教科等の目標・内容を中核的事項に絞る） （実施）小学校：昭和55年度，中学校：昭和56年度，高等学校：昭和57年度（学年進行）
平成元年改訂	**社会の変化に自ら対応できる心豊かな人間の育成** （生活科の新設，道徳教育の充実） （実施）小学校：平成４年度，中学校：平成５年度，高等学校：平成６年度（学年進行）
平成10〜11年改訂	**基礎・基本を確実に身に付けさせ，自ら学び自ら考える力などの［生きる力］の育成** （教育内容の厳選，「総合的な学習の時間」の新設） （実施）小学校：平成14年度，中学校：平成14年度，高等学校：平成15年度（学年進行）
平成15年一部改正	**学習指導要領のねらいの一層の実現** （例：学習指導要領に示していない内容を指導できることを明確化，個に応じた指導の例示に小学校の習熟度別指導や小・中学校の補充・発展学習を追加）
平成20〜21年改訂	**「生きる力」の育成，基礎的・基本的な知識・技能の習得，思考力・判断力・表現力等の育成のバランス** （授業時数の増，指導内容の充実，小学校外国語活動の導入） （実施）小学校：平成23年度，中学校：平成24年度，高等学校：平成25年度（年次進行） ※小・中は平成21年度，高は平成22年度から先行実施
平成27年一部改正	**道徳の「特別の教科」化** 「答えが一つではない課題に子供たちが道徳的に向き合い，考え，議論する」道徳教育への転換 （実施）小学校：平成30年度，中学校：令和元年度
平成29〜30年改訂	**「生きる力」の育成を目指し資質・能力を三つの柱（※）で整理，社会に開かれた教育課程の実現** （※）「知識及び技能」，「思考力，判断力，表現力等」，「学びに向かう力，人間性等」（「主体的・対話的で深い学び」（アクティブ・ラーニング）の視点からの授業改善，カリキュラム・マネジメントの推進，小学校外国語科の新設等） （実施）小学校：令和２年度，中学校：令和３年度，高等学校：令和４年度（年次進行） ※小・中は平成30年度，高は令和元年度から先行実施

図10−１　学習指導要領の変遷

出典：文部科学省

材育成～社会が変わる，学びが変わる～」（2018）は学習指導要領改訂の方向が定まっているにもかかわらず，デジタルリタラシー教育や学校のデジタル環境の整備がなかなか進まないことへの焦り，危機感を表明していたが，その後も対応の遅れを取り戻せずにいる状況を憂い，危機感を強くしたのだと思う。

以上，学習指導要領を通して社会の変化と学校教育の使命を眺めてきた。

人間は身体機能，感情機能，知的機能を駆使して自らの生命を維持するとともに，社会を形成しそれを維持している。人間・人類の誕生以降，人の手の機能の一部を道具へ，道具を機械へ，機械のコントロールをコンピューターへ移し替えた（自動化・自動制御）。さらにICTやAIの情報処理の力は，ものづくりをはじめ，コミュニケーション，意思決定，人間の生き方・考え方に介入，統制し支配するまでになってきた。さらに「AIが世の中の状況を理解する能力を持ち始めている」とAIの急速な進化が紹介されている(14)。

日本の学校教育は能力（知識・学力）だけでなく，人間性や生き方の育成にかかわる人格の形成が重視されてきた。AIを組み込んだロボットが人間の生きる領域に広く，かつ深く入り込み，人間を超える高度な判断，つまり，人間にしかできないと思われていた領域（“人間の聖域”）にまで侵攻し，考えることや判断し決定する能力をコントロールするまでになった（シンギュラリティ）。前述のとおり，2030年ころにはこれまで人間の力でやってきた仕事の半分くらいはなくなっているのではないかともいわれている。子どもたちがこうした社会を主体的に生き，自ら社会を選択し社会の担い手・主人公としてそこに生きる力をどう育成するかは，まさに現在の学校が直面する喫緊の課題だろう。

AI社会にどう生きるか，生きる子をどう育てるかに正面から取り組んだ新井紀子（国立情報学研究所教授）は，「AIに負けない子どもを育てる」「AIに向き合う子どもを育てる」を信念として，暗記や記憶などでイメージされるAI読みではなく，意味がわかって読む子を育てるための「読解力」（リーディングスキル）をAIリテラシーのコア，ないしは目標に置き，さまざまな社会分野におけるAIの役割や活躍のすごさ，力を踏まえ，「東大ロボくん」研究で

「教科書を読めない子どもたち」の存在に気づき，AIの限界とそれを乗り越えるための子どもの能力の育成を訴えた。それが「AIに負けない子どもを育てる」「AIに向き合う子どもを育てる」というメッセージだった。そのメッセージは今まさに学校教育の最優先課題となっている。

5 教職プロフェッショナルと学校づくり

1．「学校づくり」はどう語られてきたか

学校づくり（学校経営）については，これまで多様な言説・理論や教育政策などを通してさまざまに語られてきた。そのさまざまな語りの中にその時々の学校づくりの思いや期待が滲み出ており，また主張されている。「学校づくりはどう語られてきたか」という問いは，まさにこうした語りの中に学校づくりに対する思いや期待を浮き彫りにさせ，学校づくりの在り方を問い，その本質に迫る営みである。

学校づくりの言説を吟味する場合，学校経営というものが置かれている状況や環境，つまり社会経済，政治や法・政策・行政，また社会や世論が寄せる学校への思いや期待は，学校づくりの言説において前提，ないしは自明とされていたり，また横に置かれたりして，それを積極的に言説の着眼点や方法論とすることはしてこなかったように思われる。実は研究者自らがもつ学校への思いや期待を言説に投影させ，性格づけている面は少なくない。学校づくりの言説には，こうした部分や側面があることを認めることが重要であり，それが言説の特徴と性格を形づくることになる。

これまでの学校づくり研究では，学校経営をどう認識するかという観点から考察するということをしてこなかったのではないかという思いを強くする。そのため学校づくりの全体像を視野に論ずることが後退し，学校経営のある断面や部分を切り取り論ずる中で学校づくりを語ってきた。それは必要でもあり重要なことではあるが，それがいつしか学校経営という全体像，システムを忘れ

て論ずるようになってしまったのではないか。学校経営に何を思い，何を期待していたか，そしてそのことによっていかなる学校経営の言説や在り方を求めていたのかという観点である。

学校づくりの言説を語る場合，いろいろな語り方，語り口がある。

国，自治体，学校，地域社会，保護者，住民は，それぞれ子どもの成長・発達を願うということではひとつであるが，現実はそれを含めて学校経営に期待するところはさまざまで多様である。学校経営への思いや期待は，これらの教育意思の相互関係の中に成立する。学校経営への思いや期待もその関係の取り結び方によって異なる。学校の「経営」であっても，それは教育委員会が支配的な教育意思を構成するとか，またその「経営」は保護者が参加することではじめて学校経営たりうるとかの認識がある。したがって学校経営への思いや期待は，一定の歴史的環境の中で，教育意思のぶつかり合い，緊張関係によって異なる様相をつくり出す。

教育委員会法を廃止し自治体の長を国の出先機関とする仕組み（国の機関委任事務）とする 1956 年制定の地方教育行政法体制の中にあって「管理された学校」と行政主導の学校経営の状態が長い間続いた。その見直し，それからの脱却がはじまったのは臨時教育審議会の教育改革による 1980 年代である。1990 年代，学校経営にかかわる改革が急速に展開する。橋本龍太郎首相（当時）が第 141 臨時国会での所信表明演説（1997.9.29）で学校に責任と権限をもたせますと，「子供たちの心に深い傷を残すいじめや登校拒否，そして，昨今，社会に大きな衝撃を与えたいくつかの事件は，教育のあり方について根本的な問いかけをしております。今こそ学校，家庭，地域社会の力を結集し，心の教育を充実するとともに，子供たちの個性を伸ばせるよう，学校にゆとりを持たせ，選択の幅を広げていかなければなりません。同時に，父母や地域の期待にこたえ，教育の現場自らが特色を生かした活動ができるよう，学校に責任と権限を持たせてまいります。」と述べた。我が国の最高責任者が「学校に責任と権限」をもたせるとはじめて表明したことはきわめて稀なことであり，それだけに学校経営の改革が歴史的意味をもって展開されてきたことに注目したい。その改革の方向は地方分権の徹底を前提に教育を実施する側の意思を尊重するために教育，人事，財政にかかわる学校の権限を拡大するという面と，親の教育（学校）選択の可能性を拡大することを視野に置いて教育を受ける側の学校運営への参加を促すという面をもっていることが特徴である。こうした視点から，学校の経営制度，運営組織，校長の権限について検討し，学校に，より自律的な経営基盤を確立させ，親・住民などの参加を視野に自律的経営を推進し，同時に経営に自己責任をもたせる仕組みを実現することを目指した。その方向を示しているのが，中央教育審議会答申「今後の地方教育行政の在り方について」(1998) である。戦後第三の学校経営改革のはじまりである。

第三の学校経営改革は次のようにいうことができる。

その特徴は「機関委任事務を廃止し，国と自治体，都道府県と市区町村の行政面での『対等』原則を定め，まさに日本の地方自治法制を一新したと言える」1999 年の地方自治法の「大改正」（兼子仁）により国と公教育経営の中央集権化を改め，規制緩和と地方分権を改革原理とし，自由・自律の精神という観点から，教育委員会はその精神を踏まえ学校の裁量権限を拡大する教育行政の仕組みを整えることにあった。裁量権限を拡大することによって実現しようとした方向は学校の裁量権限の拡大，校長の権限拡大と強化，学校の経営責任とアカウンタビリティ，学校評価に基づく学校運営，保護者・住民等の参加・参画型学校運営をキーワードとして展開した。

集権型行政システムは，我が国の近代化と経済発展に寄与した側面はあるものの，全国画一の統一性と公平性を重視するあまり，国内外の環境の変化に対応できず制度疲労を起こしてしまい，地域ごとの諸条件の多様性と個性ある生活文化を衰微させ，「脳神経ばかりが異常に肥大しその他の諸器官の退化した生物にも比せられる」と批判され，ナショナル・ミニマムを超えるものは地域住民の自主的選択にゆだねるべきだとする考えである。そうした考えを支えたのは新自由主義の思想である。新自由主義は個人の自由から制度の規制による個人の自由へとシフトさせる制度改革である。教育の新自由主義は，ミルトン・フリードマン（規制のない自由主義経済システムを理想とした。ノーベル経済学賞，1976 年）が言う，政府を供給者とする教育の一律分配方式を改めて，親に教育の自由選択を与えるバウチャー方式に切り替える方が教育効率をより高めることができるとした。ここでは教育の機会を市場化し，親に学校選択権を付与することが教育の正義にかなう方向であると考えられた。

現代の教育改革が指向する学校の権限拡大も，こうした文脈の中で論じられてきた面がある。「学校経営の 56 年体制」（教育委員会法を廃止して新たに地方教育行政法を 1956 年に制定し文部省を頂点とする集権的教育行政の体制を整え，学校に対する教育委員会の統制を強め，戦後教育改革でクローズアップした学校の自主性・自律性を制限，縮小することで，地方教育行政法とそれに基づいて措置ないしは実施された一連の施策や指導によって形成された学校経営の秩序）の行き詰まりや制度疲労，機能不全が顕在化した。高度経済成長社会を経た豊かな社会，情報化社会，国際化社会（グローバル社会）など内外の社会環境の変化は学校教育に求める期待と課題も変化させた。

2．「学校づくり政策」への転換

学校づくりは学校経営を機能させる行為，もしくは実質化させる行為，または学校経営は学校づくりへの教職員の熱意，エネルギー，ポテンシャルを生かして自らの使命や役割を実現しようとする行為である。それは「教職員の力を学校の力に変える」行為でもあり，そのことを通して学校づくりを達成しようとする行為である。学校づくりへの教職員の熱意，エネルギー，ポテンシャルがなければ，または生かさなければ学校づくりはできない。学校づくりは学校経営の目的でありながら，同時に学校経営を展開する方法，学校経営のプロセスをつくる日常的な行為である。

南部初世は，最近の政策文書で多用されている「学校づくり」について，「近年，『学校づくり』という言葉が，さまざまな場において，また多様な意味合いで用いられている。明確な定義づけもなされておらず，『学校経営』『教育経営』等類似の概念との異同も不分明であるにもかかわらず，多用されているのはなぜであろうか。この用語は，もともと教育実践運動のなかで使われてきた経緯があるが，1990 年代以降，政策文書においても頻繁に使用されている。」のように述べている(15)。この問いは味わい深く，かつ意味深遠で興味深い問題提起だと思う。

政策文書の「学校づくり」の場合，それは政策側が期待する学校像と学校経営の在り方を含んだ文言であると同時に，それを実現するために必要な教職員のかかわり，取り組みに対する期待を込めた言説である。1990 年代から言われてきた「開かれた学校づくり」,「特色ある学校づくり」という場合,「開かれた学校」とか「特色ある学校」というような学校像を描き，それを達成するための学校経営を表現したものである。21 世紀になると「……学校づくり」という言い方のほかに,「学校づくり」という文言が学校経営政策を述べる文脈の中で独立して随所で語られるようになった。それは具体的な学校像を述べたものではない。学校経営のプロセス，つまり政策側が期待する学校像を学校経営によって実現するために必要な，もしくは重要な要件として，主として学校経営への教職員の望ましいかかわり方，在り方を求めたものだといえる。学校づくりにはこうしたイメージとメッセージが込められていた。

3．学校経営政策の「学校づくり」論

政策文書に見る「学校づくり」の言説を素描してみると，そこから次のような思想，イデオロギーを読み取ることができる。

①1970 年代　管理された学校，校内管理体制の確立，行政主導の学校経営，行政の末端組織としての学校・校長など，学校経営の「56 年体制」の中にあって，教育委員会は本社，学校は工場など「工場的学校観」が文部省関係筋から語られ学校の自主的・自律的な運営を志向する「学校づくり」という認識はなかった時代。学校を教育行政末端機構として位置づけ，校長にはそれを

確実にこなす指揮監督機能の期待と，教頭職の法制化，主任職の制度化による校内管理体制の確立という意図が表に出ていた時代で，教職員の主体的な参加によってなされる学校づくりのイメージは，ここにはない。1971年の中教審答申「今後における学校教育の総合的な拡充整備のための基本的施策について」には学校づくりという用語は見当たらない。ちなみに「学校内の管理組織」として「校長を助けて校務を分担する教頭・教務主任・学年主任・教科主任・生徒指導主任などの管理上，指導上の職制を確立しなければならない。」のように述べるにとどまっていた。

②1980年代　「自由・自律の精神」による教育行政・学校経営の実現を目指して展開された臨時教育審議会による教育改革は，学校の自主性・自律性の実現と並んで，学校は施設や機能を開くだけでなく，地域住民の共有財産という観点から経営を開く，つまり「開かれた学校経営」という文言で，新たな学校経営構想を打ち出し，「開かれた学校づくり」という問題意識が生まれた時期。これは親・住民も加わっての学校づくりで学校教職員だけによる学校づくりではない。「地域に信頼される学校づくり」が目指された。

③1990年代　学校制度の改革，子どもの問題行動の多発・多様化・深刻化，児童生徒の個性・関心・学力の多様化，学校週5日制の完全導入などを背景に，「特色ある学校づくり」，「開かれた学校づくり」が行政課題として打ち出される時期で，学校の権限拡大，自律的学校経営の構築を視野に「……学校づくり」として語られる時代。ここでの「……学校づくり」とは学校の裁量権限の拡大，学校の自主性・自律性の確立，地域住民の学校運営への参画が学校づくりの目標として語られ。その集大成は1998年中教審答申「今後の地方教育行政の在り方について」である。

④2000年代　第一次安倍内閣下での新教育基本法の制定（2006）があった中で自律的学校経営を目指して，その実現のために何が必要か，大切か，重要かという観点から学校経営の在り方が模索され，語られた時期で，1998年中教審答申を具体化するために各種の施策が展開された。それは学校評議員制度

の導入，学校運営協議会の設置，職員会議の補助機関化，指導教諭，主幹教諭などの「新たな職」の設置など学校運営制度の構築と並んで，これらの制度を生かすソフト面の改革，つまり「学びの共同体」「チーム」「協働」「集団づくり」「集団としての力」「学校組織の総合力」「学校力」「教師集団」「学校集団」などの表現で，これまで学校現場で語られ，実践され，教育行政に対してクリティカルな色合いが濃かった文言や表現を政策文書が学校づくりの重要なテーマとして打ち出してきた時期。これまでの学校経営政策ではあまり語られてこなかったものだったが，「主体的な特色ある学校づくり」のために必要とされた学校の権限拡大が議論されている環境にあって，学校が自らその権限を責任を持って適切に行使して実現するためには個々の教職員の活動をより有機的に結び付け，組織的な学校運営を行う体制を整えることが必要だと認識され，「開かれた，信頼される学校づくり」を進めるうえでも必要なことだった。

他の組織と異なる学校の特質として，「集団としての活動」「チームとしての力」「学校組織全体の総合力」「組織全体として有機的な運営」「学校組織の集団としての総合力」「知の共有化」「地域に開かれた学校づくり」をあげ，教職員の資質能力を高めつつ，教職員が意欲をもって主体的に学校運営に参画し，自主的，自律的な学校運営が行われるには，これからの管理職は，教育者としても学校という組織の責任者としてもその資質能力を他の教職員以上に高め，「卓越性に基づくリーダーシップ」が必要だとされた。さらに学校の組織体制の再編整備では，学校においては「集団としての力」「チームとしての機能」「学校全体の組織力」「組織的な学校運営」，校長・教頭のもとでそれぞれのグループをまとめたり調整を行う主任，指導教諭など中間的な指導層（ミドルリーダー）の役割に期待した。学校全体の総合力と組織力の向上では管理職を補佐して担当する校務をつかさどるなど一定の権限をもつ主幹などの職を置く「特色ある学校づくり」を促した。管理職の適材確保では「組織全体の総合力の向上」のために，校長一人がすべてを担うのではなく，学校組織全体の総合力を高めること，組織全体として有機的な運営態勢，すべての教職員がマネジメントの発想やリーガル・マインド，学校の権限の強化に伴い，学校が適切にその権限を行使しているか，管理職のマネジメントがうまく機能しているかなどについて学校現場自ら，また住民が評価することが重要になるとも指摘された。

こうして中教審答申「新しい時代の義務教育を創造する」(2005年) は学校の組織運営の見直しとして，学校の自主性・自律性の確立を挙げ，それを実現するためには学校に権限を与え，自主的な学校運営を行えるようにすることが必要だとし，そのために例えば，教員の公募制やFA（フリー・エージェント）制や各学校が個別に学級編制を行うなど学校の判断の尊重，また，管理職を補佐して担当する校務をつかさどるなど一定の権限をもつ主幹などの職の設置，人事，学級編制，予算，教育内容等に関し学校・校長の裁量権限の拡が不可欠であるとした。京都府・市教育委員会はこうした制度を導入し一定の変化を刻んできた。

⑤2010年代　2012年12月，民主党政権に代わり第2次自民党・公明党安倍連立政権が誕生した。安倍首相は戦後レジーム・戦後教育からの脱却と「美しき日本」の実現を学校教育に求め，第1次政権で教育基本法を改定するなど学校教育に並々ならぬ意欲を示してきた。2014年の道徳教育の教科化も新教育基本法制定の文脈を背景に実施された教育政策のひとつである。そうした中にあっても，学校の自主性・自律性の確立は変わらず維持されているかに見える。教職や学校が魅力ある職業，職場となる，教員が職務上の悩みなどについて相談できるような学校の雰囲気づくりや教員のサポート体制，教員同士が学び合う環境づくりによる「学校が魅力ある職場」(中教審答申「教職生活の全体を通じた教員の資質能力の総合的な向上方策について」2012年) となることへの言及は，職場づくりへの関心である。また教職員の配置に対する校長の意向反映，学校の企画や提案に基づいた予算の配分や，使途を特定しない裁量的経費など予算面における学校裁量の拡大，校長のリーダーシップの下で自主的・自律的な学校運営が必要であるとした。教職員の人事では教員版フリー・エージェント制度の取組や，教員公募制の取組などがくり返し提言されている。校長のリー

ダーシップのもと学年・分掌での教職員のチーム力の発揮，保護者や地域住民が一定の権限と責任をもって学校運営に参画する学校運営協議会制度（コミュニティ・スクール）や学校支援地域本部の一層の拡大と充実による「地域とともにある学校づくり」などによって，社会総がかりで子どもたちを育むことが重要であると強調している。

教員が指導力を発揮できる環境づくりと，チームとしての学校の力の向上を諮問した中教審答申「これからの学校教育を担う教職員やチームとしての学校の在り方について」（2015 年）は，多様な専門性や経験を有するスタッフの学校への配置，教員と教員以外の者がそれぞれ専門性を連携して発揮し「学校組織全体の総合力」を高めていくため学校の組織運営の在り方，主幹教諭や主任の在り方など学校の組織運営体制の充実，チームとしての学校の在り方，学校のマネジメント機能の強化などを訴えている。

以上の学校運営組織にかかわる改革推進課題は第 3 の学校経営改革を引き継いでいるともいえる。しかしこの学校経営政策の基調は，教育委員会への首長権限の拡大，学校に対する教育委員会のコントロール強化（教育委員会制度の改革，2014 年）によって学校経営機能を小さくし，“封じ込め”られた感がする。自律的学校，自律的学校経営の構築という，言わば壮大な学校づくり論は消え，教職員の協働など機能的な学校づくり論に反転していく可能性を有した時期に突入するかどうかの瀬戸際にあった時期だ。

安倍政権の教育政策においては日本の学校経営の基調であった「56 年体制」は未だ払拭されないまま，それを引きずっているからではないか。自校が目指す学校像とそれを実現するビジョンを策定することを視野に行う自律的学校，自律的学校経営を目指した学校づくりが息をひそめないようにするためには，「学校づくり」を思想レベル，実践レベルで再定義し，その価値を実体化することが今なお学校経営の課題として残っている。

4．「学校づくり」論の視野――もうひとつの学校経営認識

学校づくり，ないしは学校づくりの言説は必ずしも学校経営研究を視野に置いたものばかりではない。そうではあるが，学校実践の当事者として学校教育にふさわしい教育機関にしようとする思いから生まれた実践であり，それは立派な学校経営の実践である。ここでは国が進める学校経営政策や行政に対して疑問を投げかけ，それに対峙する学校経営の在り方を追い求めたものである。したがってそれは時に運動論的であり，政治的でもあった。しかし学校経営研究の立場からすると，それを差し引いても，もしくはそれを超えたところに学校経営の在り方に対する相応の模索と探究，そして知見があり，「学校経営はどう語られてきたか」を論ずるに当たり，避けて通り過ぎることはできない言説環境だったし，それは立派な学校経営論だった。ここで詳しく論ずる余裕はないが，学校づくり論ないしは学校づくりの言説を便宜的に伝統的学校づくり論，「56年体制」における学校づくり論，そして現在の学校づくり論のように区分し，以下それぞれに見出される学校づくり（学校経営）の思いや期待，構想を素描してみたい。

①伝統的学校づくり論　伝統的学校づくりの実践と理論（学校づくり論）は，社会経済の変化を背景に学校の行政末端化という学校経営政策への危機感から民間教育運動として展開した。ここでの学校づくりの主体は校長含む教職員集団・教師集団である。そのための集団づくりを，授業づくりや授業研究，学校の民主化，職場づくり，地域に根ざす教育と地域住民の参加を視野に置いた学校運営などによって達成しようとした学校づくりである。伝統的学校づくり論のルーツは，1945年敗戦後の「新教育」（児童中心教育，問題解決学習，生活単元学習，経験主義教育などと展開した戦後初期の教育，9章2を参照）と独立後の戦後教育の是正に対する批判，反発からの教育研究と実践に求めることができる。そこでの学校づくり論のポイントは，「校長らをふくめた『教師集団』『教職員集団』を学校運営の自律的・自治的な主体として位置づけ，『学校づくり』のにない手とする」学校づくりの認識であった(16)。

②生活綴り方的学校づくり論　戦後教育（いわゆる「新教育」）のリアリティのなさを実感し戦後教育への疑問と批判から，戦前の綴り方教育実践を受け継ぎながら克服しようとした無着成恭の学校づくりとしての教育実践（『山びこ学校』1951年）がある（無着成恭の学校づくり論は本書第9章[1]参照）。それは，社会の現実と向き合い，社会の現実から人間や社会の在り方をつかみ取り，それによって社会を変えうる人間の育成を視野に置いた教育実践であるとともに，生活綴り方教育を継承し学校づくりの方法としても展開していくものとして受け止められた[(17)]。

③地域に根ざす学校づくり論　「地域に根ざす学校づくり」は，高度経済成長下の地域開発にあって，地域破壊・崩壊，地域存亡への危機感からなされた実践である。東井義雄『村を育てる学力』（1957年）は，村の学校を卒業し都会に出ていく「村を捨てる学力」ではなく，村を愛し，その存続を願う「村を育てる学力」のための学校づくりを著した実践記録である。また森垣修『地域に根ざす学校づくり』（1979年）は，60年代の高度経済成長政策は子どもの精神，身体，そして地域を根こそぎ破壊したという問題意識から発せられた学校づくりで，その方法を職場づくり，仲間づくり，保護者・地域との連携・協力に求めた。

④「学校経営の56年体制」下の学校づくり論　学校経営の「56年体制」（本章233頁参照）は，教育行政の中央集権化，学校の行政末端機関化を目指し学校経営機能を行政側に吸い上げることによって進めた行政主導の学校経営，学校の裁量権限の縮減，校内管理体制の確立などを特徴とする。この時期には「56年体制」に対抗するカウンターセオリーとして学校の自律性，教育の自治，学校の自治をベースとした学校づくり，硬直化し画一的になった教育から自由な教育の実現を期した学校づくり（論）が以下のように展開された。

・**学校自治の構築を目指した学校づくり論**——教科書裁判，勤評裁判，全国学力テストをめぐる裁判，研修裁判など，教師の教育権，学校の権限と国家の教育権をめぐって争われた一連の教育裁判を通して形成された学校自治論で，兼子仁，神田修，堀尾輝久などが論陣を張り展開した。筆者なりに定義すると，学校自治は，学校の教育問題やそれにかかわることがらを学校をベースとして処理，解決し，さらにそのための仕組みを構築して学校を自律的な教育機関に構成し直そうとする思考と行動である。と同時に，このために必要とされる権限とそれを機能させる意思決定の仕方・仕組みの在り方でもある。言い換えれば，学校自治は，学校の抱える問題や課題を学校が自主的，自律的に処理，解決をめざそうとする問題解決のかたちであり，またそれを解決するための学校運営の制度・仕組みであるといえる(18)。議論は国の教育権，職員会議，主任制，官僚制，教師の自由と裁量，教師の教育権，学校の自律性，工場的学校観，子どもの学習権，親の教育権，親の学校参加，など多岐にわたり展開した。また親の学校参加による学校づくり論は，体罰，いじめなどの学校問題の解決をめぐって親の学校参加による開かれた学校づくりにおいて解決しようとした取り組みで，今橋盛勝，喜多明人，小野田正利などが論陣を張った。

・**統制され，画一化された教育から自由な教育を求めた学校づくり論**——「きのくに子どもの村学園」は大阪市立大学教授であった堀真一郎が 1991 年，和歌山県に創設したもので，イギリスの教育者，A.S. ニイル（Neill 1883 年～1973 年）の教育哲学に沿って，子どもの自由を教育理念とし徹底的にそれを尊重した学校づくりである。子ども時代は遊びの時代で空想の遊戯が行われる場としての「子どもの自由－自由な学校」「新しい生き方を見つける 共同生活の場」をコンセプトとしている。カリキュラムに教科はなく，プロジェクトによって進める。例えば小屋を作ろうというプロジェクトであれば，そのプロジェクトを通して，そこにはどんなものを作っていくかというデザインの問題，設計の問題，木の大きさ，太さなど数的な課題。字も読めなくてはいけない，そういったものの中に国語的な要素，算数・数学的な要素，社会的な要素を入れながらカリキュラムをつくり，授業の内容とした(19)。

・**公教育からはみ出た機能，公教育では対応しきれない機能に着目し，強制さ**

れ規格化された教育から自由な教育を求める学校づくり（白根開善学校・1978年，自由の森学園・1983年）。

・**不登校などの児童生徒の居場所づくり**——フリースクールの東京シューレ（1985年）。奥地圭子の東京シューレはここでの学びを学校教育として認めさせたものとして注目された。

以上は集権化と行政主導の公教育とその運営に対する反発，批判として自由，主体性，自主性，自律性，そして自治を備えた学校と学校経営を確立しようとした主張である。ここでの主張から示唆される学校づくりの知見は，専門的意思への限りない信頼と尊重に基づく学校運営，教職員の自治としての学校運営，合議制による学校運営，子どもや親の参加を視野に置いた開かれた学校づくり，子どもに限りなく寄り添い，その立場に立って進める学校づくり・居場所づくりということになろうか。

5．学校づくり論の展開

伝統的な学校づくり論や学校自治論に代表される学校づくり論には，学校づくりへの熱い主張がある。現在の学校づくり論には，おそらく伝統的学校論の時期に見られた「学校づくり」への熱き心や思いはそれほど強くないかもしれない。学校づくりを生んだ社会背景と教育行政が今のそれとは大きく異なるからである。そうであっても現代の学校づくり論には自らの言説の根底ないしは核にそれなりの学校づくり論への熱い思いと期待があるようにも思える。

わたしなりに解釈すれば，研究関心，領域，方法の違いもあると思う。学校経営と言う視野から学校づくり（論）を考える場合と，例えば教育方法の関心から学校づくりを考える場合とでは，その学校づくりはかなり違ったものになるかもしれない。その違いを超えて，ここで挙げる事例の学校づくり言説には実践とその理論には振り返るべき貴重な価値を見出すことができる。“いい学校”をつくるうえで最も重要なことは，言ってみれば「教職員の力を学校の力に変える」ことに尽きる。こうした認識が以下の所論にはある。そうした学校の力，文化をつくっていけばいいのではとする認識があるからではないか。学校経営というように表現しなくても不都合はないのである。限られた情報ではあるが，以下，こうした認識を視野に事例的に最近の学校づくり論を辿ってみたい。

佐藤学の「学びの共同体」としての学校づくり論は，子どもの学びをコアにした「学びの共同体」づくりである。「学びの共同体の学校は，子どもたちが学び育ち合う学校であり，教師たちも教育の専門家として学び育ち合う学校であり，さらに保護者や市民も学校の改革に協力し参加して学び育ち合う学校である。」というように，子どもの学びを軸に学校関係者の学びの共同体を構築する学校づくりを提唱した。また「『学びの共同体』は，『21 世紀型の学校』のヴィジョンを示す概念であり，子どもたちが学び育ち合う場所，教師も専門家として学び育ち合う場所，保護者や市民も学校の教育活動に参加して学び育ち合う場所へと学校を再生するヴィジョンである。このヴィジョンを達成するために，教室においては協同する学びの実現，職員室においては教師が授業実践に創意的に挑戦し批評し学び合う同僚性（collegiality）の構築，保護者や市民が授業実践に参加して教師と協同する『学習参加』の取り組みを行う」学校改革であるとしている[(20)]。

学びの共同体としての学校，そしてその学校づくりの思想は一方で世界の教育思想史の流れとその実践を基底において構想され，主張されている。それは「学びの共同体」の学校づくりとして学校現場に一定の支持と広がりを見せている。

志水宏吉は，教師集団による「力のある学校づくり」を提唱した。志水は，「点数を上げるために，何が効果的（effective）だったかを議論するのに対して，わたしの言う『力のある学校』は，そこでの課題をクリアしつつも，点数を上げることを自己目的化しないで，子どもたちのさまざまなポテンシャルを引き出すことに専念し，その成果が周囲にも認められている学校」であるとした。「力のある学校」をバスに例えて，「“スクールバス together 号” スクールバス・モデル」として描き，その要素，条件を教師集団の力，ミドルの力，学校集団の力などであるとし，そうした力による学校づくりを提唱している(21)。

上記の学校づくりの言説からは，①子どもの学びを核とした学校づくり，②教師集団づくりを核とした学校づくり，③教師や教師集団のエンパワーメントを核とした学校づくり，④スクールミドル・ミドルリーダーシップの役割に期待する学校づくりという方向がみえてくる。

以上の現代の学校づくり研究を代表する知見は基本的にうなずける。としても，ここでの学校づくり論にはスクールリーダーシップの姿がみえてこない。学校経営論，スクールリーダーシップ論を視野に学校づくりを語るとすればどうなるかという思いを強くする。つまり学校づくりにはスクールリーダーシップという，学校づくりのためのもう一つの行為，機能，力が求められる。これは学校づくりに不可欠な力である。スクールリーダーシップのない，もしくはみえない学校づくりは存在しないからである。したがって三者の研究を超える研究をどうするか，それが筆者に課せられた課題だと考えるようになった。

6．新たな学校ガバナンス，その機能と学校づくり

ここ30年，わが国の学校と保護者・地域の関係，学校ガバナンスの考え方とかたちは大きく変化してきた。1990年代に進められた学校経営政策は学校と保護者・地域の関係にこれまでにない変化を刻み，これまでにみられなかった思想と制度を生み出した。自生的もしくは歴史的に形成されてきた関係の形が変化，ないしは崩壊し，新たな関係を求め，「開かれた学校づくり」，「開かれた学校運営」をベースとした「参加・参画型学校運営」という新しい学校ガバナンスのスタイルを生んだ。その象徴がコミュニティ・スクールとしての学校運営協議会の設置と法制化（2004年）だ。

1980年代，臨時教育審議会による教育改革は，学校の自主性・自律性の実現，施設や機能を開くだけでなく，地域住民の共有財産という観点から経営を開く，つまり「開かれた学校経営」という新たな学校経営構想を打ち出し，

「開かれた学校づくり」(「地域に信頼される学校づくり」)という問題意識が生まれた。1990 年代には学校制度の改革，子どもの問題行動の多発・多様化・深刻化，児童生徒の個性・関心・学力の多様化，学校週 5 日制完全導入，「開かれた学校づくり」などを背景に，「特色ある学校づくり」「開かれた学校づくり」として具体化した。ここでは学校の裁量権限の拡大，学校の自主性・自律性の確立，地域住民の学校運営への参画が学校づくりの目標として掲げられた。1998 年中教審答申「今後の地方教育行政の在り方について」では「今後，より一層地域に開かれた学校づくりを推進するためには学校が保護者や地域住民の意向を把握し，反映するとともに，その協力を得て学校運営が行われるような仕組みを設けることが必要」だとし，開かれた学校づくりの展望をよりクリアに示した。

2000 年代になると，自律的学校経営を目指して，その実現のために何が必要か，大切か，重要かという観点から学校経営の在り方が模索され語られた時期で，1998 年中教審答申を具体化するために学校評議員制度の導入，学校運営協議会の設置など各種の施策が展開された。

これまでわが国では，公教育機関としての学校(学校教育)は国や地方自治体が責任をもって設置運営し，その具体的運営は学校が行うものだとする学校ガバナンスの考えが支配的であった。現在，その考えは大きく揺らぎ，後退し「コミュニティ・スクール」という新たな学校ガバナンスを視野にした学校づくりが展開している。

2004(平成 16)年 6 月，地方教育行政法を改正し，学校運営協議会を導入した(47 条 5)。参加型学校経営の制度として学校評議員制と並んで学校運営協議会というシステムを選択した。

学校運営協議会は，保護者・住民が自ら学校運営を行い，もしくは学校運営に参加し学校の意思を形成することにその役割がある。それは学校に保護者・住民の意思を反映させるにとどまらず，それらの意思に基づき学校を運営するという，わが国ではこれまでみられなかった，まったく新しいタイプの学校運営の構想・仕組み・制度であった。主な役割は下記となっている。

①教育委員会は学校の運営に関して協議する機関として，学校運営協議会を置くことができる。

②学校運営協議会の委員は，保護者や地域住民から教育委員会が任命。

③学校長は学校運営の基本的な方針を作成し，学校運営協議会の承認を得なければならない。

④学校運営協議会は，学校の運営について，教育委員会や校長に対して，意見を述べることができる。

⑤学校運営協議会は，学校の教職員の採用などについて，任命権をもつ教育委員会に意見を述べることができる。

学校運営協議会は，人事を除く学校運営全般について校長が作成する基本方針（学校経営計画）を承認することや，また学校運営事項について教育委員会や校長に対して意見を述べることができるから，上記の学校運営事項に関する意思決定機関として，またそのように機能することが期待されている。

文科省調査によると2020（令和２）年７月現在，コミュニティ・スクールを設置している公立学校は9,788校（幼稚園237，小学校5,884，中学校2,721，義務教育学校76，高等学校668，中等教育学校３，特別支援学校199）。2018年と比較し4,356校増え，増加率は２倍強である。

日本において学校理事会のような学校運営協議会の導入は難しいと思われていた。それはなぜか。校長会などは当初から反対だった。「学校は誰のものか」などについて考えてもらいたいし，イギリス，フランス，ドイツ，オランダなどは，学校問題は学校理事会のような組織をつくり，考え，解決する仕組みをとっている。この違いに，どのような教育観，学校観，価値観などが作用しているのかを考えてみることも重要だろう。

2015年の中教審答申「新しい時代の教育や地方創生の実現に向けた学校と地域の連携・協働の在り方と今後の推進方策について」は，コミュニティ・スクールをさらに発展させるために「これからの学校と地域の連携・協働の在り方」として「開かれた学校」から「地域とともにある学校」への展開，学校支援地域本部等から地域学校協働本部への発展を提言，地域学校協働本部の設置整備を促した。そこではこれからの学校と地域の連携・協働の姿として，「地域とともにある学校」，「子供も大人も学び合い育ち合う教育体制の構築」，「学校を核とした地域づくりの推進」の三つを掲げ，学校と地域の双方で連携・協働を推進するための組織的・継続的な仕組みの構築が必要だとしている。そこでは「支援」から「連携・協働」へ，「個別の活動」から「総合化・ネットワーク化」をコンセプトに学校と地域の協働の方向性を明確にしている。「地域学校協働活動」について文科省は，「地域の高齢者，成人，学生，保護者，PTA，NPO，民間企業，団体・機関等の幅広い地域住民等の参画を得て，地域全体で子供たちの学びや成長を支えるとともに，『学校を核とした地域づくり』を目指して，地域と学校が相互にパートナーとして連携・協働して行う様々な活動」だと説明し社会教育法で整備している。地域学校協働本部が整備されている公立学校は18,130校（2020年7月時点，年度内予定を含む）。その内訳は，幼稚園500，小学校11,777，中学校5,206，義務教育学校83，高等学校386，中等教育学校2，特別支援学校176。全国の公立学校のうち50.3%が地域学校協働本部を設置している。

上記2005年の中教審答申を踏まえ，学校運営協議会の設置の努力義務化やその役割の充実などを内容とする地方教育行政法（第47条の5）の改正が行われ，2017年4月1日から施行された。図10－2は新たな学校ガバナンス「コミュニティ・スクール（学校運営協議会）の仕組み」である。

現代の多様で困難な学校課題の解決のためにこうした学校と保護者・地域との連携，協働のシステムや「社会に開かれた教育課程」の実現を視野に「学校教育の専門性」はどのように寄与するのか。学校づくりの観点からも状況打開の策となるか気になるところだ。

新コミュニティ・スクールは「地域とともにある学校」であり，そうなるために子ども・保護者・地域住民等と学校関係者とが一緒に語り合い，議論し個

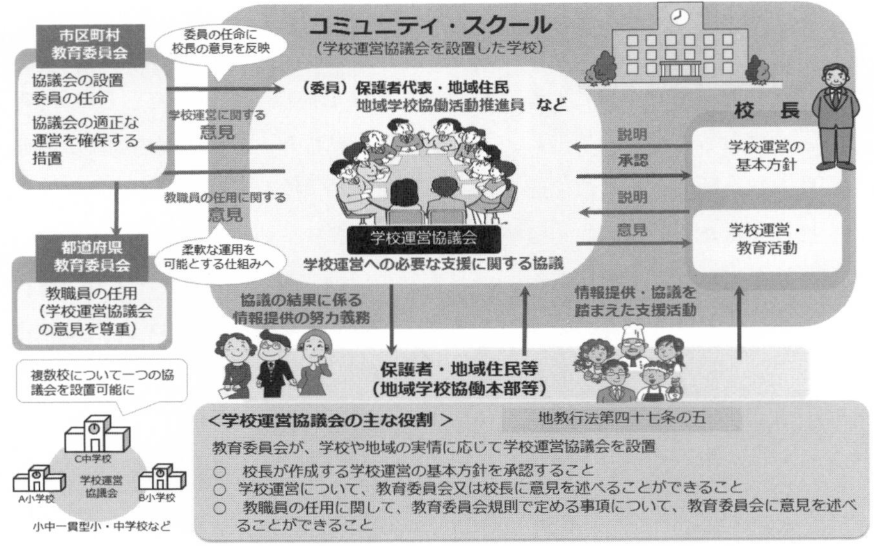

図10－2　コミュニティ・スクール（学校運営協議会）の仕組み

出典：文部科学省「学校と地域でつくる学びの未来」

人的利害を超えた公的意思を形成する仕組み，システムだ。宮寺晃夫は学校を「公」的機関にしていくには，教育が政治から独立した固有の価値領域（個々の親の私的要求）に属するという近代の教育原則を超え，公論の場が必要不可欠だとし，それは誰に対しても開かれ，目的に縛られることなく自由に言論を交わしていく人々の間での自由な言論活動だとするハンナ・アーレントの政治哲学を引き合いに出しながら指摘している[(22)]。政策文書，教育委員会の取り組みなどでは「熟議」の用語が多くなってきた。今後の氏の言説，研究に注目したい。

詳しく論ずる余裕はないが，文部科学省・生涯学習政策課・社会教育課地域学校協働推進室が作成した詳細な説明会資料「社会教育法の改正及び地域学校協働活動の推進に向けたガイドラインについて」（2015年）があるので図10－2

を眺めながら思索を深めてもらいたい。【小島　弘道】

〔注〕

⑴ 小島弘道「学校による社会改造論とその問題点－G.S. Counts の学校論の分析を通して－」日本教育学会『教育学研究』第36巻第3号，1969年，11頁。

⑵ 勝田守一『学校論』（要書房，1952年, 57-58頁）。

⑶ カウンツについては，小島弘道『学校と親・地域』（佐藤秀夫・寺﨑昌男編『日本の教育課題』第7巻，東京法令出版，1997年）の243-244頁，小島弘道・勝野正章・平井貴美代『学校づくりと学校経営』学文社，2016年）の40-42頁参照。

⑷ 佐藤秀夫・寺崎昌男編著『（日本の教育課題第3巻）なぜ学校に行くのか』東京法令出版，2000年，363頁。出典は『現代教育学』第2巻『教育学概論1』（1960年）。勝田守一『教育と教育学』岩波書店，1970年

⑸ 文部科学省・学校施設の在り方に関する調査研究協力者会議は，1人1台端末環境のもと，個別最適な学びと協働的な学びの一体的な充実等に向け，新しい時代の学びを実現する学校施設の在り方及び推進方策について「はじめに」の冒頭「空間は人をつくり，人によって生かされる。」の書き出しに始まる最終報告「新しい時代の学びを実現する学校施設の在り方について（Schools for the Future「未来思考」で実空間の価値を捉え直し，学校施設全体を学びの場として創造する）」（2022年）を公表した。

⑹ 宮寺晃夫「公教育は誰のものか」広田照幸・宮寺晃夫編『教育システムと社会』世織書房，2014年，149頁。

⑺ 朝日新聞朝刊横浜 2023.11.16。

⑻ 宇沢弘文『社会的共通資本』（岩波新書，2000年）参照。

⑼ 志水宏吉『教師の底力－社会派教師が未来を拓く－』学事出版，2020年，56頁。

⑽ 小国喜弘は大きな変更点として次の3点を挙げた。
①行政に教育を統括する積極的な役割を与えた，②あるべき家庭教育像が規定された，③子どもへの規範の強化が求められた（『戦後教育史』中公新書，2023年，223－224頁）。
中谷彪は問題として次の7点を指摘している。
①日本の歴史の正当性（無誤謬性）が強調されている。そこには日本の歴史に対する賛美はあるが，過去の罪過への反省が微塵も含まれていない，②「日本国憲法」と「平和」が軽視されている，③新教育基本法には，「我が国の伝統と文化」「愛国心・郷土愛」「公共の精神」が強調されている，④戦後教育行政改革の諸原理がことごとく否定されてしまった，⑤国家（政府）は教育を思いのままに支配する体制が出来上がった，⑥今後，禍根を残すと危惧される規定が新たに設けられた（第5条「義務教

育」の規定，第 10 条「家庭教育」の規定，第 11 条「幼児期の教育」の規定)，⑦財政的な裏打ちがまったく考慮されていない。「新・教育基本法の問題点と批判―教育における『戦後レジームからの脱却』の本質―」（武庫川女子大紀要（人文・社会科学)，2007 年)。

(11) 教育法令研究会 編，辻田力・田中二郎 監修『教育基本法の解説』1947 年。

(12) 小川正人「教育政策決定の過程＝構造の変化と教育改革」『季刊家計経済研究』2007 年，WINTER No.73，43 頁。内閣機能の強化については中島誠の研究によるとしている（中島誠『立法学――序論・立法過程論』法律文化社，2004 年)。

(13) 広田照幸「序論　社会システムの設計と教育学研究」広田照幸・宮寺晃夫編『教育システムと社会－その理論的検討』世織書房，2014 年，13-14 頁。

(14) カナダの研究者ジェフリー・ヒントンへのインタビュー（朝日新聞朝刊 2023.12.25)。

(15) 南部初世「学校づくりと保護者・地域住民」小島弘道著『学校経営』学文社，2009 年，186 頁。

(16) 新村洋史『学校づくりの思想と実践－子ども・青年を学びの主人公に』青木書店，2010 年，5 頁。

(17) 斉藤喜博「学校経営と生活綴り方」『生活綴方事典』1958 年。

(18) 小島弘道「教育における自治の理論的課題―学校自治の理論的課題を中心に―」『日本教育法学会年報』第 29 号，2000 年

(19) 堀真一郎『増補　自由学校の設計』（黎明書房，2009 年）を参照。

(20) 佐藤学『学校改革の哲学』東京大学出版会，2012 年。

(21) 志水宏吉『「力のある学校」の探究』大阪大学出版会，2009 年。

(22) 宮寺晃夫，前掲論文，広田照幸・宮寺晃夫編，前掲書，2014 年，145～149 頁。

資　料

教育基本法の新旧比較

改正後の教育基本法 （平成１８年法律第１２０号）	改正前の教育基本法 （昭和２２年法律第２５号）
前文 　我々日本国民は，たゆまぬ努力によって築いてきた民主的で文化的な国家を更に発展させるとともに，世界の平和と人類の福祉の向上に貢献することを願うものである。 　我々は，この理想を実現するため，個人の尊厳を重んじ，真理と正義を希求し公共の精神を尊び，豊かな人間性と創造性を備えた人間の育成を期するとともに，伝統を継承し，新しい文化の創造を目指す教育を推進する。 　ここに，我々は，日本国憲法の精神にのっとり，我が国の未来を切り拓く教育の基本を確立し，その振興を図るため，この法律を制定する。	前文 　われらは，さきに，日本国憲法を確定し，民主的で文化的な国家を建設して，世界の平和と人類の福祉に貢献しようとする決意を示した。この理想の実現は，根本において教育の力にまつべきものである。 　われらは個人の尊厳を重んじ真理と平和を希求する人間の育成を期するとともに，普遍的にしてしかも個性ゆたかな文化の創造をめざす教育を普及徹底しなければならない。 　ここに，日本国憲法の精神に則り，教育の目的を明示して，新しい日本の教育の基本を確立するため，この法律を制定する。
第一章　教育の目的及び理念	
（教育の目的） 第一条　教育は，人格の完成を目指し，平和で民主的な国家及び社会の形成者として必要な資質を備えた心身ともに健康な国民の育成を期して行われなければならない。	第一条（教育の目的）　教育は，人格の完成をめざし，平和的な国家及び社会の形成者として，真理と正義を愛し，個人の価値をたつとび，勤労と責任を重んじ，自主的精神に充ちた心身ともに健康な国民の育成を期して行われなければならない。
（教育の目標） 第二条　教育は，その目的を実現するため，学問の自由を尊重しつつ，次に掲げる目標を達成するよう行われるものとする。 一　幅広い知識と教養を身に付け真理を求める態度を養い，豊かな情操と道徳心を培うとともに，健やかな身体を養うこと。 二　個人の価値を尊重して，その能力を伸	第二条（教育の方針）　教育の目的は，あらゆる機会に，あらゆる場所において実現されなければならない。この目的を達成するためには，学問の自由を尊重し，実際生活に即し，自発的精神を養い，自他の敬愛と協力によつて，文化の創造と発展に貢献するように努めなければならない。

ばし，創造性を培い，自主及び自律の精神を養うとともに，職業及び生活との関連を重視し，勤労を重んずる態度を養うこと。 三　正義と責任，男女の平等，自他の敬愛と協力を重んずるとともに，公共の精神に基づき，主体的に社会の形成に参画し，その発展に寄与する態度を養うこと。 四　生命を尊び，自然を大切にし，環境の保全に寄与する態度を養うこと。 五　伝統と文化を尊重し，それらをはぐくんできた我が国と郷土を愛するとともに，他国を尊重し，国際社会の平和と発展に寄与する態度を養うこと。	
（生涯学習の理念） 第三条　国民一人一人が，自己の人格を磨き，豊かな人生を送ることができるよう，その生涯にわたって，あらゆる機会に，あらゆる場所において学習することができ，その成果を適切に生かすことのできる社会の実現が図られなければならない。	（新設）
（教育の機会均等） 第四条　すべて国民は，ひとしく，その能力に応じた教育を受ける機会を与えられなければならず，人種，信条，性別，社会的身分，経済的地位又は門地によって，教育上差別されない。	第三条（教育の機会均等）　すべて国民は，ひとしく，その能力に応ずる教育を受ける機会を与えられなければならないものであつて，人種，信条，性別，社会的身分，経済的地位又は門地によつて教育上差別されない
2　国及び地方公共団体は，障害のある者が，その障害の状態に応じ，十分な教育を受けられるよう，教育上必要な支援を講じなければならない。	（新設）
3　国及び地方公共団体は，能力があるにもかかわらず，経済的理由によって修学が困難な者に対して，奨学の措置を講じなければならない。	2　国及び地方公共団体は，能力があるにもかかわらず，経済的理由によつて修学困難な者に対して，奨学の方法を講じなければならない。
第二章　教育の実施に関する基本	
（義務教育） 第五条　国民は，その保護する子に，別に法律で定めるところにより，普通教育を受け	第四条（義務教育）　国民は，その保護する子女に，九年の普通教育を受けさせる義務

させる義務を負う。	を負う。
2　義務教育として行われる普通教育は，各個人の有する能力を伸ばしつつ社会において自立的に生きる基礎を培い，また，国家及び社会の形成者として必要とされる基本的な資質を養うことを目的として行われるものとする。	（新設）
3　国及び地方公共団体は，義務教育の機会を保障し，その水準を確保するため，適切な役割分担及び相互の協力の下，その実施に責任を負う。	（新設）
4　国又は地方公共団体の設置する学校における義務教育については，授業料を徴収しない。	2 国又は地方公共団体の設置する学校における義務教育については，授業料は，これを徴収しない。
（削除）	第五条（男女共学）　男女は，互に敬重し，協力し合わなければならないものであつて，教育上男女の共学は，認められなければならない。
（学校教育） 第六条　法律に定める学校は，公の性質を有するものであって，国，地方公共団体及び法律に定める法人のみが，これを設置することができる。	第六条（学校教育）　法律に定める学校は，公の性質をもつものであつて，国又は地方公共団体の外，法律に定める法人のみが，これを設置することができる。
2　前項の学校においては，教育の目標が達成されるよう，教育を受ける者の心身の発達に応じて，体系的な教育が組織的に行われなければならない。この場合において教育を受ける者が，学校生活を営む上で必要な規律を重んずるとともに，自ら進んで学習に取り組む意欲を高めることを重視して行われなければならない。	（新設）
「（教員）第九条」として独立	2 法律に定める学校の教員は，全体の奉仕者であつて，自己の使命を自覚し，その職責の遂行に努めなければならない。このためには，教員の身分は，尊重され，その待遇の適正が，期せられなければならない。
（大学） 第七条　大学は，学術の中心として，高い教養と専門的能力を培うとともに，深く真理を探究して新たな知見を創造し，これらの	（新設）

成果を広く社会に提供することにより，社会の発展に寄与するものとする。 2　大学については，自主性，自律性その他の大学における教育及び研究の特性が尊重されなければならない。	
（私立学校） 第八条　私立学校の有する公の性質及び学校教育において果たす重要な役割にかんがみ，国及び地方公共団体は，その自主性を尊重しつつ，助成その他の適当な方法によって私立学校教育の振興に努めなければならない。	（新設）
（教員） 第九条　法律に定める学校の教員は，自己の崇高な使命を深く自覚し，絶えず研究と修養に励み，その職責の遂行に努めなければならない。 2　前項の教員については，その使命と職責の重要性にかんがみ ，その身分は尊重され，待遇の適正が期せられるとともに，養成と研修の充実が図られなければならない。	【再掲】第六条（略） 2 法律に定める学校の教員は，全体の奉仕者であつて，自己の使命を自覚し，その職責の遂行に努めなければならない。このためには，教員の身分は，尊重され，その待遇の適正が，期せられなければならない。
（家庭教育） 第十条　父母その他の保護者は，子の教育について第一義的責任を有するものであって，生活のために必要な習慣を身に付けさせるとともに，自立心を育成し，心身の調和のとれた発達を図るよう努めるものとする。 2　国及び地方公共団体は，家庭教育の自主性を尊重しつつ，保護者に対する学習の機会及び情報の提供その他の家庭教育を支援するために必要な施策を講ずるよう努めなければならない。	（新設）
（幼児期の教育） 第十一条　幼児期の教育は，生涯にわたる人格形成の基礎を培う重要なものであることにかんがみ，国及び地方公共団体は，幼児の健やかな成長に資する良好児の健やかな成長に資する良好な環境の整備その他適当な方法によって，その振興に努めなければならない。	（新設）

（社会教育） 第十二条　個人の要望や社会の要請にこたえ，社会において行われる教育は，国及び地方公共団体によって奨励されなければならない。	第七条（社会教育）　家庭教育及び勤労の場所その他社会において行われる教育は，国及び地方公共団体によつて奨励されなければならない。
2　国及び地方公共団体は，図書館，博物館，公民館その他の社会教育施設の設置，学校の施設の利用，学習の機会及び情報の提供その他の適当な方法によって社会教育の振興に努めなければならない。	2　国及び地方公共団体は，図書館，博物館，公民館等の施設の設置，学校の施設の利用その他適当な方法によつて教育の目的の実現に努めなければならない
（学校，家庭及び地域住民等の相互の連携協力） 第十三条　学校，家庭及び地域住民その他の関係者は，教育におけるそれぞれの役割と責任を自覚するとともに，相互の連携及び協力に努めるものとする。	（新設）
（政治教育） 第十四条　良識ある公民として必要な政治的教養は，教育上尊重されなければならない。	第八条（政治教育）　良識ある公民たるに必要な政治的教養は，教育上これを尊重しなければならない。
2　法律に定める学校は，特定の政党を支持し，又はこれに反対するための政治教育その他政治的活動をしてはならない。	2　法律に定める学校は，特定の政党を支持し，又はこれに反対するための政治教育その他政治的活動をしてはならない。
（宗教教育） 第十五条　宗教に関する寛容の態度，宗教に関する一般的な教養及び宗教の社会生活における地位は，教育上尊重されなければならない。	第九条（宗教教育）　宗教に関する寛容の態度及び宗教の社会生活における地位は，教育上これを尊重しなければならない。
2　国及び地方公共団体が設置する学校は，特定の宗教のための宗教教育その他宗教的活動をしてはならない。	2　国及び地方公共団体が設置する学校は，特定の宗教のための宗教教育その他宗教的活動をしてはならない。
第三章　教育行政	
（教育行政） 第十六条　教育は，不当な支配に服することなく，この法律及び他の法律の定めるところにより行われるべきものであり，教育行政は，国と地方公共団体との適切な役割分担及び相互の協力の下，公正かつ適正に行われなければならない。	第十条（教育行政）　教育は，不当な支配に服することなく，国民全体に対し直接に責任を負つて行われるべきものである。 2　教育行政は，この自覚のもとに，教育の目的を遂行するに必要な諸条件の整備確立を目標として行われなければならない。

2　国は、全国的な教育の機会均等と教育水準の維持向上を図るため，教育に関する施策を総合的に策定し，実施しなければならない。	（新設）
3　地方公共団体は，その地域における教育の振興を図るため，その実情に応じた教育に関する施策を策定し，実施しなければならない。	（新設）
4　国及び地方公共団体は，教育が円滑かつ継続的に実施されるよう，必要な財政上の措置を講じなければならない。	（新設）
（教育振興基本計画） 第十七条　政府は，教育の振興に関する施策の総合的かつ計画的な推進を図るため，教育の振興に関する施策についての基本的な方針及び講ずべき施策その他必要な事項について，基本的な計画を定め，これを国会に報告するとともに，公表しなければならない。 2　地方公共団体は，前項の計画を参酌し，その地域の実情に応じ，当該地方公共団体における教育の振興のための施策に関する基本的な計画を定めるよう努めなければならない。	（新設）
第四章　法令の制定	
第十八条　この法律に規定する諸条項を実施するため，必要な法令が制定されなければならない　。	第十一条（補則）　この法律に掲げる諸条項を実施するために必要がある場合には，適当な法令が制定されなければならない。

教育関連法規一覧

主だった教育関連法規を参照できる e-Gov ポータル（https://www.e-gov.go.jp）へのリンク QR コード一覧である。必要に応じて参照されたい。

法規	QR
学校教育法 （昭和二十二年法律第二十六号）	
学校教育法施行規則 （昭和二十二年文部省令第十一号）	
教育職員免許法 （昭和二十四年法律第百四十七号）	
教育公務員特例法 （昭和二十四年法律第一号）	
地方教育行政の組織及び運営に関する法律 （昭和三十一年法律第百六十二号）	
地方公務員法 （昭和二十五年法律第二百六十一号）	
公立の義務教育諸学校等の教育職員の給与等に関する特別措置法 （昭和四十六年法律第七十七号）	
公立の義務教育諸学校等の教育職員を正規の勤務時間を超えて勤務させる場合等の基準を定める政令 （平成十五年政令第四百八十四号）	

索　引

あ 行

か 行

さ 行

た 行

な 行

は 行

ま 行

や 行

ら 行

わ 行

〔著者紹介〕

小島　弘道（おじま　ひろみち）

筑波大学名誉教授　［9，10 章］
東京教育大学教育学部教育学科卒業，同大学院教育学研究科博士課程単位取得満期退学
神戸大学，奈良教育大学，東京教育大学，筑波大学，平成国際大学，龍谷大学，京都教育大学大学院連合教職実践研究科を歴任
この間，モスクワ大学で在外研究
学会活動：
日本教育経営学会元会長，日本学習社会学会元会長
主な著書等：
『校長のリーダーシップ―ソビエトの教育と学校運営』（ジーミン・コンダコフ著，監修・訳）明治図書，1979 年
『日本の若い教師』全 3 巻（編著）エイデル研究所，1987 年
『学校と親・地域』東京法令出版，1996 年
『教務主任の職務とリーダーシップ』東洋館出版社，2004 年
『スクールリーダーシップ』（共著）学文社，2010 年
『学校づくりとスクールミドル』（共著）学文社，2012 年
『学校づくりと学校経営』（共著）学文社，2016 年

北神　正行（きたがみ　まさゆき）

国士舘大学体育学部教授　［1，2，3，4 章］
東京教育大学教育学部教育学科卒業，筑波大学大学院博士課程教育学研究科満期退学
筑波大学助手，岡山大学教育学部教授等を経て現職
学会活動：
日本教育経営学会理事，日本教育事務学会元会長
主な著書等：
『スクールリーダーの原点―学校組織を動かす教師の力』（共著）金子書房，2009 年
『学校改善と校内研修の設計』（共著）学文社，2010 年
『「つながり」で創る学校経営』（編著）ぎょうせい，2011 年

水本　徳明（みずもと　のりあき）

同志社女子大学教職課程センター特任教授，京都教育大学大学院連合教職実践研究科教授　［5 章］
京都教育大学教育学部教育学科卒業，筑波大学大学院博士課程教育学研究科満期退学
一宮女子短期大学講師，筑波大学准教授等を経て現職
学会活動：
日本教育経営学会理事
主な著書等：
『公教育経営学』（共著）学術図書出版，2002 年
『スクールマネジメント』（共著）ミネルヴァ書房，2006 年

平井 貴美代（ひらい　きみよ）

山梨大学大学院総合研究部教育学域教授　［6，7章］
東京外国語大学外国語学部ロシア語学科卒業，筑波大学大学院博士課程教育学研究科満期退学
大学卒業後，静岡県の公立中学校で6年間勤務，高知大学准教授を経て，現職
学会活動：
日本教育経営学会紀要編集委員，日本教育行政学会年報編集委員，日本学習社会学会，日本高校教育学会，日本教育学会会員
主な著書等：
『学年主任の職務とリーダーシップ』（共著）東洋館出版社，1996年
『学校づくりと学校経営』（共著）学文社，2016年
「日本型『教職』システムの形成過程―『官』と民間の雇用システムとの比較分析から」『日本教育経営学会紀要』第60号，日本教育経営学会，2018年

安藤　知子（あんどう　ともこ）

上越教育大学大学院学校教育研究科教授　［8章］
筑波大学第2学群人間学類卒業，同大学院博士課程教育学研究科単位取得退学
筑波大学技官，上越教育大学助手，准教授を経て，現職。博士（教育学）
学会活動：
日本教育学会会員，日本教育経営学会理事，日本教師教育学会理事，日本学校教育学会前会長，等
主な著書等：
「『指導性』に関する教師の役割認識」『教育学研究』第63巻4号，日本教育学会，1996年
『教師の葛藤対処様式に関する研究』多賀出版，2005年
『学級の社会学―これからの組織経営のために』（編著）ナカニシヤ出版，2013年
『学校ガバナンス改革と危機に立つ「教職の専門性」』（共著）学文社，2020年

教師の条件 新版――授業と学校をつくる力

2002年5月20日　第1版第1刷発行
2006年10月30日　第2版第1刷発行
2008年4月10日　第3版第1刷発行
2016年3月30日　改訂版第1刷発行
2020年3月10日　改訂新版第1刷発行
2024年3月30日　新版第1刷発行

著者　小島　弘道
北神　正行
水本　徳明
平井　貴美代
安藤　知子

発行者　田中　千津子
発行所　株式会社　学文社
〒153-0064　東京都目黒区下目黒3-6-1
電話　03（3715）1501（代）
FAX　03（3715）2012
https://www.gakubunsha.com

印刷　新灯印刷

ISBN978-4-7620-3315-5